Makroökonomische Effekte der Direktinvestitionen

Schriften zur Wirtschaftstheorie und Wirtschaftspolitik

Herausgegeben von
Rolf Hasse, Jörn Kruse, Wolf Schäfer, Thomas Straubhaar
und Klaus W. Zimmermann

Band 33

PETER LANG
Frankfurt am Main · Berlin · Bern · Bruxelles · New York · Oxford · Wien

Alkis Henri Otto

Makroökonomische Effekte der Direktinvestitionen

PETER LANG
Europäischer Verlag der Wissenschaften

Bibliografische Information Der Deutschen Bibliothek
Die Deutsche Bibliothek verzeichnet diese Publikation in der Deutschen Nationalbibliografie; detaillierte bibliografische Daten sind im Internet über <http://dnb.ddb.de> abrufbar.

Zugl.: Hamburg, Univ. der Bundeswehr, Diss., 2004

Gedruckt mit Unterstützung der
Helmut-Schmidt-Universität Hamburg.

D 705
ISSN 1433-1519
ISBN 3-631-53686-0

www.peterlang.de

Meinen Eltern und Kirstin

Vorwort

Die vorliegende Arbeit entstand während meiner Zeit als wissenschaftlicher Mitarbeiter am Lehrstuhl für Theoretische Volkswirtschaftslehre an der Helmut Schmidt Universität - Universität der Bundeswehr Hamburg und wurde 2004 als Dissertationsschrift angenommen.

Für die Entstehung der vorliegenden Arbeit, für die fachliche und moralische Unterstützung, die mir in dieser Zeit zugekommen ist, bin ich einer Vielzahl von Personen zu aufrichtigem Dank verpflichtet:

Mein Dank gilt zunächst meinem Doktorvater Prof. Dr. Michael Carlberg, der diese Arbeit von der Themenfindung bis zum Abschluss intensiv betreut und begleitet hat. Seine konstruktiven Fragen und Hinweise in zahlreichen Diskussionen und Forschungsseminaren waren mir eine wertvolle Hilfe.

Ebenso danke ich PD Dr. Michael Bräuninger, der stets ein offenes Ohr, freundschaftlichen Rat und hilfreiche Anregungen für mich hatte.

Bedanken möchte ich mich auch bei meinem Zweitgutachter Prof. Dr. Franco Reither und meinen Prüfern Prof. Dr. Jörn Kruse und Prof. Dr. Klaus W. Zimmermann für ihre Mühe im Promotionsverfahren wie auch bei meinen Kolleginnen und Kollegen und den anderen Mitgliedern des Fachbereichs Wirtschafts- und Organisationswissenschaften für das angenehme, inspirierende Klima.

Nicht zuletzt möchte ich meinen Eltern für ihre stete Förderung und meiner Lebensgefährtin Kirstin Pugnat für ihre liebevolle Unterstützung herzlich Dank sagen.

Hamburg im Dezember 2004 Alkis Henri Otto

Inhaltsverzeichnis

Symbolverzeichnis

Investitionsphase

B	Zahlungsbilanz
C	Konsum
$\bar{C}$	autonomer Konsum
F	endogener Kapitalzufluss
$\bar{F}$	exogener Kapitalzufluss
H	Nettoexport
I	Investitionen
$\bar{I}$	autonome Investitionen
$\bar{J}$	exogene Direktinvestitionen
L	nominale Geldnachfrage
M	nominales Geldangebot
Q	Import
$\bar{Q}$	autonomer Import
V	Nettokapitalzufluss
X	Export
$\bar{X}$	autonomer Export
Y	Produktion
b	Zinsempfindlichkeit der Investitionen
c	marginale Konsumquote
e	nominaler Wechselkurs
i	nominaler Inlandszins
i^*	nominaler Auslandszins

h	Wechselkursempfindlichkeit des Exports
j	Zinsempfindlichkeit der Geldnachfrage
k	Einkommensempfindlichkeit der Geldnachfrage
q	marginale Importquote
r	realer Inlandszins

Produktionsphase

C_1	Konsum des Gutes 1
C_2	Konsum des Gutes 2
H_1	Nettoexport gemessen in Gut 1
K_1	Kapitalstock in Sektor 1
K_2	Kapitalstock in Sektor 2
L	nominale Geldnachfrage
M	nominales Geldangebot
N_1	Arbeitsnachfrage des Sektors 1
N_2	Arbeitsnachfrage des Sektors 2
$\bar{N}$	Arbeitsangebot
P_1	Inlandspreis Gut 1
P_2	Inlandspreis Gut 2
P_2^*	Auslandspreis Gut 2
Q_2	Import des Gutes 2
S_1	Ersparnis gemessen in Gut 1
U	Nutzen
X_1	Export des Gutes 1
$\bar{X}_1$	autonomer Export des Gutes 1
Y_1	Inlandsproduktion des Gutes 1
Y_1^*	Auslandsproduktion des Gutes 1
Y_2	Inlandsproduktion des Gutes 2
Y_2^*	Auslandsproduktion des Gutes 2

a_1	Arbeitsproduktivität Sektor 1
a_2	Arbeitsproduktivität Sektor 2
b_1	Kapitalproduktivität Sektor 1
b_2	Kapitalproduktivität Sektor 2

e	nominaler Wechselkurs
h	Wechselkursempfindlichkeit des Exports
i	nominaler Inlandszins
i^*	nominaler Auslandszins
k	Einkommensempfindlichkeit der Geldnachfrage
α	inländischer Ausgabenanteil Gut 1
β	inländischer Ausgabenanteil Gut 2
γ	inländischer Ausgabenanteil Ersparnis
β^*	ausländischer Ausgabenanteil Gut 1
κ	Einkommensanteil an der Auslandproduktion des Gutes 1
ω	Einkommensanteil an der Inlandsproduktion des Gutes 2

I would like to suggest that the good old Mundell-Fleming model needs updating to reflect changes in the mobility of portfolio capital, the ease of foreign direct investment, the ability of firms to outsource intermediate goods, the (sometimes strategic) response of goods prices to variations in exchange rates, and other institutional-technological developments. Open economy macroeconomics can only get more important in the future.

Robert M. Solow (2000)

Teil I

Einleitung

Kapitel 1

Grundlegende Konzepte, Empirie und Literaturüberblick

Die rapide fortschreitende Internationalisierung der Wirtschaft hat zu einer regen Debatte über die Wirkungen internationaler Kapitalbewegungen geführt. Dabei haben insbesondere die Direktinvestitionen im Ausland in den letzten Jahren ein erhöhtes Interesse erfahren. Bemerkenswerter Weise ist dabei die Behandlung der Direktinvestitionen im Ausland, im Folgenden kurz Direktinvestitionen genannt, in theoretischen, makroökonomischen Modellen der offenen Wirtschaft bisher weitestgehend vernachlässigt worden, obwohl Direktinvestitionen und die multinationale Produktion von Gütern in den vergangenen drei Jahrzehnten makroökonomisch relevante Größenordnungen erreicht haben. Stattdessen prägen mikroökonomische Analysen die wissenschaftliche Debatte, in deren Mittelpunkt die Untersuchung der *Ursachen* der Direktinvestitionen steht.

Die vorliegende Arbeit versucht hingegen, einen Beitrag zum Verständnis der makroökonomischen *Konsequenzen* der Direktinvestitionen zu liefern. Dabei können zwei Arten von Effekten unterschieden werden. Dieses sind zum einen die Effekte, die sich aus dem Investitionsprozess mit eventuellen Kapitalflüssen und Investitionsgüternachfragen ergeben (Primäreffekte), zum anderen die Effekte, die auftreten, wenn die ausländischen Tochtergesellschaften die Produktion aufnehmen oder ausweiten (Sekundäreffekte). Um diese Unterschiede zu berücksichtigen, vollzieht sich die Analyse in zwei Stufen. Zunächst wird die *Investitionsphase* untersucht, die die mit Direktinvestitionen in Zusammenhang stehenden Kapitalflüsse und eventuellen Investitionsnachfragen umfasst. Aufbauend auf den Ergebnissen der Investitionsphase werden die Auswirkungen innerhalb der *Produktionsphase* analysiert, die sich als Folge der Produktionsaufnahme oder -ausweitung der Tochtergesellschaften ergeben und sich in der Veränderung der gesamtwirtschaftlichen Produktion und der Handelsströme zeigen.

Die Untersuchung der makroökonomischen Folgen der Direktinvestitionen ist darüber hinaus mit wichtigen wirtschaftspolitischen Fragestellungen verknüpft. Welche Konsequenzen haben Direktinvestitionen und anschließende Ausweitungen der Auslandsproduktion seitens der Tochtergesellschaften für die etablierten Industrien der Empfänger- und Investorländer? Welche Konsequenzen ergeben sich vor dem Hintergrund eines lebhaften Standortwettbewerbs der Regionen um Direktinvestitionen für die übergeordneten staatlichen Ebenen? Anders gefragt: Wenn hereinkommende Direktinvestitionen vorteilhaft für die jeweilige Region eines Landes sind, sind dann die hereinkommenden Direktinvestitionen aller Regionen eines Landes vorteilhaft für das Land als Ganzes? Und schließlich: Sollten hereinkommende oder hinausgehende Direktinvestitionen von staatlicher Seite gefördert, erschwert oder einfach ignoriert werden?

1.1 Definition

Der Begriff *Direktinvestitionen im Ausland* oder kurz *Direktinvestitionen* bezeichnet Transaktionen, bei denen Unternehmen oder Individuen eines Landes entweder

- bestehende ausländische Produktionsstätten oder Anteile ausländischer Produktionsstätten erwerben oder
- neue Produktionsstätten im Ausland errichten oder erweitern.

Direktinvestitionen gehören in die Kategorie der langfristigen internationalen Kapitalbewegungen. Sie sind dabei, insbesondere bei Erwerb von Anteilsscheinen, von den Portfolioinvestitionen abzugrenzen. Das charakteristische Merkmal der Direktinvestitionen ist, dass der Investor durch die Investition ein signifikantes Maß an *Einfluss und Kontrolle* auf das erworbene oder neu errichtete ausländische Unternehmen erhält (vgl. Kindleberger (1987) und OECD (1996)[1]). Bei Portfolioinvestitionen erfolgt der Erwerb ausländischer Unternehmensteile hingegen ohne die Absicht, Kontrolle zu erlangen.

[1]Die OECD (1996) definiert Direktinvestitionen wie folgt:

> "5. Foreign direct investment reflects the objective of obtaining a lasting interest by a resident entity in one economy ("direct investor") in an entity resident in an economy other than that of the investor ("direct investment enterprise"). The lasting interest implies the existence of a long-term relationship between the direct investor and the enterprise and a significant degree of influence on the management of the enterprise."

Für die beiden weiter oben genannten Varianten der Direktinvestitionen haben sich die aus der anglo-amerikanischen Literatur stammenden Begriffe *Mergers and Acquisitions* und *Greenfield Investments* zunehmend im wissenschaftlichen Sprachgebrauch eingebürgert. Werden Anteile eines bestehenden ausländischen Unternehmens aufgekauft oder fusionieren die Unternehmen, spricht man von Mergers and Acquisitions. Wird ein Unternehmen im Ausland gegründet oder erweitert, spricht man von Greenfield Investments.

Direktinvestitionen unterscheiden sich ferner in der Richtung der Transaktion. *Hereinkommende Direktinvestitionen* liegen dann vor, wenn Ausländer im Inland befindliche Unternehmen erwerben, neu gründen oder erweitern. Das Inland nimmt dann die Rolle des *Empfängerlandes* ein. *Hinausgehende Direktinvestitionen* liegen somit vor, wenn Inländer im Ausland befindliche Unternehmen erwerben, neu errichten oder erweitern. Das Inland nimmt in diesem Fall die Rolle des *Investorlandes* ein.

In der Produktionsphase können zudem horizontale und vertikale Direktinvestitionen unterschieden werden. *Horizontale Direktinvestitionen* liegen vor, wenn die Tochtergesellschaften im Empfängerland das gleiche Gut wie die Muttergesellschaften im Investorland herstellen. Bei *vertikalen Direktinvestitionen* werden hingegen im Investorland und im Empfängerland in einer Wertschöpfungskette nachgelagerte Produktionsschritte verrichtet.

Werden horizontalen Direktinvestitionen betrachtet, erfordert der Umstand, dass gleiche Güter nunmehr gleichzeitig in unterschiedlichen Ländern produziert werden, eine weitere Präzisierungen der verwendeten Begriffe. Dieses betrifft vor allem die Bezeichnung der Herkunft der gehandelten Güter. Denn die häufig in der makroökonomischen Theorie und insbesondere in den Modellen der Investitionsphase verwendete Unterscheidung zwischen in- und ausländischen Gütern verfängt bei horizontalen Direktinvestitionen nicht mehr, da die Güter nun sowohl im Inland als auch im Ausland produziert werden. Es wird daher im Weiteren zwischen der *Inlandsproduktion* und der *Auslandsproduktion* eines Gutes differenziert. Ferner wird zwischen dem *originär inländischen Gut* und dem *originär ausländischem Gut* unterschieden. Das originär inländische Gut bezeichnet dabei jenes Gut, welches vor Auftreten jedweder Direktinvestitionen allein im Inland hergestellt wurde. Das originär ausländische Gut bezeichnet analog das Gut, das vor Auftreten jedweder Direktinvestitionen ausschließlich im Ausland produziert wurde.

1.2 Direktinvestitionen in der Volkswirtschaftlichen Gesamtrechnung

Direktinvestitionen und die ihnen folgenden Abläufe lassen sich analytisch wie auch hinsichtlich der Erfassung in der volkswirtschaftlichen Gesamtrechnung am besten als zweistufiger Prozess darstellen. In der ersten Phase, der *Investitionsphase*, erwerben, errichten oder erweitern die Investoren ein Unternehmen im Ausland. In der zweiten Phase, der *Produktionsphase*, nehmen die erworbenen oder errichteten Tochtergesellschaften die Produktion auf.

1.2.1 Die Investitionsphase

Erwerben, errichten oder erweitern Investoren ein Unternehmen im Ausland, hängt die Berücksichtigung dieser Transaktion in der volkswirtschaftlichen Gesamtrechnung zunächst von der Art der Finanzierung ab. Einerseits können Investoren das für die Direktinvestitionen erforderliche Kapital auf dem Kapitalmarkt des Empfängerlandes aufnehmen. In diesem Fall gibt es keinen unmittelbaren Kapitalzufluss in das Empfängerland. Andererseits können die Investoren das für die Direktinvestitionen erforderliche Kapital bereitstellen bzw. auf dem Kapitalmarkt des Investorlandes aufnehmen. In diesem Fall kommt es zu einem unmittelbaren Kapitalzufluss in das Empfängerland. Die Darstellung innerhalb dieses Abschnitts beschränkt sich auf den zweiten Fall.

Transaktionen zwischen In- und Ausländern werden in der volkswirtschaftlichen Gesamtrechung innerhalb der *Außenwirtschaftsrechnung* aufgezeichnet. Die Stromgrößenrechnung der Außenwirtschaftsrechnung findet in der *Zahlungsbilanz* statt. Sie erfasst sämtliche Transaktionen zwischen Aus- und Inländern. Dabei gilt als Inländer im Sinne der volkswirtschaftlichen Gesamtrechnung, wer einen festen Wohnsitz, eine Niederlassung oder den Mittelpunkt der wirtschaftlichen Aktivität im Inland hat (Haslinger (1986)). Direktinvestitionen und die mit Ihnen verbundenen Kapitalflüsse werden hier innerhalb der *Kapitalbilanz* unter dem *langfristigen Kapitalverkehr* verbucht.

Hereinkommende Direktinvestitionen führen zunächst zu einem Kapitalzufluss, hinausgehende Direktinvestitionen zunächst zu einem Kapitalabfluss. Die jeweilige Gegenbuchung in der Zahlungsbilanz hängt von unterschiedlichen Faktoren ab. Hier sind einerseits Mergers and Acquisitions von Greenfield Investments zu unterscheiden, andererseits spielen die wirtschaftlichen Rahmenbedingungen, insbesondere das Wechselkursregime und der Grad der Kapitalmobilität, eine wichtige Rolle.[2]

Die die Zahlungsbilanz ergänzende Bestandsgrößenrechnung innerhalb der Außenwirtschaftsrechnung stellt die *Nettovermögensposition der Inländer gegenüber den Ausländern* oder auch die *Auslandsposition* dar. Hinausgehende Direktinvestitionen erhöhen den Bestand der im Ausland befindlichen Produktionsanlagen unter inländischer Kontrolle und erhöhen damit die Auslandsposition. Hereinkommende Direktinvestitionen erhöhen in diesem Sinne den den Bestand der im Inland befindlichen Produktionsanlagen unter ausländischer Kontrolle und verringern infolgedessen die Auslandsposition des Inlandes.

1.2.2 Die Produktionsphase

Die in der Investitionsphase stattfindenden Direktinvestitionen erhöhen, sofern es sich nicht um Ersatzinvestitionen handelt, wie geschildert den Kapitalstock der Tochtergesellschaften. Sie ermöglichen damit eine höhere Produktion der Tochtergesellschaften. Durch hinausgehende Direktinvestitionen entstandene Tochtergesellschaften gelten dabei als Ausländer im Sinne der volkswirtschaftlichen Gesamtrechnung. Analog werden im Inland befindliche Tochtergesellschaften, die durch ausländische Unternehmen gegründet oder erworben wurden, als Inländer im Sinne der volkswirtschaftlichen Gesamtrechnung betrachtet.

Die mit Direktinvestitionen verbundene Änderung der Nettovermögensposition gegenüber dem Ausland hat zur Folge, dass die inländische Produktion in der Regel nicht dem Einkommen der Inländer im Sinne der volkswirtschaftlichen Gesamtrechnung entsprechen wird. Zwar ist die Bruttowertschöpfung, die eine im Inland befindliche Tochtergesellschaft generiert, inländische Bruttowertschöpfung und wird folge-

[2]Buchungstechnisch gelten als Direktinvestitionen nach den Definitionen des IWF und der OECD Investitionen, für die gilt:

> "8. The numerical guideline of ownership of 10 per cent of ordinary shares or voting stock determines the existence of a direct investment relationship. An effective voice in the management, as evidenced by an ownership of at least 10 per cent, implies that the direct investor is able to influence or participate in the management of an enterprise it does not require absolute control by the foreign investor." (OECD (1996), S.7-8)

Dabei stellt die Unterscheidung von Direktinvestitionen - bei einem Anteil am erworbenen Unternehmen größergleich 10 Prozent - und einer Portfolioinvestition - bei einem Anteil kleiner als 10 Prozent - ein aus theoretischer Sicht willkürliches Konstrukt dar, da Anteile von 10 oder mehr Prozent eines Unternehmens im Einzelfall keinesfalls Kontrolle garantieren. Vielmehr ist dieses Kriterium als pragmatische Handlungsrichtlinie und als Festlegung eines einheitlichen Standards für die statistische Erfassung der Direktinvestitionen zu interpretieren.

richtig dem Bruttoinlandsprodukt zugerechnet. Andererseits wird in der Regel nicht die gesamte Bruttowertschöpfung der Tochtergesellschaften im Inland verbleiben, da Gewinne und Kapitaleinkommen den im Ausland ansässigen Direktinvestoren zufließen. Analog wird die Bruttowertschöpfung einer ausländischen Tochtergesellschaft dem ausländischen Bruttoinlandsprodukt zugerechnet. Auch hier fließt jedoch ein Teil der Bruttowertschöpfung den im Inland ansässigen Direktinvestoren zu. Daraus folgt, dass das Bruttoinlandsprodukt (BIP) in der Regel nicht mit dem Bruttosozialprodukt (BSP) übereinstimmen wird. Die Differenz wird als Saldo der Erwerbs- und Vermögenseinkommen zwischen Inländern und Ausländern (SEV) bezeichnet. Es gilt:

$$BSP = BIP + SEV.$$

Der Saldo der Erwerbs- und Vermögenseinkommen zwischen Inländern und Ausländern umfasst somit u.a. die gezahlten und empfangenen Zinsen und Gewinne auf direktinvestiertes Kapital. Diese werden innerhalb der Leistungsbilanz in der *Bilanz der Erwerbs- und Vermögenseinkommen* verzeichnet.

1.3 Empirie

Die Tabellen 1.1 und 1.2 beschreiben die Entwicklung der Direktinvestitionen (FDI) und der multinationalen Produktion im Vergleich zum Bruttoinlandsprodukt der Welt anhand einiger Kennziffern für die Jahre 1982, 1990 und 2001. Die erste Reihe beschreibt dabei die Entwicklung der weltweiten Direktinvestitionszuflüsse, die zweite Reihe die Entwicklung des durch die Direktinvestitionen erworbenen Bestands des Unternehmensvermögens im Ausland (im Folgenden kurz FDI-Bestand genannt) und die Reihen 3 und 4 die Entwicklung der weltweiten Erlöse und der Bruttoproduktion der diesbezüglichen ausländischen Tochtergesellschaften. Die unteren beiden Reihen stellen zum Vergleich die Entwicklung der weltweiten Produktion und des Welthandels dar.

Auffällig ist der enorme Zuwachs der weltweiten Direktinvestitionszuflüsse mit jährlichen Wachstumsraten von 20% und darüber hinaus. Diese rapide Zunahme spiegelt sich folgerichtig in der Entwicklung des FDI-Bestands wieder. 2001 waren die weltweiten Direktinvestitionszuflüsse in etwa so groß wie der weltweite FDI-Bestand des Jahres 1982.

Tabelle 1.1. FDI-Indikatoren und internationale Produktion

	Wert zu laufenden Preisen (in Mrd. US Dollar)		
	1982	1990	2001
FDI-Zuflüsse	59	203	735
FDI-Bestand	734	1874	6846
Erlöse ausl. Tochtergesellschaften	2541	5479	18517
Bruttoprodukt ausl. Tochtergesellschaften	549	1423	3495
BIP	10805	21672	31900
Güter- und Dienstleistungsexporte	2081	4375	7430

Quelle: UNCTAD, World Investment Report 2002, S. 4

Die außergewöhnliche Dynamik der Direktinvestitionen lässt sich ferner anhand der Entwicklung des Bruttoprodukts ausländischer Tochtergesellschaften illustrieren. Diese trugen zu Beginn der Betrachtung ca. 5% zum weltweiten BIP (1982: 549 Mrd. US Dollar) bei. Innerhalb der folgenden 20 Jahre verdoppelte sich dieser Anteil auf nahezu 11% des weltweiten BIP (3495 Mrd. US Dollar).

Ebenso lässt sich eine steigende Bedeutung der Produktion ausländischer Tochtergesellschaften in Bezug auf den Welthandel erkennen. In den letzten 20 Jahren wuchsen die Erlöse der ausländischen Tochtergesellschaften jährlich stärker als die weltweiten Exporte von Güter- und Dienstleistungen.

Als vorläufiges Ergebnis kann damit festgehalten werden:

1. Die Direktinvestitionen und darauf aufbauend die Aktivitäten ausländischer Tochtergesellschaften wuchsen in den vergangenen 20 Jahren erheblich stärker als das weltweite BIP und der Welthandel.

2. Direktinvestitionen und die damit verbundene Produktion ausländischer Tochtergesellschaften haben ein Volumen erreicht, dass auch in makroökonomischer Hinsicht von Relevanz ist.

Es soll nun kurz auf die regionale Struktur der Direktinvestitionen eingegangen werden. Wenig überraschend scheint es, dass der Großteil der weltweiten Direktinvestitionen von multinationalen Unternehmen aus entwickelten Ländern getätigt wird (vgl. UNCTAD (2002) und Lipsey (2000)). Wie jedoch Tabelle 1.3 illustriert, flossen in den Jahren 1986 bis 2000 ebenso Direktinvestitionen überwiegend in die bereits entwickelten Länder. Dieser empirische Befund ist von großer Relevanz, denn er verdeutlicht, dass Direktinvestitionen in theoretischer Hinsicht nicht als Kapitalflüsse aus kapitalreichen in kapitalarme Länder interpretiert werden können. Mit anderen

Tabelle 1.2. FDI-Indikatoren und internationale Produktion

	Jährliche Wachstumsrate (in Prozent)		
	1986-1990	1991-1995	1996-2000
FDI-Zuflüsse	23,6	20,0	40,1
FDI-Bestand	15,6	9,1	17,9
Erlöse ausl. Tochtergesellschaften	16,9	10,5	14,5
Bruttoprodukt ausl. Tochtergesell.	18,8	6,7	12,9
BIP	11,5	6,5	1,2
Güter- und Dienstleistungsexporte	15,8	8,7	4,2

Quelle: UNCTAD, World Investment Report 2002, S. 4

Tabelle 1.3. Verteilung der FDI-Zuflüsse auf die Regionen (in Prozent)

	1990-1994	1995-1999	2000	2001
Entwickelte Länder	65,3	67,5	82,3	68,4
Entwicklungsländer	32,6	29,3	15,9	27,9
Zentral- und Osteuropäische Länder	2,1	3,2	1,8	3,7

Quelle: UNCTAD, World Investment Report 2002, S. 265

Worten: Direktinvestitionen lassen sich nicht oder zumindest nicht ausschließlich mit Zinsdifferenzen der involvierten Länder erklären.

Betrachtet man die Direktinvestitionsflüsse auf Länderebene, so fällt auf, dass Länder, denen relativ hohe Direktinvestitionen zufließen, in der Regel selbst relativ hohe Direktinvestitionen tätigen. Dieser Umstand beruht zu großen Teilen auf einer Abhängigkeit der Direktinvestitionen und der Marktgröße der jeweiligen Länder (vgl. auch Lipsey (2000)). Tabelle 1.5 zeigt diesbezüglich die Mittelwerte und Standardabweichungen (in Klammern) der Zu- und abflüsse der Direktinvestitionen für einen Datensatz von 27 OECD Ländern in den Zeiträumen 1990 bis 1995 und 1996 bis 2001. Als Ausnahme sticht vor allem Japan heraus, dass in erheblichen Umfang hinausgehende Direktinvestitionen aber vergleichsweise gering hereinkommende Direktinvestitionen verzeichnen konnte. Ein umgekehrtes Muster zeigt sich bei den ehemaligen Ostblockstaaten Polen, Ungarn und der Tschechischen Republik. Der Niedergang des Ostblocks führte zur Öffnung der Märkte nach Westen und zu

Tabelle 1.4. Verteilung der FDI-Abflüsse auf die Regionen (in Prozent)

	1990-1994	1995-1999	2000	2001
Entwickelte Länder	87,8	89,1	92,2	93,5
Entwicklungsländer	12,1	10,6	7,6	5,9
Zentral- und Osteuropäische Länder	0,1	0,4	0,3	0,6

Quelle: UNCTAD, World Investment Report 2002, S. 265

hereinkommenden Direktinvestitionen. Gleichzeitig verfügen diese Schwellenländer bisher nur über wenige eigene multinational operierende Unternehmen, so dass die herausgehenden Direktinvestitionen sehr gering ausfielen.

Ferner fällt auf, dass die durchschnittlichen Direktinvestitionen im zweiten Intervall stark zugenommen haben, gleichzeitig jedoch die jeweiligen Standardabweichungen ebenfalls angestiegen sind. Letzteres beruht einerseits auf dem bereits angesprochenen starken Trend der Direktinvestitionen, der bis 2000 weltweit zu beobachten war, andererseits auf außergewöhnlich hohen oder niedrigen FDI-Aktivitäten in einzelnen Jahren (Ausreißern). Insbesondere zu nennen sind hier (1) der hohe deutsche Direktinvestitionszufluss des Jahres 2000, der hauptsächlich auf dem Mannesmann-Vodafone-Merger beruht, und (2) der hohe belgische Direktinvestitionszufluss im gleichen Jahr, der auf ungewöhnlich hohe Direktinvestitionen im tertiären Sektor zurückzuführen ist (vgl. hierzu UNCTAD (2004)). Hinzu kommt (3) der starke Einbruch der Direktinvestitionen im Jahr 2001 infolge der weltweiten Kursrückgänge an den Aktienmärkten.

Abbildung 1.1 zeigt die aggregierten Direktinvestitionszu- und abflüsse für 27 OECD Staaten im Zeitraum 1990-2001.

Tabelle 1.5: Direktinvestitionen: Mittelwerte und Standardabweichungen in 27 OECD Ländern (Mill. US $)

	Zuflüsse 1990-1995	Abflüsse 1990-1995	Zuflüsse 1996-2001	Abflüsse 1996-2001
Australien	6567,8	2584	7097,1	6053,8
	(2998,9)	(1587,1)	(2511,4)	(3074,4)
Österreich	1263,1	1364,7	4890,7	3112
	(688,1)	(237,8)	(2265,2)	(1396,6)
Belgien/Luxemburg	9496,2	6623,1	63634,5	64389
	(1445,1)	(4059,3)	(89258,9)	(89343,7)
Kanada	6228,6	6852,1	26639,6	28364,5
	(2474,7)	(2927,2)	(19411,5)	(11993,5)
Tschechische Republik	680,7	41,1	3778,9	89
	(1045,5)	(42,1)	(2044,5)	(48,5)
Dänemark	2404,6	2364,2	6117,1	5163,7
	(1683,3)	(990,8)	(4839,7)	(1726,0)
Finnland	742	1505,8	5404,6	10909
	(617,8)	(1844,1)	(4248,4)	(8351,6)
Frankreich	17388	25273	36459,5	82266,2
	(3225,7)	(7326,3)	(12907,2)	(56869,8)
Deutschland	4188,3	23479,9	54193,9	63992,4
	(5017,7)	(8099,8)	(71097,9)	(28217,9)
Ungarn	1825,6	17,2	2094,1	345,4
	(1376,3)	(24,0)	(274,2)	(199,0)
Island	6,7	16,6	127,3	168
	(13,6)	(9,0)	(44,5)	(143,9)
Irland	337,2	375,4	10478	3404,4
	(69,5)	(238,3)	(9562,3)	(2074,0)
Italien	3803,7	6324,1	7779	12279,7
	(1536,5)	(866,9)	(5086,1)	(5769,9)
Japan	3727,5	43734,6	15150,3	48660,1
	(639,7)	(9135,9)	(9102,4)	(11433,3)
Korea	992,1	1602,3	5768,6	3032,1
	(237,5)	(740,0)	(3716,7)	(566,1)

wird fortgesetzt

Fortsetzung

	Zuflüsse 1990-1995	Abflüsse 1990-1995	Zuflüsse 1996-2001	Abflüsse 1996-2001
Niederlande	7565,4	14523,6	34481,4	42868,2
	(2285,6)	(2990,4)	(18589,1)	(15436,2)
Neuseeland	2024,2	1104,6	2198,1	1,7
	(658,0)	(1393,9)	(1147,5)	(1114,1)
Norwegen	1183,1	1664,3	4672,7	4374,3
	(821,8)	(976,4)	(1836,7)	(3206,8)
Polen	1395,7	17,0	6538,2	88,3
	(1323,2)	(12,9)	(1751,7)	(112,9)
Portugal	1646,7	399,4	3008,5	3741,4
	(631,8)	(253,7)	(1879,3)	(2427,2)
Spanien	10794,5	3580,0	16680,0	26943,0
	(2921,3)	(836,2)	(11735,6)	(18583,8)
Schweden	5488,0	6914,5	22135,2	18436,9
	(5047,9)	(5533,8)	(20036,0)	(13484,5)
Schweiz	2341,2	8592,5	9443,0	24154,5
	(2032,1)	(2475,3)	(4494,2)	(11146,4)
Türkei	803,0	54,2	1421,2	514,8
	(130,3)	(31,0)	(973,3)	(319,6)
Vereinigtes Königreich	17481,6	25100,4	64135,2	119652,0
	(7217,5)	(10411,2)	(34996,2)	(92627,2)
USA	41124,5	64367,5	183191,2	139061,2
	(15731,7)	(26512,7)	(94802,0)	(38887,5)

Quelle: OECD, 2003, http://www.oecd.org/dataoecd/62/26/2635829.xls

1.4 Ein kurzer Literaturüberblick

1.4.1 Theoretische Beiträge

Obwohl die Notwendigkeit theoretischer, makroökonomischer Studien von verschiedenen Autoren angemahnt wird (s. Markusen (2002), Markusen and Maskus (2001), Solow (2000)), ist die Zahl der zu diesem Thema veröffentlichten Beiträge recht gering geblieben. Die vorliegende Arbeit versucht, einen Beitrag zur Erläuterung der

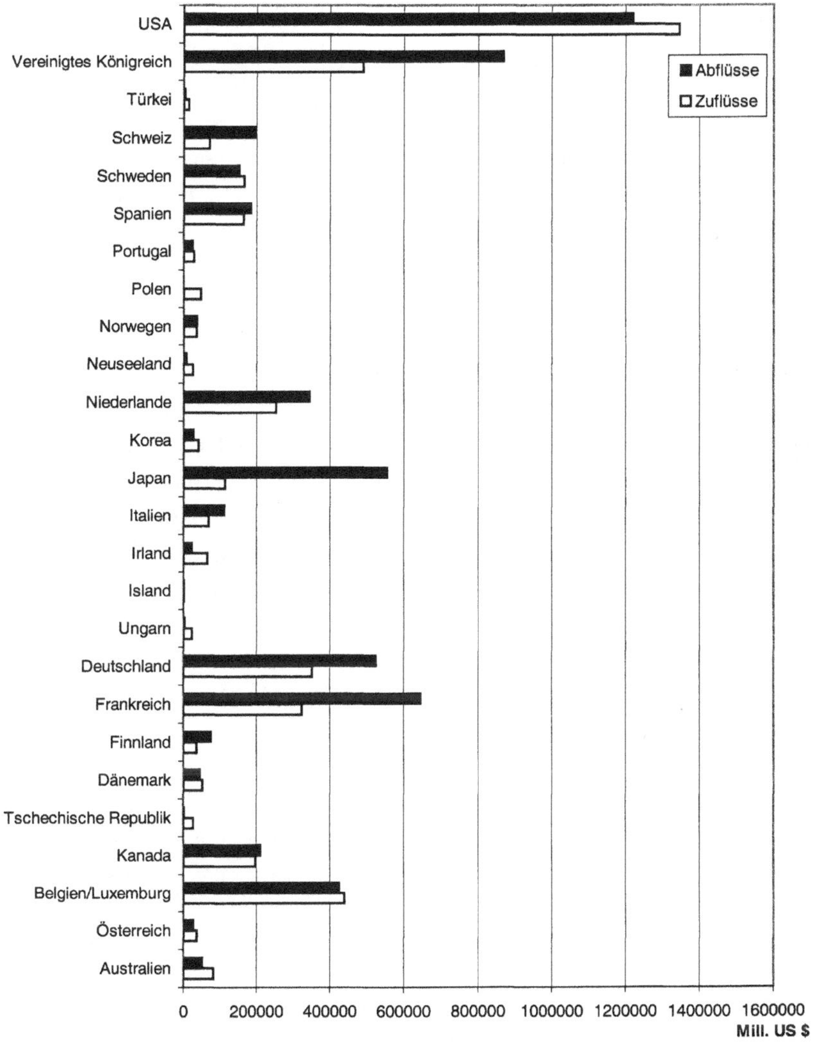

Abbildung 1.1. FDI-Zu- und Abflüsse 1990-2001 für einige OECD Länder, Quelle: OECD

makroökonomischen Konsequenzen der Direktinvestitionen zu leisten. Die hierfür verwendeten Modelle der offenen Wirtschaft lehnen sich an die Beiträge von Fleming (1962) und Mundell (1968) an. Die den Modellen zugrundeliegende Mikrofundierung orientiert sich an Carlberg (2002).

Für die Modellierung der Direktinvestitionen und multinationaler Produktion sind eine Reihe von Erkenntnissen aus quantitativen und mikroökonomischen Ansätzen von Bedeutung für diese Arbeit: Die ersten makroökonomischen Analysen betrachteten Direktinvestitionen lange Zeit als Kapitalflüsse zum Zweck der Zinsarbitrage. In diesem Sinne wurde die Wirkung der Direktinvestitionen in allgemeinen Gleichgewichtsmodellen des Heckscher-Ohlin-Typs analysiert. Caves (1996) beschreibt exemplarisch den einfachsten Fall einer 2-Länder-2-Güter-2-Faktoren-Welt, wobei Kapital einen Faktor, Arbeit den anderen Faktor darstellt. Nimmt man nun unter Annahme der Standardprämissen des Heckscher-Ohlin-Modells an, dass kein Güterhandel stattfindet, stattdessen aber Kapital international mobil wird, kommt es zu einem Kapitalzufluss in das relativ kapitalarme Land bzw. zu einem Kapitalabfluss aus dem relativ kapitalreichen Land. Dieser hält solange an, bis das Grenzprodukt des Kapitals in beiden Ländern gleich ist. Anders formuliert: Durch den Kapitalfluss ändert sich die Faktorausstattung in beiden Ländern, damit die Produktionsmöglichkeiten und damit die relativen Preise für die beiden Güter, was schließlich den Kapitalzufluss bzw. -abfluss begrenzt. Ähnlich dem Heckscher-Ohlin-Standardergebnis bei freiem Handel resultiert in beiden Ländern eine Änderung der Produktionsmengen beider Güter sowie eine Änderung der Lohn-Zins-Relationen. Internationale Kapitalmobilität kann in diesem Kontext als Substitut zum Handel interpretiert werden.

Die Erklärung der Direktinvestitionen mit Hilfe des Heckscher-Ohlin-Modells steht jedoch in starkem Widerspruch zur Empirie (Hymer (1960)). Hymer stellte fest, dass das Argument der Zinsarbitrage bei Direktinvestitionen zu kurz greift und zu Widersprüchen führt, da

- einige Staaten gleichzeitig sowohl als Investor- als auch als Empfängerland von Direktinvestitionen auftraten, es also zu sogenanntem *cross-hauling* kommt,
- sich viele Staaten sowohl einem Netto-Direktinvestitionskapitalabfluss, als auch einem Netto-Portfoliokapitalzufluss gegenübersehen.

Die Ursachen für das Auftreten der Direktinvestitionen, vermutete Hymer, könnten daher weniger durch die Theorie internationaler Faktorbewegungen als vielmehr mit Hilfe der Theorie der Industrieökonomik erklärt werden. Im Kern lassen sich die von Hymer angeführten Widersprüche darauf zurückführen, dass die Modelle des Heckscher-Ohlin-Typs keine Unterschiede zwischen Portfolioinvestitionen und Direktinvestitionen und insbesondere den die beiden Kapitalflüsse charakterisierenden Eigenschaften machen. Dies betrifft vor allem den Umstand, dass Direktinvestitionen im Gegensatz zu Portfolioinvestitionen der Erlangung oder Beibehaltung von Kontrolle dienen. Während Portfoliokapitalflüsse eng mit Zinsarbitrage verbunden sind, erfolgen Direktinvestitionen aus anderen, noch zu erläuternden Gründen, nicht jedoch aufgrund internationaler Zinsunterschiede.

Die reale Außenwirtschaftstheorie reagierte zunächst auf die Kritik, in dem sie Direktinvestitionen mithilfe des Konzepts spezifischer Faktoren innerhalb des Heckscher-Ohlin-Modells modellierte. Dabei wird angenommen, dass der Faktor Kapital international mobil, jedoch sektorspezifisch ist. Caves (1971) erläutert innerhalb eines 2-Länder-2-Güter-3-Faktoren-Modells die Auswirkungen eines exogenen grenzüberschreitenden Kapitalflusses innerhalb des gleichen Sektors, wobei der erste Faktor homogene, national mobile Arbeit, der zweite Faktor das sektorspezifische, eingeschränkt mobile bis immobile Kapital des Sektors A und der dritte Faktor das sektorspezifische, international perfekt mobile Kapital des Sektors B ist. Es lässt sich nun zeigen, dass für eine betrachtete Wirtschaft ein exogener Kapitalzufluss innerhalb des Sektors A Auswirkungen auf die Rentabilität des Kapitalstocks des Sektors B hat und zu einem endogenen Kapitalzufluss innerhalb des Sektors B führt. Wenngleich die Triebfeder innerhalb dieses Modells immernoch die Zinsarbitrage in Sektor B ist, ist das Modell zumindest in der Lage, das Phänomen des *cross-haulings* der Direktinvestitionen zu erklären. Darüber hinaus werden durch die Annahme sektorspezifischen Kapitals Direktinvestitionen vom Portfoliokapital abgegrenzt. Bezug auf diesen Ansatz nehmen auch die in Zelgert (1993), dargestellten Modelle, die innerhalb des 2x2x3 Rahmens eine kleine offene Wirtschaft untersuchen, indem die beiden sektorspezifischen Kapitalfaktoren international mobil sind. Es wird gezeigt, dass cross-hauling ebenso als Ergebnis eines Importzolles, aufgrund nicht handelbarer Güter oder aufgrund technischen Fortschritts entstehen kann. Auch hier stellt allerdings Zinsarbitrage die treibende Kraft der Direktinvestitionen dar. Der die Direktinvestitionen prägende Aspekt der Kontrolle wird jedoch von den Spezifischen-Faktor-Modellen nicht berücksichtigt.

Ausgehend von den Überlegungen Hymers entwickelte sich parallel zu den Ansätzen der Handelstheorie ein industrieökonomisch ausgerichteter Ansatz zur Erklärung der Direktinvestitionen, in dessen Mittelpunkt die mikroökonomische Betrachtung der multinationalen Unternehmung stand.

Als wegbereitender Beitrag erwies sich die von Dunning entwickelte *eklektische Theorie*, die auch als OLI-Ansatz (*ownership, location, internalization*) (Dunning (1981)) bekannt geworden ist. Dunning analysiert hier die Frage, warum Unternehmen den Schritt zur multinationalen Produktion unternehmen, wo gleichzeitig der Export oder die Lizenzierung der Produktion des eigenen Gutes an ausländische Firmen als Alternativen offen stehen. Dunning schließt, dass es zum ersten firmenspezifische (Input-)Faktoren (*ownership*) für ihre Besitzer attraktiver machen, trotz der zusätzlich auftretenden Transaktionskosten selbst im Ausland tätig zu werden. Ferner muss es ortsbezogene Gründe für die Produktion an einem ausländischen Ort geben (*location*), und schließlich müssen Gründe existieren, die für eine ausschließlich interne Nutzung der firmenspezifischen Faktoren sprechen (*internalization*). Eine wichtige Eigenschaft des OLI-Ansatzes ist, dass er unvereinbar mit der Annahme vollständiger Konkurrenz ist. Dieses gilt deshalb, da die Existenz multinationaler Unternehmen aufgrund firmenspezifischer Faktoren und trotz zusätzlich bei Produktion im Ausland auftretender Transaktionskosten den Annahmen der vollkommenen Konkurrenz zuwiderlaufen. Da jedoch die allgemeinen Gleichgewichtsmodelle des Heckscher-Ohlin-Typs vollständige Konkurrenz voraussetzen, besteht ebenso eine Unvereinbarkeit von OLI-Ansatz und Heckscher-Ohlin-Modellen (vgl. hierzu auch Caves (1996)).

Zeitgenössische Modelle multinationaler Produktion greifen Dunnings Grundgedanken auf und verknüpfen sie mit der Neuen Handelstheorie von Krugman (1979) und Helpman (1981), die differenzierte Güter und monopolistische Konkurrenz unterstellen.

Mit Hilfe dieser neuen Modelle werden sowohl vertikal integrierte Produktionsprozesse (siehe Helpman and Krugman (1985), Helpman (1984)) als auch horizontal integrierte Produktionsprozesse betrachtet (siehe Markusen (1984), Helpman and Krugman (1985), Brainard (1993), Markusen (2002), Markusen and Venables (2000) und Kleinert (2001)), wobei im Folgenden auf die horizontalen Ansätze Bezug genommen werden soll.

Kerngedanke der Modelle horizontaler Integration ist, dass für die Produktion eines differenzierten Gutes ein differenzierter Inputfaktor, der firmenspezifische Faktor, notwendig ist. Dieses können beispielsweise Managementkenntnisse oder technologisches Wissen sein. Eine besondere Eigenschaft des firmenspezifischen Faktors ist, dass er nicht-rivalisierend in der Nutzung ist. Einmal erstellt, kann er kostenneutral in mehreren firmeneigenen Produktionsstätten gleichzeitig verwendet werden. Daraus ergeben sich steigende Skalenerträge bzw. sinkende Durchschnittskosten auf der Firmenebenebene, da die fixen Kosten zur Erstellung des firmenspezifischen Faktors auf mehrere Produktionsstätten verteilt werden können. Multinationale Produktion ergibt sich dann als das Ergebnis eines Trade-offs bezüglich der Handelskosten (Transportkosten) und der Erfordernis fixer Faktoren auf der Firmen- und der Produktionsstättenebene. Markusen (1995) und Markusen (2002) verbinden darüber hinaus die vertikalen und horizontalen Modelle zu einer einheitlichen Theorie, die Markusen den *knowledge-capital*-Ansatz nennt. Dieser Ansatz erläutert, wann Unternehmen multinational produzieren und ob die Integration horizontaler oder vertikaler Art ist. Auch wenn das Modell des firmenspezifischen Vorteils plausibel erklärt, wann und warum Unternehmen multinational produzieren, behandelt es streng genommen die mikroökonomischen Ursachen und Wirkungen einer *Produktionsverlagerung*. Die makroökonomische Analyse des *Investitionsprozesses* und seiner Folgen bleibt dabei unberücksichtigt.

1.4.2 Empirische Beiträge

Neben den theoretischen Untersuchungen gibt es eine Vielzahl empirischer Studien zu den Ursachen und Wirkungen der Direktinvestitionen, wobei hier im Wesentlichen auf die Studien zu deren Wirkungen eingegangen werden soll. Grundsätzlich lassen sich zwei Arten von Untersuchungen unterscheiden. Zum einen die Untersuchungen, die sich auf die Wirkung der Direktinvestitionen im Investorland beziehen, zum anderen diejenigen, die sich auf die Wirkung im Empfängerland beziehen. Erstere betrachten vor allem die Frage, ob im Investorland Direktinvestitionen exportsubstituierende Wirkungen haben. Für die Wirkung der Direktinvestitionen auf das Investorland stellt Lipsey fest, dass die empirischen Untersuchungen keine generelle Aussage darüber zulassen, ob Direktinvestitionen als Substitute für Exporte betrachtet werden können. Dabei ist jedoch von Bedeutung, ob die Direktinvestitionen horizontaler oder vertikaler Natur sind. Bei horizontalen Direktinvestitionen ist von einer substitutionalen Beziehung, bei vertikalen Direktinvestitionen von einer komplementären Beziehung auszugehen. Dieses deshalb, da bei vertikalen Direktinvestitionen der intra-industrielle Handel, bzw. der firmeninterne Handel, eine zunehmend bedeutende Rolle spielt. Markusen (2000) verweist ferner darauf, dass die empirischen Befunde abhängig vom Aggregationslevel der verwendeten Daten sind. Er kommt zum Schluss, dass zwischen horizontalen Direktinvestitionen und Exporten ein substitutives Verhältnis besteht. Markusen and Maskus (1999) stellen darüber hinaus fest, dass ökonometrische Tests erhebliche Evidenz zugunsten horizontaler Strukturen liefern und zu einer deutlichen Ablehnung der Relevanz vertikaler Strukturen führen.

Die Studien zur Wirkung der Direktinvestitionen im Empfängerland können zunächst unterteilt werden in mikroökonomisch orientierte und makroökonomisch orientierte Studien. Die mikroökonomisch orientierten Studien erforschen die sektoralen Wirkungen der Direktinvestitionen auf Löhne und Produktivität. Die Frage lautet hier, ob und in welchem Umfang Lohn- und Produktionsspillovers im Zusammenhang mit Direktinvestitionen auf Sektorebene beobachtet werden können. Die makroökonomisch orientierten Studien hingegen untersuchen den Einfluss der Direktinvestitionen auf das Wachstum der Empfängerländer. Görg and Strobl (2001) und Lipsey (2002) geben einen umfassenden Überblick über die Ergebnisse hinsichtlich der Wirkungen der Direktinvestitionen. Für das Empfängerland lässt sich festhalten, dass ausländische Tochtergesellschaften höhere Löhne als die rein national operierenden Unternehmen zahlen. Hinsichtlich möglicher Lohnspillovers ist die Datenlage jedoch widersprüchlich, wenngleich die oben genannten Autoren tendenziell ausreichend Evidenz für positive Lohnspillovers in Empfängerländern sehen. Bezüglich der Produktivität gilt, dass multinationalen Unternehmen und ihre ausländischen Töchter generell produktiver als rein national operierende Unternehmen sind. Produktivitätsspillovers können hingegen nicht eindeutig festgestellt werden. Ebenso lassen sich keine eindeutigen Hinweise auf positive Wachstumswirkungen der Direktinvestitionen finden. Borensztein, De Gregorio, and Lee (1998) zeigen in diesem Zusammenhang, dass Direktinvestitionen nur dann positive Wachstumswirkungen haben, sofern das Empfängerland über ein gewisses Maß an Humankapital verfügt.

Hinsichtlich der Erforschung der Ursachen für Direktinvestitionen haben empirische Arbeiten, basierend auf makroökonomischen Daten, gezeigt, dass wichtige makroökonomische Variablen kaum Erklärungskraft für das Auftreten der Direktinvestitionen zeigen. Dieses gilt wie geschildert für den Inlandszins, aber ebenso für das durchschnittliche Nominallohnniveau und für Unternehmenssteuern (Lipsey (2000)) sowie für Handelshemmnisse (Markusen (2000)).

Kapitel 2

Methodik und Aufbau der Arbeit

2.1 Stilisierte Fakten

Fasst man die empirischen Ergebnisse und die im Literaturüberlick geschilderten theoretischen Erkenntnisse zusammen, lassen sich eine Reihe von stilisierten Fakten gewinnen, die eine Modellierung der makroökonomischen Konsequenzen der Direktinvestitionen berücksichtigen sollte. Zu nennen sind:

- Zwischen Portfolioinvestitionen und Direktinvestitionen bestehen substanzielle Unterschiede. Zum einen werden Direktinvestitionen von Portfolioinvestitionen dadurch abgegrenzt, dass die Direktinvestoren Kontrolle über das Investitionsobjekt haben oder erhalten. Zum anderen stehen Portfoliokapitalflüsse in enger Verbindung zu Zinsdifferenzen, während Direktinvestitionen nicht durch Zinsdifferenzen erklärt werden können.

- Empirische Untersuchungen haben gezeigt, dass Direktinvestitionen unabhängig von wichtigen makroökonomischen Variablen sind. Dazu zählen Inlandszins, nominale Durchschnittslöhne, Unternehmenssteuern, und Handelsbarrieren.

- Direktinvestitionen sind im Wesentlichen horizontaler Art. Vertikale Direktinvestitionen, bei denen die Produktionschritte eines Gutes auf mehrere Länder verteilt werden, sind von untergeordneter Bedeutung.

- Die Ursachen der Direktinvestitionen sind auf Firmenebene zu suchen. Gängige industrieökonomische Theorien führen das Auftreten der Direktinvestitionen auf die Existenz firmenspezifischer Vorteile und eine darauf aufbauende Abwägung von Handelskosten sowie firmen- bzw. produktionstättenspezifischen Skalenerträgen zurück. Multinationale Unternehmen sind daher mit der Marktform der vollständigen Konkurrenz unvereinbar.

2.2 Modellierung

Die vorliegende Arbeit behandelt die Folgen horizontaler Direktinvestitionen innerhalb einer kleinen offenen Volkswirtschaft. Dieses soll einerseits für den Fall einer Wirtschaft, die als Empfängerland fungiert, als auch für den Fall einer Wirtschaft, die als Investorland fungiert, geschehen. Grundlage der Analyse bilden im Wesentlichen das Mundell-Fleming-Modell der kleinen offenen Wirtschaft und das Modell der kleinen offenen Wirtschaft ohne Kapitalmobilität. Bevor der Aufbau der Arbeit genauer beschrieben wird, sollen einige Bemerkungen zur Modellierung gemacht werden. Die hier verwendete Modellierung der Direktinvestitionen innerhalb der oben genannten Modelle der kleinen offenen Wirtschaft geht, wie bei diesen Modellen üblich, zunächst davon aus, dass sich die betrachteten Länder vollständig auf die Produktion eines Gutes spezialisiert haben. Das Inland produziert das originär inländische Gut, das Ausland das originär ausländische Gut. Nach erfolgten Direktinvestitionen werden nun die Güter gleichzeitig an mehreren internationalen Standorten gefertigt. Das Inland produziert dann das originär inländische Gut nicht nur im Inland sondern ebenso im Ausland. Gleichwohl behält das Inland dabei die alleinige Kontrolle über die Auslandsproduktion des originär inländischen Gutes, da es allein die Entscheidung über Direktinvestitionen und, darauf aufbauend, über die im Ausland gefertigten Gütermengen trifft. Anders gesagt: Das Inland produziert zwar das originär inländische Gut zum Teil im Ausland, das Ausland hat jedoch keinen Einfluss auf Investitionen im originär inländischen Sektor und die Produktion des originär inländischen Gutes. Diese Annahme spiegelt somit insbesondere den Aspekt der Kontrolle durch die Investoren wider. Der hier verfolgte Ansatz unterscheidet sich insofern von den Modellen des Heckscher-Ohlin-Typs und den Modellen spezifischer Faktoren, in denen beide Länder beide Güter in eigener Regie herstellen können. Der Ansatz folgt hingegen eher den Modellen mit firmenspezifischen Faktoren, die monopolistische Angebotsstrukturen postulieren.

Anders als in den Modellen mit firmenspezifischen Faktoren wird von den Ursachen der Direktinvestitionen abstrahiert. Stattdessen konzentriert sich die Analyse auf die makroökonomischen Folgen. Direktinvestitionen werden hierfür in Form exogener Schocks formuliert, die eine kleine offene Volkswirtschaft treffen. Innerhalb einer komparativ-statischen Analyse wird dann das Gleichgewicht vor Schock und das Gleichgewicht nach Schock verglichen.

Für die Modellierung der Direktinvestitionen in Form eines exogenen Schocks können folgende Gründe geltend gemacht werden:

- Die Modellierung der Direktinvestitionen in Form eines exogenen Schocks ermöglicht es, gezielt die Wirkung dieser Direktinvestitionen zu betrachten. Bei einer endogenen Modellierung der Direktinvestitionen sind hingegen eventuelle, parallel ablaufende Effekte des die Direktinvestitionen auslösenden Initialschocks zu separieren.

- Die Modellierung der Direktinvestitionen als exogener Schock ist dann bedenklich, wenn zwischen den Ursachen der Direktinvestitionen und den Direktinvestitionen selbst bedeutende, signifikante Wechselwirkungen bestehen. Wie die zuvor zitierten empirischen Untersuchungen jedoch gezeigt haben, weisen makroökonomisch relevante Größen wie Inlandszins, Lohnniveau, Produktivität, Unternehmensteuern und Handelshemmnisse ungesicherte, bestenfalls schwache Beziehungen zum Auftreten der Direktinvestitionen auf. Vielmehr sind die Ursachen der Direktinvestitionen auf der Mikroebene zu suchen. Anders gesagt, sie sind sektor- oder firmenspezifischer Natur.[1] Sofern aber keinem Einflussfaktor eine herausgehobene Stellung zukommt, ist auch im Weiteren keine bedeutende Wechselwirkung von Ursachen und Direktinvestitionen zu erwarten. Eine Modellierung der Direktinvestitionen als exogener Kapitalzufluss erscheint somit nicht problematisch zu sein.

- Insbesondere die verwendete Modellierung der Direktinvestitionen als exogener Kapitalfluss grenzt die Direktinvestitionen klar von den endogenen, zinsabhängigen Portfolioinvestitionen ab.

2.3 Gang der Untersuchung

Der in der vorliegenden Arbeit verfolgte Ansatz verläuft zweistufig. Die erste Stufe bildet dabei die Betrachtung der Investitionsphase der Direktinvestitionen, die zweite Stufe die Betrachtung der Produktionsphase.

Die Investitionsphase In der Investitionsphase werden die Primäreffekte der Direktinvestitionen, das heißt die Wirkungen eventuell auftretender exogener Kapitalflüsse und eventueller Anstiege der Nachfrage nach Kapitalgütern betrachtet. Dabei werden unterschiedliche Finanzierungsarten der Direktinvestitionen berücksichtigt.

[1] Für eine ausführliche Darstellung firmenspezifischer Ursachen der Direktinvestitionen siehe Zelgert (1993), S. 121.

Bei der ersten Finanzierungsart stellen die Direktinvestoren das für die Direktinvestitionen notwendige Kapital bereit, in dem sie Kredite im Investorland aufnehmen. Aus Sicht des Empfängerlandes sind die Direktinvestitionen somit mit einem exogenen Kapitalzufluss verbunden. Bei der zweiten Finanzierungsart beschaffen die Direktinvestoren das für die Direktinvestitionen notwendige Kapital auf dem Kapitalmarkt des Empfängerlandes. Aus Sicht des Empfängerlandes werden die Direktinvestitionen insofern nicht von einem exogenen Kapitalzufluss begleitet (vgl. u.a. Kindleberger (1987) und Maennig and Wilfling (1998)).

Einen zentralen Ansatzpunkt der makroökonomischen Analyse bildet die Zahlungsbilanz. Wenngleich die Analyse der Direktinvestitionen und der sie begleitenden Kapitalflüsse innerhalb der Zahlungsbilanz, wie Lipsey (2000) und Lipsey (2002) betont, kaum Erkenntnisse hinsichtlich der Ursachen der Direktinvestitionen bringt, stellt sie einen sehr wichtigen Ausgangspunkt für die Untersuchung der Konsequenzen dar. Dies soll kurz illustriert werden. Allgemein gilt für die Zahlungsbilanz:

$$B = H(Y, eP^*/P) + F + \bar{F}.$$

B bezeichnet dabei die Zahlungsbilanz, H die Handelsbilanz, die abhängig vom Einkommen Y und vom realen Wechselkurs eP^*/P ist. F bezeichnet den endogenen Kapitalzufluss und $\bar{F}$ den exogenen Kapitalzufluss. Die Zahlungsbilanz B ist bei flexiblen Wechselkursen jederzeit, bei festen Wechselkursen abhängig von der Kapitalmobilität sofort bis langfristig ausgeglichen. Ein Änderung des exogenen Kapitalzuflusses $d\bar{F}$ infolge der Direktinvestitionen wird also entweder durch eine Veränderung des Nettoexports dH, der endogenen, zinsabhängigen Kapitalflüsse dF oder eine Kombination beider Änderungen kompensiert. In Differenzenschreibweise gilt also für die Zahlungsbilanz:

$$0 = dH(Y, eP^*/P) + dF + d\bar{F}.$$

Änderungen des Nettoexports liegen jedoch Änderungen des Einkommens dY und / oder Änderungen des realen Wechselkurses $d(eP^*/P)$ zugrunde. Eine Veränderung der endogenen Kapitalflüsse wirft zudem die interessante Frage auf, wie es um die Änderung des Nettokapitalzuflusses $dF + d\bar{F}$ bestellt ist.

Die Betrachtung beginnt mit einer allgemeinen Darstellung des Mundell-Fleming-Modells der kleinen offenen Wirtschaft und des Modells der kleinen offenen Wirtschaft ohne Kapitalmobilität. Hierbei wird hinsichtlich des vorherrschenden Wechselkursregimes differenziert. Auf Grundlage dieser Modelle werden daraufhin die Wirkungen der Direktinvestitionen auf zentrale makroökonomische Variablen wie Einkommen, Wechselkurs, Geldmenge, Inlandszins, Nettoexport und Nettokapitalzufluss analysiert.

Dabei werden zunächst die Mergers and Acquisitions untersucht, da bei dieser Spielart der Direktinvestitionen nicht zusätzliche Nachfrageschocks auf den Gütermärkten betrachtet werden müssen. Ebenso kann hier die Untersuchung der Direktinvestitionen mit Kreditaufnahme im Empfängerland entfallen, da hier weder exogene Kapitalflüsse noch autonome Nachfrageschocks auftreten und somit in der Investitionsphase keine Änderung des Gleichgewichts zu erwarten ist.

Sodann werden Greenfield Investments analysiert. Hierbei sind neben eventuellen exogenen Kapitalflüssen auch Veränderungen der Nachfrage nach Kapitalgütern zu berücksichtigen. Dabei wird zwischen Greenfield Investments mit Kreditaufnahme im Investorland und Direktinvestitionen mit Kreditaufnahme im Empfängerland unterschieden. Zudem wird der Frage nachgegangen, welche Unterschiede hinsichtlich der makroökonomischen Wirkung zwischen Direktinvestitions- und gewöhnlichen Investitionsschocks bestehen.

Die Produktionsphase Aufbauend auf den Ergebnissen der Investitionsphase bezieht sich die Analyse der zweiten Stufe, der Produktionsphase, auf die Sekundäreffekte, das heißt die Konsequenzen der Produktionsaufnahme der neu errichteten, erworbenen oder erweiterten ausländischen Tochtergesellschaften. Dabei steht die empirisch relevantere, horizontale multinationale Produktion im Mittelpunkt der Betrachtung. Um die Wirkung horizontaler multinationaler Aktivitäten zu modellieren, werden 2-Sektoren-Mundell-Fleming-Modelle der kleinen offenen Wirtschaft betrachtet.

Die Analyse beschränkt sich zudem auf Greenfield Investments, bei denen der Kapitalstock der Tochterfirmen im Empfängerland vergrößert wird.[2] Die Betrachtung beginnt mit Modellen, in denen feste Güterpreise und Arbeitslosigkeit angenommen werden. Sie beschreiben insofern die kurzfristigen Wirkungen. Tritt das Inland als Empfänger der Direktinvestitionen auf, werden die Effekte einer Ausweitung der Inlandsproduktion des originär ausländischen Gutes betrachtet. Tritt das Inland als Direktinvestor auf, werden die Effekte einer Ausweitung der Auslandsproduktion des originär inländischen Gutes untersucht. Vor allem sektorale Wirkungen sowie

[2]Mergers and Aquisitions können dagegen als Reallokation bestehenden Kapitals betrachtet werden. Wie die Beiträge von Razin and Sadka (2001) und Razin and Sadka (2003) zeigen, spielen hier unter Umständen Informationsasymmetrien eine wichtige Rolle, die innerhalb des hier verwendeten Ansatzes nicht berücksichtigt werden können.

Abbildung 2.1. Die sequenzielle Struktur des Modells bei flexiblen Preisen

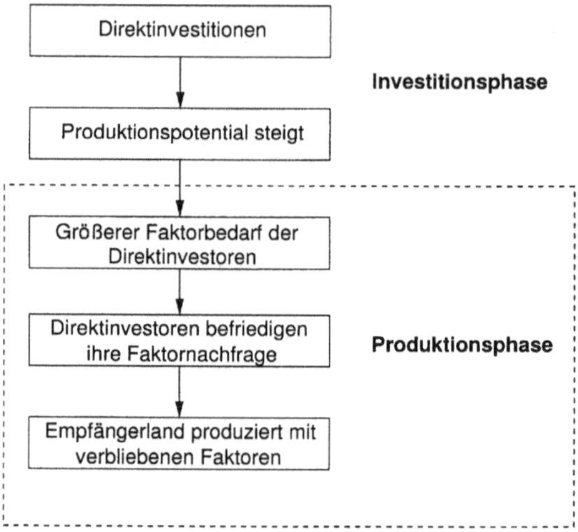

Einkommens-, Außenhandels- und Wohlfahrtswirkungen stehen im Mittelpunkt der Analyse.

Abschließend wird ein Modell einer Wirtschaft präsentiert, dem die Annahme flexibler Preise und Vollbeschäftigung zugrunde liegt. Es beschreibt somit die mittelfristigen Wirkungen einer Ausweitung der Inlandsproduktion des originär ausländischen Gutes im Empfängerland und die Wirkung der Ausweitung der Auslandsproduktion des originär inländischen Gutes im Investorland. Es wird dabei angenommen, dass die Tochtergesellschaften ihre Arbeitsnachfrage auf dem Arbeitsmarkt voll befriedigen können. Vereinfachend wird hierfür unterstellt, dass sie dieses durch die Zahlung eines marginal höheren Lohnes erreichen. Das Modell stützt sich dabei auf die empirischen Befunde, dass multinationale Unternehmen in ausländischen Tochtergesellschaften tendenziell höhere Löhne zahlen als die lokalen Wettbewerber im Empfängerland. [3] Es zeigt sich, dass insbesondere bei flexiblen Preisen die Wohlfahrtswirkungen multinationale Produktion, anders als bei festen Preisen, einer genaueren Betrachtung bedürfen. Abbildung 2.1 erläutert die sequenzielle Struktur dieses Modells grafisch.

[3] Eine theoretische Erklärung für dieses Phänomen liefern beispielsweise Glass and Saggi (2002). Multinationale Unternehmen zahlen hiernach höhere Löhne, um einen Wechsel der Arbeitnehmer zu Unternehmen des Empfängerlandes und damit die Gefahr eines Technologietransfers zu vermeiden.

Teil II

Die Investitionsphase

Kapitel 3

Grundmodelle

3.1 Einleitung

In diesem Abschnitt sollen die im Weiteren zur Analyse der Direktinvestitionen verwendeten Grundmodelle, das Mundell-Fleming-Modell der kleinen offenen Wirtschaft und das Modell der kleinen offenen Wirtschaft ohne Kapitalmobilität, vorgestellt werden. Dabei wird zwischen flexiblen und festen Wechselkursen differenziert. Darüber hinaus wird ein autonomer Anstieg der Investitionen untersucht. Dieses illustriert einerseits die Mechanik der Modelle, andererseits dient es in der darauf folgenden Untersuchung zur Wirkung der Direktinvestitionen als Referenzschock.

3.2 Flexible Wechselkurse

3.2.1 Perfekte Kapitalmobilität

3.2.1.1 Das Modell

Das im Folgenden dargestellte Modell geht auf Mundell (1968) und Fleming (1962) zurück. Betrachtet wird eine kleine offene Wirtschaft mit flexiblem Wechselkurs und perfekter Kapitalmobilität. Für die kleine offene Wirtschaft ist der (nominale) Auslandszins i^* exogen gegeben. Perfekte Kapitalmobilität bewirkt, dass der (nominale) Inlandszins i stets dem Auslandszins entspricht, das heißt, es gilt $i = i^*$.

Dem Markt für inländische Güter liegen die folgenden Verhaltensfunktionen zugrunde:

$$C = \bar{C} + cY \tag{3.1}$$

$$I = \bar{I} = const \tag{3.2}$$

$$X = \bar{X} + heP^*/P \tag{3.3}$$

$$Q = \bar{Q} + qY \tag{3.4}$$

Gleichung (3.1) ist die Konsumfunktion. Der Konsum der Inländer C, das heißt die Nachfrage der Inländer nach in- und ausländischen Konsumgütern, setzt sich aus dem autonomen Konsum $\bar{C} > 0$ und der einkommensabhängigen Konsumgüternachfrage cY zusammen. Dabei stellt Y das Einkommen der Inländer dar. $c = dC/dY$ bezeichnet die marginale Konsumquote mit $0 < c < 1$. Gleichung (3.2) ist die Investitionsfunktion. Sie beschreibt die Investitionen der Inländer. Die Investitionen der Inländer richten sich auf inländische und ausländische Güter. Da der Inlandszins durch $i = i^*$ exogen gegeben ist, folgt, dass die Investitionen konstant sind.

Gleichung (3.3) ist die Exportfunktion. Die Nachfrage der Ausländer nach inländischen Gütern X setzt sich aus der autonomen Exportnachfrage $\bar{X} > 0$ und der mit dem realen Wechselkurs steigenden Exportnachfrage heP^*/P zusammen. Dabei bezeichnet P den Preis der inländischen Güter, ausgedrückt in Inlandswährung. P^* bezeichnet den Preis der ausländischen Güter, ausgedrückt in Auslandswährung. e bezeichnet den nominalen Wechselkurs. Das ist der Preis der Aulandswährung, ausgedrückt in Inlandswährung. Dann ist eP^* der Preis der ausländischen Güter, ausgedrückt in Inlandswährung, und eP^*/P der Preis der ausländischen Güter, ausgedrückt in inländischen Gütern. eP^*/P wird auch realer Wechselkurs genannt. $h > 0$ symbolisiert die Wechselkursempfindlichkeit der Exportnachfrage. Gleichung (3.4) ist die Importfunktion. Sie besagt, dass die Nachfrage der Inländer nach ausländischen Gütern Q zum einen aus der autonomen Importnachfrage $\bar{Q} > 0$ und zum anderen aus der einkommensabhängigen Importnachfrage qY besteht. Für die marginale Importquote $q = dQ/dY$ gilt dabei $0 < q < c$.

Unter Verwendung der oben erläuterten Verhaltensfunktionen ist es nun möglich, die Gütermarktgleichung der kleinen offenen Wirtschaft aufzustellen. Die inländische Produktion Y wird durch die Nachfrage nach inländischen Gütern bestimmt. Die Nachfrage nach inländischen Gütern Z beträgt $Z = C + I + X - Q$. Die inländische Produktion beträgt dann $Y = C + I + X - Q$. Durch Einsetzen der Verhaltensfunktionen ergibt sich

$$Y = \bar{C} + cY + \bar{I} + \bar{X} + heP^*/P - \bar{Q} - qY.$$

Nachdem die Gütermarktgleichung abgeleitet wurde, wird nun der Geldmarkt betrachtet. Wiederum beginnt die Darstellung mit den Verhaltensfunktionen:

$$L = kPY \tag{3.5}$$

$$M = const \tag{3.6}$$

Gleichung (3.5) ist die Geldnachfragefunktion. Die nominale Geldnachfrage L ist proportional zum nominalen Einkommen der Inländer PY, wobei k ein Parameter mit $k > 0$ ist. Gleichung (3.6) steht für das Geldangebot. Die Zentralbank hält das nominale Geldangebot M konstant. Der Geldmarkt befindet sich im Gleichgewicht, wenn Geldangebot und Geldnachfrage übereinstimmen, wenn also gilt $M = L$. Setzt man die Verhaltensfunktionen ein, so erhält man die Geldmarktgleichung:

$$M = kPY.$$

Das Modell wird durch eine Beschreibung des Devisenmarktes komplettiert. Devisen werden benötigt, wenn grenzüberschreitender Güter- oder Kapitalverkehr stattfinden soll. Der Güterverkehr beinhaltet dabei die Ex- und Importe, der Kapitalverkehr beinhaltet Kapitalzuflüsse oder Kapitalabflüsse. Der Nettoexport H bezeichnet die Differenz von Exporten und Importen $H = X - Q$. Gemäß den Gleichungen (3.3) und (3.4) folgt daher $H = \bar{X} + heP^*/P - \bar{Q} - qY$. Der Nettokapitalzufluss V umfasst die exogenen Kapitalzuflüsse $\bar{F}$ und die zinsinduzierten, endogenen Kapitalzuflüsse F. Aggregiert ergeben Nettoexport und Nettokapitalzufluss die Zahlungsbilanz der Wirtschaft $B = H + V$. Der Wechselkurs reagiert in einem System flexibler Wechselkurse so, dass Devisenangebot und Devisennachfrage jederzeit übereinstimmen. Dieses impliziert, dass bei flexiblem Wechselkurs stets gelten muss $B = H + V = 0$. Die Zahlungsbilanz der kleinen offenen Wirtschaft wird unter Verwendung der Verhaltensfunktionen somit durch

$$\bar{X} + heP^*/P - \bar{Q} - qY + \bar{F} + F = 0$$

beschrieben.

Schließlich sei angenommen, dass sowohl das ausländische als auch das inländische Preisniveau kurzfristig fest sind. Ohne Beschränkung der allgemeinen Gültigkeit kann dann $P = P^* = 1$ gesetzt werden. Damit wird das Modell durch folgende Gleichungen repräsentiert:

$$Y = \bar{C} + cY + \bar{I} + \bar{X} + he - \bar{Q} - qY \tag{3.7}$$

$$M = kY \tag{3.8}$$

$$\bar{X} + he - \bar{Q} - qY + \bar{F} + F = 0 \tag{3.9}$$

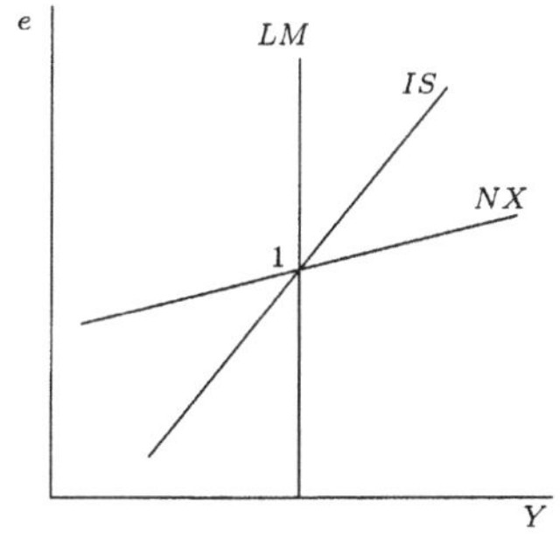

Abbildung 3.1. Das Y-e-Diagramm

Gleichung (3.7) beschreibt den Gütermarkt, Gleichung (3.8) beschreibt den Geldmarkt und Gleichung (3.9) beschreibt die Zahlungsbilanz der kleinen offenen Wirtschaft.

Abbildung 3.1 illustriert wesentliche Komponenten des Modells in der Y-e-Ebene. Dabei bildet die IS-Kurve Gleichung (3.7) ab. Die IS-Kurve ist somit der Ort aller Kombinationen von e und Y, für die der Gütermarkt im Gleichgewicht ist. Die LM-Kurve zeigt Gleichung (3.8). Sie ist senkrecht, da das Geldmarktgleichgewicht unabhängig vom nominalen Wechselkurs ist. Die NX-Kurve repräsentiert den Ort aller Kombinationen von e und Y, für die der Nettoexport $NX = \bar{X}+he-\bar{Q}-qY = 0$ beträgt. Punkt 1 markiert somit das gesamtwirtschaftliche Gleichgewicht bei einem Nettoexport von 0.

3.2.1.2 Investitionsschocks

Es soll nun kurz die Wirkung eines Investitionsschocks analysiert werden, der später für die Analyse der Wirkung der Direktinvestitionen als Referenzschock dienen soll. Dabei wird zwischen einem Investitionsschock, bei dem die Kapitalgüter auf dem inländischen Gütermarkt, und einem Investitionsschock, bei dem die Kapitalgüter auf dem ausländischen Gütermarkt nachgefragt werden, unterschieden.

Kapitalgüterkauf im Inland Die kleine offene Wirtschaft befinde sich im gesamtwirtschaftlichen Gleichgewicht. Insbesondere die Handelsbilanz sei ausgeglichen[1]. In dieser Situation steigen nun die Investitionen $\bar{I}$. Die endogenen Variablen

[1]Der hier und im Folgenden verwendete Begriff des gesamtwirtschaftlichen Gleichgewichts bezeichnet das simultane Gleichgewicht auf dem Gütermarkt, Geldmarkt und Devisenmarkt. Die Annahme einer zu Beginn ausgeglichenen Handelsbilanz ist für die Untersuchung keinesfalls zwin-

des Gleichungssystems (3.7) bis (3.9) lauten Y, e und F. Das totale Differential wird durch

$$dY = cdY + d\bar{I} + hde - qdY \tag{3.10}$$

$$0 = kdY \tag{3.11}$$

$$hde - qdY + dF = 0 \tag{3.12}$$

wiedergegeben. Aus (3.11) resultiert sofort

$$dY = 0.$$

Offenbar hat der Investitionsanstieg keinen Einfluss auf das Einkommen. Daraus folgt in Verbindung mit (3.10)

$$de = -\frac{1}{h}d\bar{I}.$$

Der Wechselkurs sinkt infolge des Investitionsschocks. Die Inlandswährung wertet somit auf. Als Konsequenz geht der Export zurück $dX = hde = -d\bar{I}$. Da das Einkommen und damit der Import unverändert bleibt, folgt, dass der Nettoexport H zurückgeht. Formal: $dH = dX - dQ = -d\bar{I}$. Somit ergibt sich aus (3.12) für den endogenen Kapitalzufluss

$$dF = d\bar{I}.$$

Der exogene Kapitalzufluss ist konstant $d\bar{F} = 0$, was eine Veränderung des Nettokapitalzuflusses von $dV = d\bar{I}$ impliziert.

Wie sieht der Anpassungsprozess aus? Der Investitionsschock steigert zunächst die Nachfrage nach inländischen Gütern. Daher steigt die Produktion und damit das Einkommen. Auf dem Geldmarkt erhöht sich die Geldnachfrage, wodurch der Inlandszins kurzfristig über das Niveau des Auslandszinses gehoben wird. Ausländisches Portfoliokapital fließt vermehrt ins Inland und senkt den Wechselkurs. Export und Nettoexport nehmen ab, und Produktion und Einkommen kehren auf ihre Ausgangsniveaus zurück. Tabelle 3.1 am Ende des Kapitels fasst die Ergebnisse zusammen.

Abbildung 3.2 illustriert den Investitionsschock. Vor Schock befindet sich die kleine offene Wirtschaft in Punkt 1. Gütermarkt, Geldmarkt, Devisenmarkt und die Handelsbilanz befinden sich im Gleichgewicht. Die Zunahme der Kapitalgüternachfrage auf dem inländischen Gütermarkt verschiebt die IS_0-Kurve nach rechts (IS_1). Aller-

gend, erleichtert allerdings die Darstellung. Dies gilt insbesondere bei der späteren Verwendung der Ergebnisse der Investitionsphase innerhalb der Analyse der Produktionsphase.

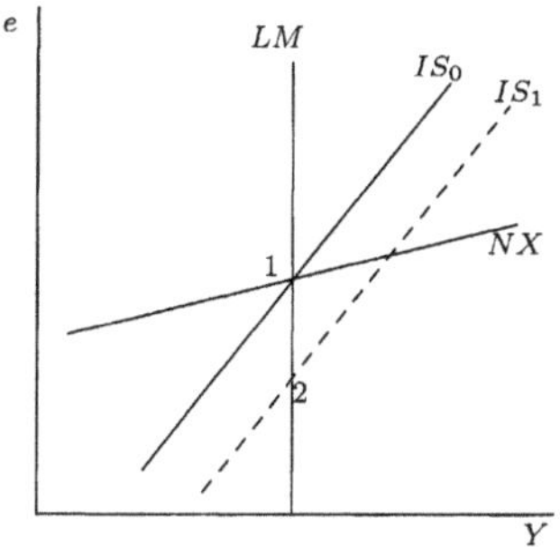

Abbildung 3.2. Zunahme der Investitionen bei Kapitalgüterkauf im Inland

dings wird die NX-Kurve nicht durch den Schock verschoben. Das neue gesamtwirtschaftliche Gleichgewicht wird durch den Punkt 2 wiedergegeben, der nun unterhalb der NX-Kurve liegt. Der Nettoexport ist somit negativ, der Nettokapitalzufluss positiv.

Kapitalgüterkauf im Ausland Die Wirtschaft befinde sich im gesamtwirtschaftlichen Gleichgewicht. Die Handelsbilanz sei ebenfalls ausgeglichen. In dieser Situation steigen die autonomen Investitionen. Allerdings werden die zusätzlich gewünschten Kapitalgüter im Gegensatz zum vorherigen Fall im Ausland nachgefragt, so dass $d\bar{I} = d\bar{Q}$ gilt. Die endogenen Variablen des Gleichungssystems (3.7) bis (3.9) sind Y, e und F. Damit ergibt sich folgendes totales Differential:

$$dY = cdY + d\bar{I} + hde - d\bar{I} - qdY \tag{3.13}$$

$$0 = kdY \tag{3.14}$$

$$hde - d\bar{I} - qdY + dF = 0 \tag{3.15}$$

Aus (3.14) folgt unmittelbar

$$dY = 0.$$

Das Einkommen wird durch den Investitionsschock nicht verändert. Damit bleibt auch der Wechselkurs auf seinem bisherigen Niveau. Mit Hilfe der Gleichung (3.13) und $dY = 0$ ermittelt man sofort

$$de = 0.$$

Somit verändert sich der Nettoexport um $dH = -d\bar{I}$. Folgerichtig muss die Änderung des Nettokapitalzuflusses $dV = d\bar{I}$ betragen. Die Änderung des exogenen Kapitalzuflusses beträgt 0, für die Änderung des endogenen Kapitalzuflusses gilt somit

$$dF = d\bar{I},$$

was durch (3.15) bestätigt wird.

Nun soll die Anpassung kurz erläutert werden. Durch die zusätzliche Einfuhr ausländischer Kapitalgüter entsteht auf dem Devisenmarkt eine größere Nachfrage nach ausländischen Devisen. Es kommt zunächst zu einer Abwertung der Inlandswährung. Dadurch werden inländische Güter attraktiver für Ausländer. Die Exportnachfrage steigt und kurbelt so die Produktion an. Das Einkommen und daher auch die Geldnachfrage steigt. Der nun kurzzeitig über dem Auslandszins liegende Inlandszins lockt vermehrt ausländisches Portfoliokapital ins Inland und sorgt so für eine Aufwertung der Inlandswährung, bis der ursprüngliche Wechselkurs wieder erreicht wird. Exportnachfrage, Produktion und Einkommen kehren auf ihre Ausgangsniveaus zurück. Tabelle 3.1 am Ende des Kapitels fasst die Ergebnisse zusammen.
Abbildung 3.3 zeigt den Schock im Y-e-Diagramm. Vor Schock befindet sich die kleine offene Wirtschaft in Punkt 1. Gütermarkt, Geldmarkt, Devisenmarkt und die Handelsbilanz befinden sich im Gleichgewicht. Durch den gemeinsamen autonomen Anstieg der Investitionen und der autonomen Importe kommt es zu keiner Veränderung der Nachfrage auf dem inländischen Gütermarkt. Die IS-Kurve verschiebt sich daher nicht. Durch den zusätzlichen autonomen Import wird jedoch die NX_0-Kurve aufwärts nach NX_1 verschoben. Das gesamtwirtschaftliche Gleichgewicht befindet sich weiterhin in Punkt 1 und damit unterhalb der neuen NX-Kurve. Der Nettoexport ist daher negativ, der Nettokapitalzufluss mithin positiv.

3.2.2 Keine Kapitalmobilität

3.2.2.1 Das Modell

Betrachtet werden soll nun ein Modell mit flexiblem Wechselkurs und ohne Kapitalmobilität. Die Immobilität des Kapitals bewirkt, dass eventuelle Differenzen von

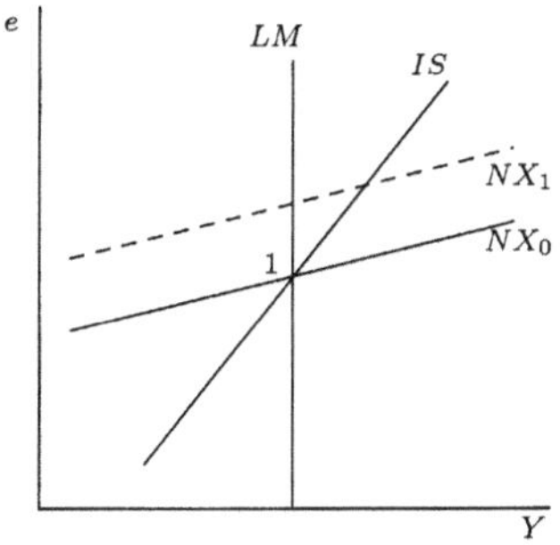

Abbildung 3.3. Zunahme der Investitionen bei Kapitalgüterkauf im Ausland

Inlandszins i und Auslandszins i^* nicht automatisch durch Kapitalströme ausgeglichen werden. Der Inlandszins ist stattdessen endogen, der Auslandszins ist für die kleine offene Wirtschaft weiterhin exogen gegeben.

Die Betrachtung beginnt wiederum mit den Verhaltensfunktionen der Gütermarktgleichung:

$$C = \bar{C} + cY \tag{3.16}$$

$$I = \bar{I} - br \tag{3.17}$$

$$X = \bar{X} + heP^*/P \tag{3.18}$$

$$Q = \bar{Q} + qY \tag{3.19}$$

Gleichung (3.16) ist die Konsumfunktion, Gleichung (3.17) ist die Investitionsfunktion, Gleichung (3.18) ist die Exportfunktion und Gleichung (3.19) ist die Importfunktion. Die Gleichungen (3.16), (3.18) und (3.19) korrespondieren prinzipiell mit den Verhaltensfunktionen des vorherigen Abschnitts. Die Investitionen der Inländer richten sich auf in- und ausländische Güter. $\bar{I}$ bezeichnet die autonomen Investitionen der Inländer. Die Investitionen sinken mit steigendem Realzins r, wobei $r = i - \pi$ die Differenz des Nominalzinses i und der Inflationsrate π ist. $b > 0$ bezeichnet die Zinsempfindlichkeit der Investitionen.

Die inländische Produktion Y wird durch die Nachfrage nach inländischen Gütern Z bestimmt, das heißt, es gilt $Y = Z$ mit $Z = C + I + X - Q$. Einsetzen der Verhaltensfunktionen ergibt die Gütermarktgleichung:

$$Y = \bar{C} + cY + \bar{I} - br + \bar{X} + heP^*/P - \bar{Q} - qY.$$

Die Verhaltensfunktionen der Geldmarktgleichung sind

$$L = P(kY - ji) \tag{3.20}$$

$$M = const \tag{3.21}$$

Gleichung (3.20) ist die Geldnachfragefunktion der Inländer. Die nominale Geldnachfrage L ist proportional zum inländischen Preisniveau P. Sie steigt ferner bei einem steigenden (realen) Einkommen Y und sinkt bei einem steigenden Nominalzins i. $k > 0$ ist die Einkommensempfindlichkeit der Geldnachfrage, $j > 0$ ist die Zinsempfindlichkeit der Geldnachfrage. Gleichung (3.21) ist die Geldangebotsfunktion. Die Zentralbank kontrolliert das nominale Geldangebot M und hält es konstant. Der Geldmarkt ist im Gleichgewicht, wenn $M = L$ gilt. Unter Verwendung der Verhaltensfunktionen kann die Geldmarktgleichung dann wie folgt formuliert werden:

$$M = P(kY - ji)$$

Die Zahlungsbilanz setzt sich aus dem Nettoexport und dem Nettokapitalzufluss zusammen. Der Nettoexport H ist die Differenz von Exporten und Importen $H = X - Q$. Setzt man aus den Gleichungen (3.18) und (3.19) ein, ergibt sich $H = \bar{X} + heP^*/P - \bar{Q} - qY$. Der Nettokapitalzufluss besteht mangels Kapitalmobilität lediglich aus dem exogenen Kapitalzufluss $V = \bar{F}$. Nettoexport und Nettokapitalzufluss bringen per Saldo einen Devisenzufluss von Null. Für die Zahlungsbilanz $B = H + V$ gilt somit:

$$\bar{X} + heP^*/P - \bar{Q} - qY + \bar{F} = 0$$

Unter der Annahme, dass das inländische und ausländische Preisniveau konstant ist, kann ohne Einschränkung der Allgemeinheit $P = P^* = 1$ gesetzt werden. Ferner gilt $\pi = 0$, so dass Real- und Nominalzins übereinstimmen, $r = i$. Damit wird das Modell durch folgende Gleichungen begründet:

$$Y = \bar{C} + cY + \bar{I} - bi + \bar{X} + he - \bar{Q} - qY \tag{3.22}$$

$$M = kY - ji \tag{3.23}$$

$$\bar{X} + he - \bar{Q} - qY + \bar{F} = 0 \tag{3.24}$$

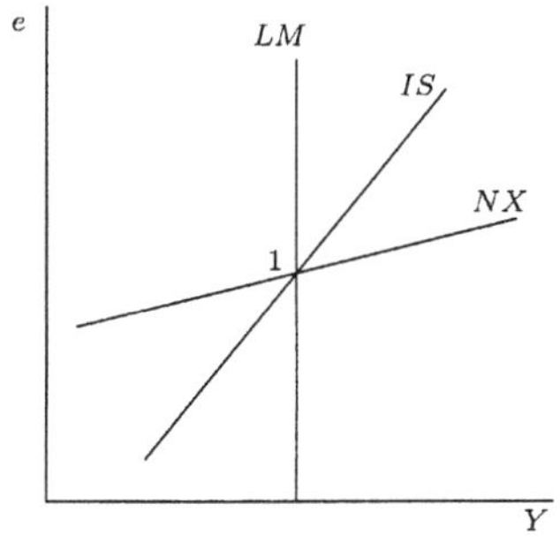

Abbildung 3.4. Das Y-e-Diagramm

Gleichung (3.22) beschreibt den Gütermarkt, Gleichung (3.23) beschreibt den Geldmarkt und Gleichung (3.24) beschreibt die Zahlungsbilanz.

Abbildung 3.4 illustriert wesentliche Komponenten des Modells in der Y-e-Ebene. Dabei bildet die IS-Kurve Gleichung (3.22) ab. Die IS-Kurve ist der Ort aller Kombinationen von e und Y, für die der Gütermarkt im Gleichgewicht ist. Die LM-Kurve repräsentiert Gleichung (3.23). Sie ist senkrecht, da das Geldmarktgleichgewicht unabhängig vom nominalen Wechselkurs ist. Die NX-Kurve zeigt den Ort aller Kombinationen von e und Y, für die der Nettoexport $NX = \bar{X} + he - \bar{Q} - qY = 0$ beträgt. Punkt 1 markiert somit das gesamtwirtschaftliche Gleichgewicht bei einem Nettoexport von 0.

3.2.2.2 Investitionsschocks

Kapitalgüterkauf im Inland Die Wirtschaft befinde sich im gesamtwirtschaftlichen Gleichgewicht. Ebenso sei die Handelsbilanz ausgeglichen. In dieser Situation steigen nun die autonomen Investitionen $\bar{I}$. Die endogenen Variablen des Gleichungssystems (3.22) bis (3.24) sind Y, e und i. Das totale Differential berechnet man als

$$dY = cdY + d\bar{I} - bdi + hde - qdY \tag{3.25}$$

$$0 = kdY - jdi \tag{3.26}$$

$$hde - qdY = 0 \tag{3.27}$$

Unter Verwendung der Gleichungen (3.26) und (3.27) erhält man in Gleichung (3.25)

$$dY = \frac{j}{j(1-c) + bk} d\bar{I}.$$

Ein Anstieg der autonomen Investitionen erhöht somit das Einkommen. Setzt man dieses in Gleichung (3.26) ein, folgt für den Inlandszins

$$di = \frac{k}{j(1-c)+bk} d\bar{I}.$$

Das heißt, der Inlandszins steigt ebenso mit den autonomen Investitionen. Schließlich ergibt sich für die Änderung des Wechselkurses aus (3.27):

$$de = \frac{qj}{h(j(1-c)+bk)} d\bar{I}.$$

Steigen die autonomen Investitionen, so wertet die Inlandswährung ab. Der Nettoexport bleibt infolge des flexiblen Wechselkurses unverändert, $dH = 0$.

Welche Anpassungsmechanismen werden durch den Schock ausgelöst? Zunächst erhöht der Anstieg der autonomen Investitionen die Produktion und das Einkommen. Dadurch steigen die Importe. Auf dem Devisenmarkt kommt es zu einer Übernachfrage nach Devisen. Die Inlandswährung wertet daraufhin ab, und die Exporte steigen, so dass der Nettoexport und damit der Devisenmarkt im Gleichgewicht bleiben. Auf dem Geldmarkt bewirkt der Einkommensanstieg eine höhere Geldnachfrage. Als Konsequenz steigt der Inlandszins. Dieses hat einen Rückgang der endogenen Investitionen zur Folge. Allerdings kann dieser nicht den Anstieg der autonomen Investitionen kompensieren. Die Änderung der Investitionen beträgt insgesamt $dI = d\bar{I} - [bk/(bk + j(1-c))]d\bar{I} = [j(1-c)/(bk + j(1-c))]d\bar{I}$. Nettoexport und Nettokapitalzufluss bleiben unverändert, $dH = dV = 0$. Tabelle 3.2 am Ende des Kapitels fasst die Ergebnisse zusammen.

Abbildung 3.5 zeigt den Investitionsschock im Y-e-Diagramm. Vor Schock befindet sich die Wirtschaft in Punkt 1. Gütermarkt, Geldmarkt, Devisenmarkt und die Handelsbilanz befinden sich im Gleichgewicht. Der Anstieg der autonomen Investitionen verschiebt die IS_0-Kurve nach rechts (IS_1). Gleichzeitig sorgt der Anstieg des Inlandszinses für eine Rechtsverschiebung der LM_0-Kurve auf LM_1. Die NX-Kurve verschiebt sich nicht. Das neue gesamtwirtschaftliche Gleichgewicht ist in Punkt 2 gegeben. Es wird durch ein höheres Einkommen, einen höheren Wechselkurs und ein Handelsbilanzgleichgewicht charakterisiert.

Kapitalgüterkauf im Ausland Die Wirtschaft befinde sich im gesamtwirtschaftlichen Gleichgewicht, und die Handelsbilanz sei ausgeglichen. Nun steigen die autonomen Investitionen $\bar{I}$, wobei die Kapitalgüter im Ausland nachgefragt werden.

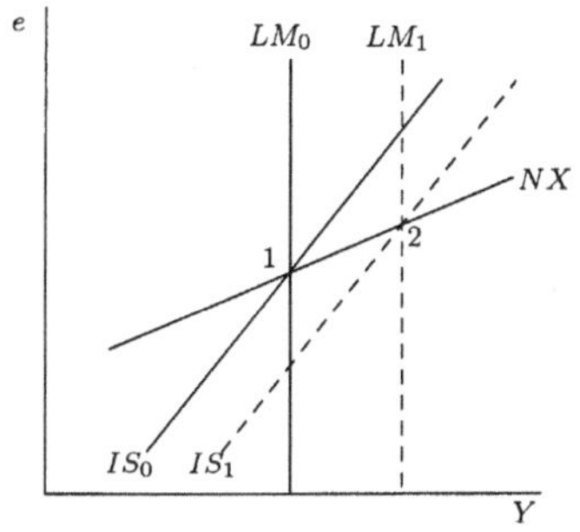

Abbildung 3.5. Zunahme der Investitionen bei Kapitalgüterkauf im Inland

daher gilt $d\bar{I} = d\bar{Q}$. Die endogenen Variablen des Gleichungssystems (3.22) bis (3.24) sind Y, e und i. Das totale Differential lautet daher:

$$Y = cdY + d\bar{I} - bdi + hde - d\bar{I} - qdY \tag{3.28}$$

$$0 = kdY - jdi \tag{3.29}$$

$$hde - d\bar{I} - qdY = 0 \tag{3.30}$$

Unter Verwendung von (3.29) und (3.30) ermittelt man aus (3.28)

$$dY = \frac{j}{j(1-c)+bk} d\bar{I}.$$

Steigen die autonomen Investitionen, dann steigt auch das Einkommen. Damit folgt aus (3.29)

$$di = \frac{k}{j(1-c)+bk} d\bar{I}.$$

Somit reagiert auch der Inlandszins mit einem Anstieg auf den positiven Investitionsschock. Auf dem Devisenmarkt stellt sich der Wechselkurs so ein, dass der Markt geräumt wird. Aus (3.30) folgt

$$de = \frac{j(1-c+q)+bk}{h(j(1-c)+bk)} d\bar{I}.$$

Der Wechselkurs reagiert auf den Anstieg der autonomen Investitionen mit einer Zunahme. Die Inlandswährung wertet also ab. Der Nettoexport der Wirtschaft wird durch den Schock nicht tangiert, $dH = 0$.

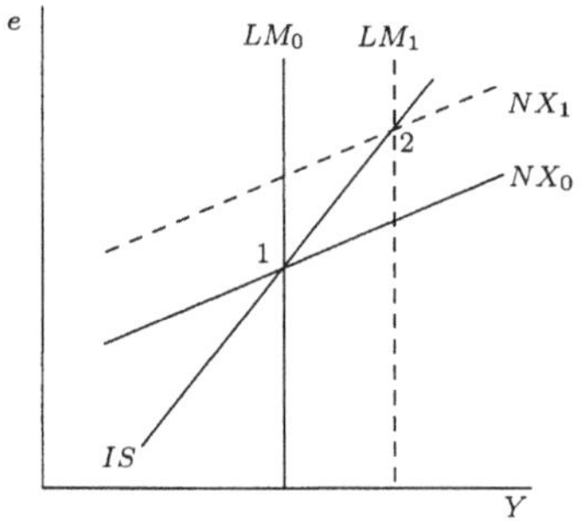

Abbildung 3.6. Zunahme der Investitionen bei Kapitalgüterkauf im Ausland

Wie schaut die Kausalkette aus? Der Anstieg der autonomen Investitionen geht einher mit einem gleich hohen Anstieg der autonomen Importe. Auf dem Devisenmarkt entsteht daher eine Übernachfrage nach Devisen. Die Inlandswährung wertet deshalb ab, und die Exporte steigen. Aus diesem Grund steigen Produktion und Einkommen der Wirtschaft. Dies erhöht die Geldnachfrage auf dem Geldmarkt, so dass der Inlandszins ebenfalls ansteigt. Tabelle 3.2 am Ende des Kapitels fasst die Ergebnisse zusammen. Abbildung 3.6 zeigt den Schock im Y-e-Diagramm. Zunächst befindet sich die Wirtschaft in Punkt 1. Gütermarkt, Geldmarkt, Devisenmarkt und damit auch die Handelsbilanz befinden sich im Gleichgewicht. Da die Zunahme der autonomen Investitionen ausländische Güter betrifft, kommt es zu keiner Verschiebung der IS-Kurve. Die Zunahme der autonomen Importe verschiebt allerdings die NX_0-Kurve aufwärts nach NX_1. Durch den endogenen Anstieg des Wechselkurses steigen die Exporte, das Einkommen und schließlich Geldnachfrage und Inlandszins. Letzteres verschiebt die LM_0-Kurve nach links (LM_1). Das neue Gleichgewicht liegt in Punkt 2. Gütermarkt, Geldmarkt und Devisenmarkt und damit auch die Handelsbilanz sind wieder ausgeglichen.

3.3 Feste Wechselkurse

3.3.1 Perfekte Kapitalmobilität

3.3.1.1 Das Modell

Wie sieht das Mundell-Fleming-Modell für eine kleine offene Wirtschaft mit festem Wechselkurs und perfekter Kapitalmobilität aus? Perfekte Kapitalmobilität bewirkt, dass Inlandszins i und Auslandszins i^* einander entsprechen, $i = i^*$, wobei der Auslandszins für die kleine offenen Wirtschaft exogen gegeben ist. Die Verhaltensfunktionen des Gütermarkts lauten:

$$C = \bar{C} + cY \tag{3.31}$$

$$I = \bar{I} = const \tag{3.32}$$

$$X = \bar{X} = const \tag{3.33}$$

$$Q = \bar{Q} + qY \tag{3.34}$$

Gleichung (3.31) ist die Konsumfunktion. Der Konsum der Inländer C erstreckt sich auf in- und ausländische Güter. $\bar{C}$ ist der autonome Konsum. Mit steigendem (realen) Einkommen Y steigt auch der Konsum. $c = dC/dY$ bezeichnet die marginale Konsumquote mit $0 < c < 1$. Gleichung (3.32) ist die Investitionsfunktion. Die Investitionen der Inländer I beinhalten sowohl in- als auch ausländische Güter. Da der Inlandszins i konstant ist, sind auch die Investitionen der Inländer konstant, $\bar{I} > 0$.

Gleichung (3.33) ist die Exportfunktion. Die Nachfrage der Ausländer nach inländischen Gütern X steigt mit dem realen Wechselkurs eP^*/P. Unter der Annahme (kurzfristig) konstanter Preise P und P^* folgt bei Berücksichtigung des festen Wechselkurses, dass der reale Wechselkurs und damit die wechselkursabhängige Exportnachfrage konstant sind, $\bar{X} > 0$. Gleichung (3.34) ist die Importfunktion. Die Importe der Inländer Q bestehen zum einen aus den autonomen Importen $\bar{Q} > 0$, und zum anderen aus den einkommensabhängigen Importen qY. Für die marginale Importquote $q = dQ/dY$ gilt dabei $0 < q < c$.

Die inländische Produktion Y wird durch die Nachfrage nach inländischen Gütern $Z = C + I + X - Q$ determiniert, das heißt $Y = Z$. Die Gütermarktgleichung lautet damit:

$$Y = \bar{C} + cY + \bar{I} + \bar{X} - \bar{Q} - qY$$

Die (nominale) Geldnachfrage L wird durch die Funktion

$$L = kPY$$

beschrieben. Sie ist somit proportional zum nominalen Einkommen PY, wobei $k > 0$ die Einkommensempfindlichkeit der Geldnachfrage symbolisiert. In einem System fester Wechselkurse besteht die Aufgabe der Zentralbank darin, durch Interventionen auf dem Devisenmarkt den Wechselkurs konstant zu halten. Dieses erfordert, dass ein eventuelles Überschussangebot an Devisen mit Inlandswährung aufgekauft werden muss. Andererseits erfordert eine Überschussnachfrage nach Devisen, dass die Zentralbank Devisen gegen Inlandswährung verkaufen muss. Dies bedeutet, das Geldangebot ist endogen. Der Geldmarkt ist im Gleichgewicht, wenn $M = L$ gilt. Für die Geldmarktfunktion folgt daher

$$M = kPY$$

Die Zahlungsbilanz umfasst den Nettoexport und den Nettokapitalzufluss. Der Nettoexport H bezeichnet die Differenz von Exporten und Importen $H = X - Q$. Gemäß den Gleichungen (3.33) und (3.34) folgt daher $H = \bar{X} - \bar{Q} - qY$. Der Nettokapitalzufluss V umfasst die exogenen Kapitalzuflüsse $\bar{F}$ und die zinsinduzierten, endogenen Kapitalzuflüsse F. Genauer gesagt ist $V = \bar{F} + F$. Für die Zahlungsbilanz gilt $B = H + V$. Die Zahlungsbilanz ist ausgeglichen, das heißt, Devisenangebot und Devisennachfrage entsprechen einander. Allerdings wird dieser Ausgleich nicht durch den Wechselkurs erreicht. Stattdessen gleicht die Zentralbank kurzfristige Zahlungsbilanzsalden durch den Kauf oder Verkauf von Devisen aus. Angenommen es herrscht ein Überschussangebot an Devisen, so dass eine Aufwertung der Inlandswährung droht. Die Zentralbank kauft die überschüssigen Devisen auf, um den Wechselkurs konstant zu halten. Die Geldmenge steigt und führt zu einer Senkung des Inlandszinses, die sofort einen (endogenen) Kapitalabfluss und damit eine höhere Devisennachfrage hervorruft. Devisenmarkt und Zahlungsbilanz sind ausgeglichen. Unter Berücksichtigung der Verhaltensfunktionen gilt dann für die Zahlungsbilanz

$$0 = \bar{X} - \bar{Q} - qY + \bar{F} + F.$$

Die Annahme fester Preise erlaubt, ohne Verlust der allgemeinen Gültigkeit $P = P^* = 1$ zu setzen. Damit wird das Modell durch folgende Gleichungen repräsentiert:

$$Y = \bar{C} + cY + \bar{I} + \bar{X} - \bar{Q} - qY \tag{3.35}$$

$$M = kY \tag{3.36}$$

$$0 = \bar{X} - \bar{Q} - qY + \bar{F} + F \tag{3.37}$$

Gleichung (3.35) beschreibt den Gütermarkt, Gleichung (3.36) beschreibt den Geldmarkt und Gleichung (3.37) beschreibt die Zahlungsbilanz.

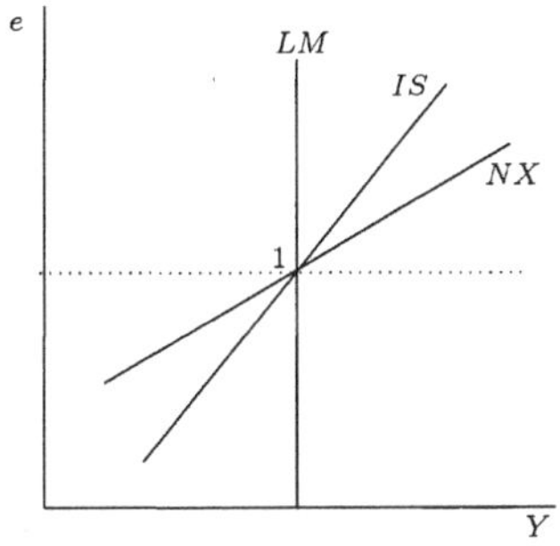

Abbildung 3.7. Das Y-e-Diagramm

Abbildung 3.7 illustriert wesentliche Teile des Modells in der Y-e-Ebene. Die IS-Kurve ist die grafische Repräsentation der Gleichung (3.35). Sie ist somit der Ort aller Kombinationen von e und Y, für die der Gütermarkt im Gleichgewicht ist. Ihre Steigung ist positiv, da ein höher fixierter Wechselkurs einen höheren Export und damit ein höheres Gleichgewichtseinkommen impliziert. Die LM-Kurve zeigt hingegen Gleichung (3.36). Sie ist senkrecht, da das Geldmarktgleichgewicht unabhängig vom Wechselkurs ist. Die NX-Kurve zeigt den Ort aller Kombinationen von e und Y, für die der Nettoexport $NX = \bar{X} - \bar{Q} - qY = 0$ beträgt. Die NX-Kurve hat eine positive Steigung, da ein höher fixierter Wechselkurs einen höheren Export impliziert, der durch einen höheren, positiv vom Einkommen abhängigen Import kompensiert werden muss. Punkt 1 markiert somit das gesamtwirtschaftliche Gleichgewicht bei einem Nettoexport von 0. Zusätzlich kennzeichnet die gepunktete Linie den festen Wechselkurs.

3.3.1.2 Investitionsschocks

Kapitalgüterkauf im Inland Die Wirtschaft befinde sich im gesamtwirtschaftlichen Gleichgewicht. Ebenso sei die Handelsbilanz ausgeglichen. In dieser Situation steigen nun die Investitionen $\bar{I}$. Die endogenen Variablen des Gleichungssystems (3.35) bis (3.37) sind Y, M und F. Das totale Differential lautet daher:

$$dY = cdY + d\bar{I} - qdY \tag{3.38}$$

$$dM = kdY \tag{3.39}$$

$$0 = -qdY + dF \tag{3.40}$$

Aus (3.38) folgt zunächst

$$dY = \frac{1}{1-c+q} d\bar{I},$$

das heißt, das Einkommen steigt infolge des Investitionsanstiegs. Damit ergibt sich für die endogene Geldmenge aus (3.39)

$$dM = \frac{k}{1-c+q} d\bar{I}$$

und aus (3.40) für den endogenen Kapitalzufluss

$$dF = \frac{q}{1-c+q} d\bar{I}.$$

Da der exogene Kapitalzufluss unverändert bleibt und der endogene Kapitalzufluss um $dF = [q/(1-c+q)]d\bar{I}$ zunimmt, steigt auch der Nettokapitalzufluss um $dV = [q/(1-c+q)]d\bar{I}$.

Welche Mechanismen bewirken diese Anpassung? Die autonome Zunahme der Investitionen steigert zunächst die Nachfrage nach inländischen Gütern. Produktion und Einkommen steigen und führen zu einem Anstieg der Geldnachfrage. Der Anstieg der Geldnachfrage erhöht kurzzeitig den Inlandszins, so dass es augenblicklich zu einem Anstieg des endogenen Kapitalzuflusses kommt. Das daher auftretende zusätzliche Devisenangebot wird von der Zentralbank aufgekauft, was einen Anstieg der Geldmenge bewirkt, so dass auch das Einkommen weiter steigt. Dieses geschieht solange, bis der parallel stattfindende Anstieg der Importe auf dem Devisenmarkt den Anstieg des endogenen Kapitalzuflusses ausgleicht. Der Anstieg der Importe bewirkt zudem eine Verringerung des Nettoexports, $dH = -[q/(1-c+q)]d\bar{I}$. Tabelle 3.3 am Ende des Kapitels fasst die Ergebnisse zusammen.

Abbildung 3.8 illustriert den Investitionsschock im Y-e-Diagramm. Vor Schock befindet sich die Wirtschaft in Punkt 1. Gütermarkt, Geldmarkt, Devisenmarkt und Handelsbilanz befinden sich im Gleichgewicht. Durch die Zunahme der Investitionen verschiebt sich die IS_0-Kurve nach rechts (IS_1). Um den Wechselkurs zu fixieren, muss die Zentralbank die Geldmenge ausweiten, die LM_0 verschiebt sich nach rechts (LM_1). Das neue gesamtwirtschaftliche Gleichgewicht wird durch Punkt 2 markiert und liegt damit rechts der NX-Kurve, die sich nicht verschiebt. Der Nettoexport ist im neuen Gleichgewicht somit negativ, der Nettokapitalzufluss folglich positiv.

Kapitalgüterkauf im Ausland Die Wirtschaft befinde sich im gesamtwirtschaftlichen Gleichgewicht, und die Handelsbilanz sei ausgeglichen. In dieser Situation

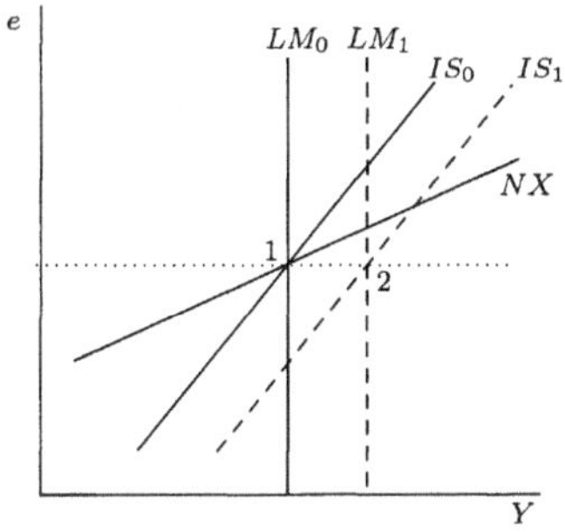

Abbildung 3.8. Zunahme der Investitionen bei Kapitalgüterkauf im Inland

steigen die Investitionen, wobei die Kapitalgüter jedoch im Ausland erworben werden, so dass $d\bar{I} = d\bar{Q}$ gilt. Die endogenen Variablen des Gleichungssystems (3.35) bis (3.37) sind Y, M und F. Unter Berücksichtigung von $d\bar{I} = d\bar{Q}$ lautet das totale Differential dann:

$$dY = cdY + d\bar{I} - d\bar{I} - qdY \tag{3.41}$$

$$dM = kdY \tag{3.42}$$

$$0 = -d\bar{I} - qdY + dF \tag{3.43}$$

Aus (3.41) folgt unmittelbar

$$dY = 0.$$

Das Einkommen wird durch den Investitionsschock nicht verändert. Aus (3.42) kann dann

$$dM = 0$$

geschlossen werden. Das heißt, auch die Geldmenge bleibt auf ihrem ursprünglichen Niveau. Für den endogenen Kapitalzufluss ergibt sich aus (3.43) unter Verwendung von $dY = 0$ schließlich

$$dF = d\bar{I}.$$

Der Wirtschaft fließt also zusätzlich ausländisches Portfoliokapital in Höhe des Investitionsschocks zu. Dementsprechend folgt für den Nettokapitalzufluss $dV = dF = d\bar{I}$.

Die Kausalkette sieht folgendermaßen aus: Durch die zusätzliche Einfuhr ausländischer Kapitalgüter steigt zunächst die Nachfrage nach Devisen. Um den Wechselkurs konstant zu halten, muss die Zentralbank vermehrt Devisen verkaufen, so

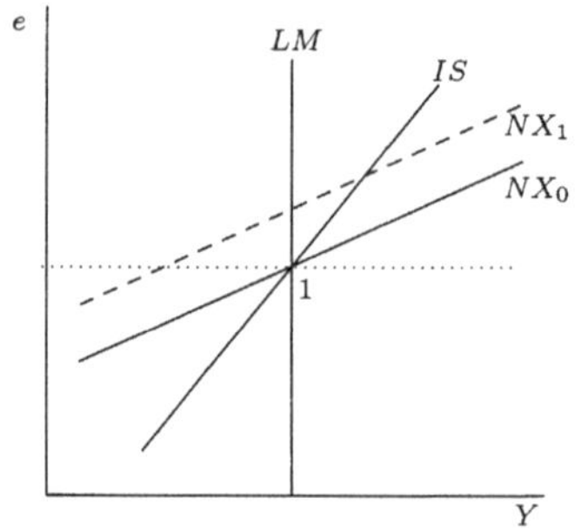

Abbildung 3.9. Zunahme der Investitionen bei Kapitalgüterkauf im Ausland

dass die Geldmenge sinkt. Als Folge steigt der Inlandszins kurzfristig über den Auslandszins und bewirkt einen zusätzlichen endogenen Kapitalzufluss, bis im neuen Gleichgewicht Devisenangebot und Devisennachfrage einander entsprechen und die Geldmenge wieder auf ihrem Ursprungsniveau angelangt ist. Da das Einkommen konstant bleibt, verringert sich der Nettoexport der Wirtschaft in Höhe der gestiegenen autonomen Importe, formal $dH = -d\bar{Q} - qdY = -d\bar{I}$. Tabelle 3.3 am Ende des Kapitels fasst die Ergebnisse zusammen.

Abbildung 3.9 zeigt den Schock im Y-e-Diagramm. Vor Schock befindet sich die Wirtschaft im gesamtwirtschaftlichen Gleichgewicht und die Handelsbilanz ist ausgeglichen (Punkt 1). Durch den gemeinsamen Anstieg von Investitionen und Importen wird die IS-Kurve nicht verschoben. Auch die LM-Kurve wird nicht verschoben. Der zusätzliche autonome Import sorgt jedoch für eine Linksverschiebung der NX_0-Kurve nach NX_1. Das gesamtwirtschaftliche Gleichgewicht befindet sich weiterhin in Punkt 1. Dieser liegt nun jedoch rechts der NX-Kurve. Der Nettoexport ist somit negativ.

3.3.2 Keine Kapitalmobilität

3.3.2.1 Das Modell

Betrachtet wird nun eine kleine offene Wirtschaft mit festem Wechselkurs und ohne Kapitalmobilität. Mangels Kapitalmobilität werden eventuelle Differenzen von Inlandszins i und Auslandszins i^* nicht durch endogene Kapitalflüsse ausgeglichen. Der Inlandszins ist stattdessen endogen, der Auslandszins ist für die kleine offene Wirtschaft weiterhin exogen gegeben.

Die Betrachtung beginnt wiederum mit den Verhaltensfunktionen der Gütermarktgleichung:

$$C = \bar{C} + cY \tag{3.44}$$

$$I = \bar{I} - br \tag{3.45}$$

$$X = \bar{X} = const \tag{3.46}$$

$$Q = \bar{Q} + qY \tag{3.47}$$

Gleichung (3.44) ist die Konsumfunktion, Gleichung (3.45) ist die Investitionsfunktion, Gleichung (3.46) ist die Exportfunktion und Gleichung (3.47) ist die Importfunktion. Die Gleichungen (3.44), (3.46) und (3.47) korrespondieren mit den Verhaltensfunktionen des vorherigen Abschnitts. Die Investitionen der Inländer richten sich auf in- und ausländische Güter. $\bar{I}$ bezeichnet die autonomen Investitionen der Inländer. Die Investitionen sinken mit steigendem Realzins r, wobei $r = i - \pi$ die Differenz des Nominalzinses i und der Inflationsrate π ist. $b > 0$ bezeichnet die Zinsempfindlichkeit der Investitionen.

Die inländische Produktion Y wird durch die Nachfrage nach inländischen Gütern $Z = C + I + X - Q$ determiniert, das heißt $Y = Z$. Die Gütermarktgleichung lautet:

$$Y = \bar{C} + cY + \bar{I} - br + \bar{X} - \bar{Q} - qY$$

Die Verhaltensfunktionen der Geldmarktgleichung sind

$$L = P(kY - ji) \tag{3.48}$$

Gleichung (3.48) ist die Geldnachfragefunktion der Inländer. Die nominale Geldnachfrage L ist proportional zum inländischen Preisniveau P. Sie steigt ferner bei einem steigenden (realen) Einkommen Y und sinkt bei einem steigenden Nominalzins i. $k > 0$ ist die Einkommensempfindlichkeit der Geldnachfrage, $j > 0$ ist die Zinsempfindlichkeit der Geldnachfrage. Das Geldangebot M ist endogen. Der Geldmarkt ist im Gleichgewicht, wenn $M = L$ gilt. Unter Verwendung der Verhaltensfunktionen kann die Geldmarktgleichung wie folgt formuliert werden:

$$M = P(kY - ji)$$

Die Zahlungsbilanz setzt sich aus dem Nettoexport H und dem Nettokapitalzufluss V zusammen. Der Nettoexport H ergibt sich aus der Differenz von Exporten und Importen $H = X - Q$. Setzt man die Gleichungen (3.33) und (3.34) ein, folgt daher $H = \bar{X} - \bar{Q} - qY$. Der Nettokapitalzufluss V umfasst, da keine Kapitalmobilität besteht, lediglich die exogenen Kapitalzuflüsse $\bar{F}$. Es gilt $V = \bar{F}$. Die Zahlungsbilanzgleichung lautet dann $B = H + V = \bar{X} - \bar{Q} - qY + \bar{F}$. Kurzfristige Zahlungsbilanzungleichgewichte werden durch den Kauf oder Verkauf von Devisen durch die Zentralbank ausgeglichen. Dieses führt zu einer Veränderung der Geldmenge und damit zu einer Veränderung des Einkommens und des Nettoexports, so dass langfristig die Zahlungsbilanz ausgeglichen ist.

$$0 = \bar{X} - \bar{Q} - qY + \bar{F}$$

Die Annahme fester Preise ermöglicht, ohne Verlust der allgemeinen Gültigkeit $P = P^* = 1$ zu setzen. Ebenso gilt dann $\pi = 0$ und somit $r = i$. Das Modell wird durch folgende Gleichungen repräsentiert:

$$Y = \bar{C} + cY + \bar{I} - bi + \bar{X} - \bar{Q} - qY \tag{3.49}$$

$$M = kY - ji \tag{3.50}$$

$$0 = \bar{X} - \bar{Q} - qY + \bar{F} \tag{3.51}$$

Gleichung (3.49) bildet den Gütermarkt ab, Gleichung (3.50) den Geldmarkt und Gleichung (3.51) die Zahlungsbilanz.

Abbildung 3.10 illustriert wesentliche Teile des Modells in der Y-e-Ebene. Die IS-Kurve ist die grafische Repräsentation der Gleichung (3.49). Sie versammelt alle Kombinationen von e und Y, für die der Gütermarkt im Gleichgewicht ist. Ihre Steigung ist positiv, da ein höher fixierter Wechselkurs einen höheren Export und damit ein höheres Gleichgewichtseinkommen impliziert. Die LM-Kurve zeigt hingegen Gleichung (3.50). Sie ist senkrecht, da das Geldmarktgleichgewicht unabhängig vom Wechselkurs ist. Die NX-Kurve zeigt den Ort aller Kombinationen von e und Y, für die der Nettoexport $NX = \bar{X} - \bar{Q} - qY = 0$ beträgt. Die NX-Kurve hat eine positive Steigung, da ein höher fixierter Wechselkurs einen höheren Export impliziert, der durch einen höheren, positiv vom Einkommen abhängigen Import kompensiert werden muss. Punkt 1 markiert somit das gesamtwirtschaftliche Gleichgewicht bei einem Nettoexport von 0. Die gepunktete Linie kennzeichnet den festen Wechselkurs.

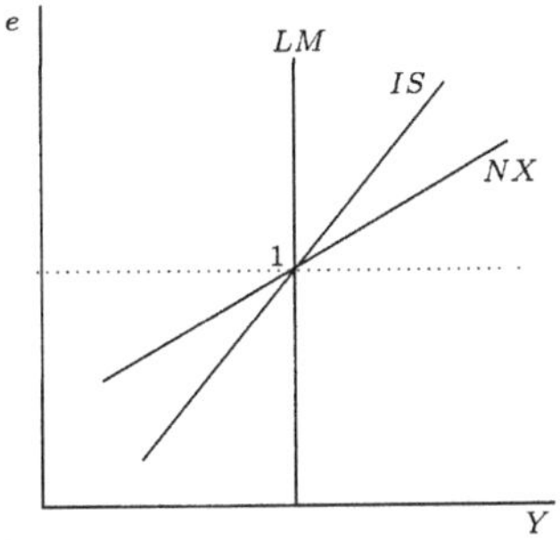

Abbildung 3.10. Das Y-e-Diagramm

3.3.2.2 Investitionsschocks

Kapitalgüterkauf im Inland Die Wirtschaft befinde sich im gesamtwirtschaftlichen Gleichgewicht, und die Handelsbilanz sei ausgeglichen. Nun ereignet sich ein autonomer Investitionsschock. Die endogenen Variablen des Gleichungssystems (3.49) bis (3.51) sind Y, M und i. Damit ergibt sich das totale Differential:

$$dY = cdY + d\bar{I} - bdi - qdY \tag{3.52}$$

$$dM = kdY - jdi \tag{3.53}$$

$$0 = -qdY \tag{3.54}$$

Gleichung (3.54) zeigt, dass ein autonomer Investitionsschock keine Wirkung auf das Einkommen entfaltet

$$dY = 0.$$

Daher folgt für den Inlandszins aus (3.52) und $dY = 0$:

$$di = \frac{1}{b} d\bar{I},$$

der Inlandszins steigt somit infolge steigender autonomer Investitionen. Für die endogene Geldmenge folgt daraus

$$dM = -\frac{j}{b} d\bar{I},$$

das heißt, die Geldmenge sinkt bei einem Anstieg der autonomen Investitionen.

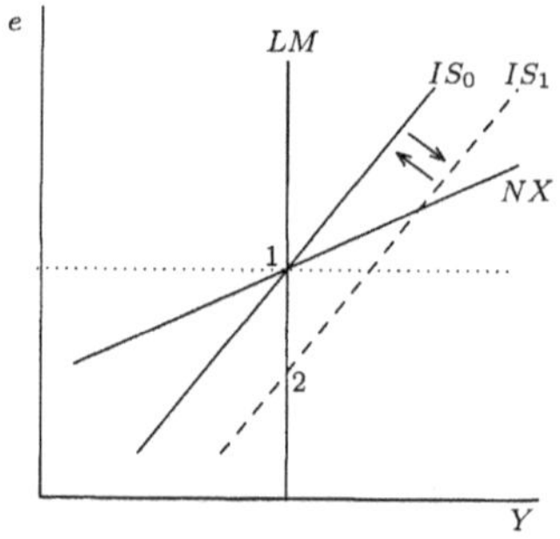

Abbildung 3.11. Zunahme der Investitionen bei Kapitalgüterkauf im Inland

Im Weiteren wird kurz der Anpassungsprozess beschrieben. Der Anstieg der autonomen Investitionen erhöht zunächst die Nachfrage auf dem Gütermarkt und darüber Produktion und Einkommen. Der vorläufige Einkommensanstieg erhöht die Importe. Der Anstieg der Importe führt dazu, dass die Nachfrage nach Devisen steigt. Um den Wechselkurs konstant zu halten, muss die Zentralbank Devisen verkaufen, die Geldmenge sinkt daher, was den Inlandszins steigen und die zinsabhängige Investitionsnachfrage sinken lässt, bis das Einkommen sein ursprüngliches Niveau wieder erreicht hat. Im neuen Gleichgewicht liegt das Einkommen auf seinem ursprünglichen Niveau, die Geldmenge ist gesunken und der Inlandszins gestiegen. Der Nettoexport bleibt unverändert $dH = 0$, ebenso der Nettokapitalzufluss $dV = 0$. Tabelle 3.4 am Ende des Kapitels fasst die Ergebnisse zusammen.

Abbildung 3.11 zeigt die Wirkung des Investitionsschocks im Y-e-Diagramm. Die Wirtschaft befindet sich vor Schock in Punkt 1. Gütermarkt, Geldmarkt, Devisenmarkt und die Handelsbilanz befinden sich im Gleichgewicht. Der autonome Investitionsanstieg verschiebt die IS_0-Kurve nach rechts (IS_1). In Punkt 2 herrscht nun ein Handels- und damit Zahlungsbilanzdefizit. Die Zentralbank muss daher Devisen verkaufen und somit die Geldmenge senken. Der steigende Inlandszins senkt die zinsabhängigen Investitionen. IS_1-Kurve verschiebt sich auf ihre Ausgangslage (IS_0). Das neue Gleichgewicht wird wieder durch Punkt 1 markiert.

Kapitalgüterkauf im Ausland Die Wirtschaft befinde sich im gesamtwirtschaftlichen Gleichgewicht, und die Handelsbilanz sei ausgeglichen. Nun steigen die autonomen Investitionen, wobei die Kapitalgüter jedoch auf dem ausländischen Gütermarkt nachgefragt werden. Es gilt daher $d\bar{Q} = d\bar{I}$. Die endogenen Variablen des

Gleichungssystems (3.49) bis (3.51) sind Y, M und i. Das totale Differential ist daher durch

$$dY = cdY + d\bar{I} - bdi - d\bar{I} - qdY \tag{3.55}$$

$$dM = kdY - jdi \tag{3.56}$$

$$0 = -d\bar{I} - qdY \tag{3.57}$$

gegeben. Mit Hilfe der Devisenmarktgleichung (3.57) folgt

$$dY = -\frac{1}{q}d\bar{I}.$$

Ein Anstieg autonomer Investitionen korrespondiert also mit einem Rückgang des Einkommens. Damit ermittelt man in Gleichung (3.55)

$$di = \frac{1-c+q}{bq}d\bar{I}.$$

Der Inlandszins steigt bei einem Anstieg der autonomen Investitionen. Die endogene Geldmenge sinkt dann um

$$dM = -\frac{bk + j(1-c+q)}{bq}d\bar{I},$$

wie (3.56) zeigt.

Wie erfolgt die Anpassung? Der Anstieg der autonomen Investitionen und der damit verbundene Anstieg der autonomen Importe sorgt zunächst für ein Zahlungsbilanzdefizit und damit für eine Übernachfrage nach Devisen. Um den Wechselkurs zu fixieren, muss die Zentralbank Devisen verkaufen und damit die Geldmenge verringern. Dieses hat einen steigenden Inlandszins zur Folge. Als Konsequenz sinken daraufhin die zinsabhängigen Investitionen, so dass Produktion, Einkommen und der einkommensabhängige Import ebenfalls zurückgehen, bis auf dem Devisenmarkt wieder ein Gleichgewicht hergestellt ist. Nettoexport und Nettokapitalzufluss bleiben unverändert. Es gilt $dH = dV = 0$. Tabelle 3.4 am Ende des Kapitels fasst die Ergebnisse zusammen.

Abbildung 3.12 illustriert den Investitionsschock im Y-e-Diagramm. Vor Schock befindet sich die Wirtschaft in Punkt 1. Gütermarkt, Geldmarkt, und Devisenmarkt sind im Gleichgewicht. Auch die Handelsbilanz ist ausgeglichen. Durch den autonomen Anstieg der Importe kommt es nun zu einer Verschiebung der NX_0-Kurve nach

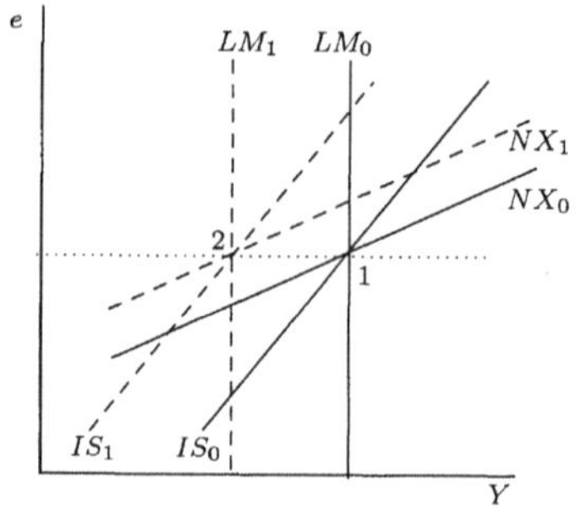

Abbildung 3.12. Zunahme der Investitionen bei Kapitalgüterkauf im Ausland

links (NX_1). Punkt 1 liegt nun rechts der neuen NX-Kurve. Auf dem Devisenmarkt herrscht folglich eine Übernachfrage. Die Zentralbank muss daher intervenieren, so dass die Geldmenge sinkt und die LM_0-Kurve ebenfalls nach links driftet. Dieses hat einen Zinsanstieg zur Folge. Auch IS_0 bewegt sich daher nach links. Das neue gesamtwirtschaftliche Gleichgewicht wird in Punkt 2 erreicht.

Tabelle 3.1. Investitionsschock: Flexibler Wechselkurs, perfekte Kapitalmobilität

	Kauf der Kapitalgüter im	
	Inland	Ausland
dY	0	0
di	0	0
de	$-\frac{1}{h}d\bar{I}$	0
dF	$d\bar{I}$	$d\bar{I}$
dV	$d\bar{I}$	$d\bar{I}$

Tabelle 3.2. Investitionsschock: Flexibler Wechselkurs, keine Kapitalmobilität

	Kauf der Kapitalgüter im	
	Inland	Ausland
dY	$\frac{j}{j(1-c)+bk}d\bar{I}$	$\frac{j}{j(1-c)+bk}d\bar{I}$
di	$\frac{k}{j(1-c)+bk}d\bar{I}$	$\frac{k}{j(1-c)+bk}d\bar{I}$
de	$\frac{qj}{h(j(1-c)+bk)}d\bar{I}$	$\frac{j(1-c+q)+bk}{h(j(1-c)+bk)}d\bar{I}$
dF	-	-
dV	0	0

Tabelle 3.3. Investitionsschock: Fester Wechselkurs, perfekte Kapitalmobilität

	Kauf der Kapitalgüter im	
	Inland	Ausland
dY	$\frac{1}{1-c+q}d\bar{I}$	0
di	0	0
dM	$\frac{k}{1-c+q}d\bar{I}$	0
dF	$\frac{q}{1-c+q}d\bar{I}$	$d\bar{I}$
dV	$\frac{q}{1-c+q}d\bar{I}$	$d\bar{I}$

Tabelle 3.4. Investitionsschock: Fester Wechselkurs, keine Kapitalmobilität

	Kauf der Kapitalgüter im	
	Inland	Ausland
dY	0	$-\frac{1}{q}d\bar{I}$
di	$\frac{1}{b}d\bar{I}$	$\frac{1-c+q}{bq}d\bar{I}$
dM	$-\frac{j}{b}d\bar{I}$	$-\frac{bk+j(1-c+q)}{bq}d\bar{I}$
dF	-	-
dV	0	0

Kapitel 4

Mergers and Acquisitions

4.1 Flexibler Wechselkurs, perfekte Kapitalmobilität

4.1.1 Wirkung im Empfängerland

Angenommen, ausländische Firmen kaufen vermehrt inländische Firmen auf. Welche Konsequenzen haben diese Mergers and Acquisitions für das Einkommen und den Nettoexport bzw. Nettokapitalzufluss des Inlandes? Die betrachtete Wirtschaft sei eine kleine offene Volkswirtschaft mit flexiblem Wechselkurs und perfekter Kapitalmobilität. Der Inlandszins i entspricht daher stets dem Auslandszins i^*, es gilt $i = i^*$. Bei einem Firmenaufkauf kommt es zunächst zu einem zusätzlichen exogenen Kapitalzufluss ins Inland. Das Referenzmodell aus Abschnitt 3.2.1 lautet

$$Y = \bar{C} + cY + \bar{I} + \bar{X} + he - \bar{Q} - qY \tag{4.1}$$

$$M = kY \tag{4.2}$$

$$\bar{X} + he - \bar{Q} - qY + \bar{F} + F = 0 \tag{4.3}$$

Gleichung (4.1) beschreibt den Gütermarkt, Gleichung (4.2) beschreibt den Geldmarkt und Gleichung (4.3) beschreibt den Devisenmarkt.

Die endogenen Variablen sind Y, e und F. Die Wirtschaft befinde sich im gesamtwirtschaftlichen Gleichgewicht. Die Handelsbilanz sei ausgeglichen. Ein Anstieg der Direktinvestitionen $d\bar{J}$ erhöht den exogenen Kapitalzufluss, $d\bar{F} = d\bar{J}$. Die totalen Differentiale des Gleichungssystems (4.1) bis (4.3) lauten

$$dY = cdY + hde - qdY \tag{4.4}$$

$$0 = kdY \tag{4.5}$$

$$hde - qdY + d\bar{J} + dF = 0 \tag{4.6}$$

Aus Gleichung (4.5) kann sofort geschlossen werden, dass das Einkommen unverändert bleibt

$$dY = 0.$$

Daraus folgt in Gleichung (4.4), dass auch der Wechselkurs nicht verändert wird:

$$de = 0.$$

Da weder Einkommen noch Wechselkurs sich verändert haben, verbleibt auch der Nettoexport auf seinem ursprünglichen Niveau, d.h. $dH = hde - qdY = 0$. Folglich muss auch der Nettokapitalzufluss unverändert bleiben $dV = d\bar{F} + dF = 0$. Gleichung (4.6) liefert dementsprechend

$$dF = -d\bar{J}.$$

Im Folgenden wird der Anpassungsprozess kurz skizziert. Der Anstieg der Mergers and Acquisitions geht mit einem Anstieg des exogenen Kapitalzuflusses einher. Es ensteht dadurch eine höhere Nachfrage nach inländischer Währung. Die daraus resultierende Aufwertung verursacht einen Rückgang der Exporte und somit einen Rückgang der Produktion und des Einkommens. Infolgedessen sinkt die Geldnachfrage, der Inlandszins sinkt unter den Auslandszins, und es kommt sofort zu einem Anstieg des endogenen Kapitalabflusses, so dass die Wirkung des Anstiegs des exogenen Kapitalzuflusses auf dem Devisenmarkt kompensiert wird. Wechselkurs, Exporte sowie Produktion und Einkommen bleiben auf ihren Ausgangswerten. Obwohl der Anstieg der Direktinvestitionen mit einem Anstieg des exogenen Kapitalzuflusses einhergeht, verändert sich der Nettokapitalzufluss nicht.

Abbildung 4.1 illustriert die Anpassung an den Direktinvestitionsschock. Vor Schock befindet sich die kleine offene Wirtschaft in Punkt 1. Gütermarkt, Geldmarkt, Devisenmarkt und die Handelsbilanz befinden sich im Gleichgewicht. Der Anstieg des exogenen Kapitalzuflusses wird durch einen Anstieg des endogenen Kapitalabflusses kompensiert. Weder die IS- noch die NX-Kurve wird durch den Schock verschoben. Die Wirtschaft verweilt in Punkt 1. Gütermarkt, Geldmarkt, Devisenmarkt und Handelsbilanz bleiben auch nach dem Schock ausgeglichen.

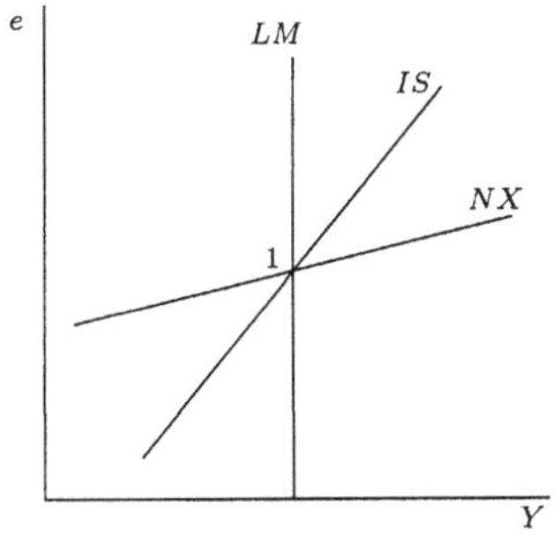

Abbildung 4.1. Anstieg der Mergers and Acquisitions im Empfängerland: Flexibler Wechselkurs, perfekte Kapitalmobilität

4.1.2 Wirkung im Investorland

Es soll nun eine Wirtschaft betrachtetet werden, deren Unternehmen als Investoren im Ausland auftreten. Analog zum vorherigen Abschnitt wird die Wirtschaft durch das Modell (4.1) bis (4.3) beschrieben. Die Wirtschaft befindet sich im gesamtwirtschaftlichen Gleichgewicht, und die Handelsbilanz ist ausgeglichen. Der vermehrte Kauf von Firmen im Ausland durch inländische Unternehmen erhöht den exogenen Kapitalabfluss, und es gilt $d\bar{F} = -d\bar{J}$. Damit sehen die totalen Differentiale des Gleichungssystems (4.1) bis (4.3) wiefolgt aus:

$$dY = cdY + hde - qdY \tag{4.7}$$

$$0 = kdY \tag{4.8}$$

$$hde - qdY - d\bar{J} + dF = 0 \tag{4.9}$$

Der einzige Unterschied zu den totalen Differentialen des vorigen Abschnitts findet sich somit in der Devisenmarktgleichung (4.9). Aus (4.8) folgt, dass das Einkommen unverändert bleibt, das heißt

$$dY = 0.$$

Ebenso führt der Anstieg der Direktinvestitionen zu keiner Veränderung des Wechselkurses

$$de = 0,$$

wie (4.7) in Verbindung mit $dY = 0$ zeigt. Aus der Devisenmarktgleichung (4.9) folgt damit

$$dF = d\bar{J}.$$

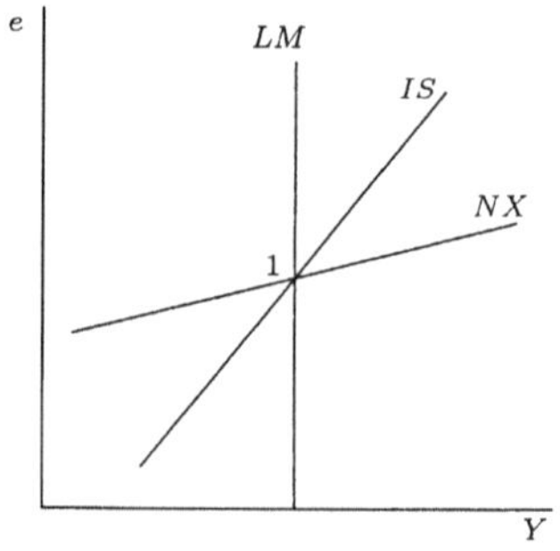

Abbildung 4.2. Anstieg der Mergers and Acquisitions im Investorland: Flexibler Wechselkurs, perfekte Kapitalmobilität

Es fließt also zusätzlich endogen Kapital in Höhe des Anstiegs der Direktinvestitionen ins Inland. Die Änderung des Nettoexports und des Nettokapitalzuflusses betragen $dH = dV = 0$.

Nun wird die Kausalkette genauer betrachtet. Durch den Anstieg der Mergers and Acquisitions kommt es zu einem Anstieg des exogenen Kapitalabflusses. Auf dem Devisenmarkt steigt die Nachfrage nach Devisen, so dass die Inlandswährung zunächst abwertet. Dadurch steigen die Exporte und daher auch Produktion und Einkommen. Auf dem Geldmarkt nimmt nun die Geldnachfrage zu. Der Inlandszins übersteigt den Auslandszins und bewirkt so einen augenblicklichen Anstieg des endogenen Kapitalzuflusses. Wechselkurs, Export und somit Produktion und Einkommen kehren dadurch auf ihre Ausgangswerte zurück. Außerdem ändert sich der Nettokapitalzufluss nicht.

Abbildung 4.2 illustriert die Anpassung an den Direktinvestitionsschock. Vor Schock befindet sich die kleine offene Wirtschaft in Punkt 1. Gütermarkt, Geldmarkt, Devisenmarkt und die Handelsbilanz befinden sich im Gleichgewicht. Die Zunahme des exogenen Kapitalabflusses wird durch einen Anstieg des endogenen Kapitalzuflusses kompensiert. Sowohl die IS- als auch die NX-Kurve wird nicht durch den Schock verschoben. Die Wirtschaft verbleibt weiter in Punkt 1. Sowohl der Gütermarkt, Geldmarkt, Devisenmarkt als auch die Handelsbilanz bleiben nach dem Schock ausgeglichen.

4.2 Flexibler Wechselkurs, keine Kapitalmobilität

Es werden nun die Wirkungen der Mergers and Acquisitions in einer Wirtschaft mit flexiblen Wechselkursen und ohne Zugang zu den internationalen Kapitalmärkten untersucht. Der mangelnde Zugang zu den internationalen Kapitalmärkten charakterisiert vor allem Entwicklungs- und Schwellenländer. Da diese in der Regel eher als Empfänger- denn als Investorlandland auftreten (vgl. Abschnitt 1.3), beschränkt sich die Betrachtung auf die Wirkung eines Anstiegs der Mergers and Acquisitions im Empfängerland. Die Grundlage der Untersuchung bildet das in Abschnitt 3.2.2 vorgestellte Modell:

$$Y = \bar{C} + cY + \bar{I} - bi + \bar{X} + he - \bar{Q} - qY \tag{4.10}$$

$$M = kY - ji \tag{4.11}$$

$$\bar{X} + he - \bar{Q} - qY + \bar{F} = 0 \tag{4.12}$$

Gleichung (4.10) beschreibt den Gütermarkt, Gleichung (4.11) beschreibt den Geldmarkt und Gleichung (4.12) beschreibt den Devisenmarkt. Die endogenen Variablen sind Y, i und e.

Die Wirtschaft befindet sich vor dem Schock im gesamtwirtschaftlichen Gleichgewicht. Die Handelsbilanz ist ausgeglichen. Ein Anstieg der Direktinvestitionen $d\bar{J}$ erhöht den exogenen Kapitalzufluss in gleicher Höhe $d\bar{F} = d\bar{J}$. Die totalen Differentiale des Gleichungssystems (4.10) bis (4.12) lauten dann

$$dY = cdY - bdi + hde - qdY \tag{4.13}$$

$$0 = kdY - jdi \tag{4.14}$$

$$hde - qdY + d\bar{J} = 0 \tag{4.15}$$

Setzt man Gleichung (4.14) und (4.15) in Gleichung (4.13) ein, so erhält man für die Veränderung des Einkommens

$$dY = -\frac{1}{1 - c + bk/j} d\bar{J},$$

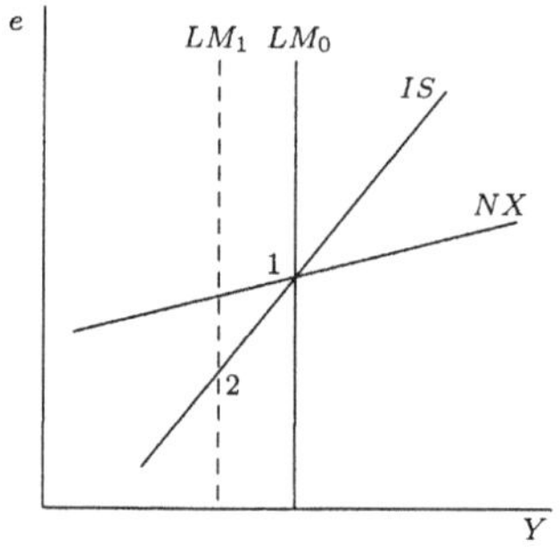

Abbildung 4.3. Anstieg der Mergers and Acquisitions im Empfängerland: Flexibler Wechselkurs, keine Kapitalmobilität

das heißt, das Einkommen sinkt bei einer Zunahme der Direktinvestitionen. Damit ergibt sich für die Änderung des Inlandszinses

$$di = -\frac{k/j}{1-c+bk/j}d\bar{J}$$

und die Änderung des Wechselkurses

$$de = -\frac{1-c+q+bk/j}{h\,(1-c+bk/j)}d\bar{J}.$$

Sowohl der Inlandszins als auch der Wechselkurs sinken. Da der zusätzliche exogene Kapitalzufluss $d\bar{F} = d\bar{J}$ beträgt, muss der Nettoexport zwangsläufig im gleichen Umfang sinken, $dH = -d\bar{F}$.

Wie schaut der Anpassungsprozess aus? Der Anstieg der Mergers and Acquisitions erfordert zunächst, dass der daraus resultierende zusätzliche exogene Kapitalzufluss auf dem Devisenmarkt in Inlandswährung eingetauscht wird. Dadurch kommt es zu einer Aufwertung, die den Export teilweise zurückdrängt und somit das inländische Einkommen senkt. Daher sinken auch die Importe. Der Rückgang des Einkommens senkt ebenso die Geldnachfrage und damit den Inlandszins. Der Nettoexport sinkt insgesamt, der Nettokapitalzufluss nimmt hingegen zu.

Abbildung 4.3 zeigt die Anpassung an den Direktinvestitionsschock. Vor Schock befindet sich die kleine offene Wirtschaft in Punkt 1. Gütermarkt, Geldmarkt, Devisenmarkt und die Handelsbilanz sind im Gleichgewicht. Der Anstieg des exogenen Kapitalzuflusses bewirkt eine Aufwertung der Inlandswährung und daher einen Rückgang der Exporte. Durch den Einkommensrückgang sinkt die Geldnachfrage und der Inlandszins. Die LM-Kurve verschiebt sich nach links. Das neue Gleichgewicht wird durch Punkt 2 wiedergegeben. Gütermarkt, Geldmarkt und Devisenmarkt sind ausgeglichen. Punkt 2 liegt jedoch rechts der NX-Kurve. Die Handelsbilanz ist nunmehr passiv.

4.3 Fester Wechselkurs, perfekte Kapitalmobilität

4.3.1 Wirkung im Empfängerland

Das Inland ist eine kleine offene Wirtschaft mit festem Wechselkurs und perfekter Kapitalmobilität. Der Inlandszins i entspricht daher stets dem Auslandszins i^*, es gilt $i = i^*$. Gegeben sei das Mundell-Fleming Modell aus Abschnitt 3.3.1:

$$Y = \bar{C} + cY + \bar{I} + \bar{X} - \bar{Q} - qY \tag{4.16}$$

$$M = kY \tag{4.17}$$

$$\bar{X} - \bar{Q} - qY + \bar{F} + F = 0 \tag{4.18}$$

Gleichung (4.16) beschreibt den Gütermarkt, Gleichung (4.17) beschreibt den Geldmarkt und Gleichung (4.18) beschreibt den Devisenmarkt. Die endogenen Variablen sind Y, M und F. Am Anfang ist die Wirtschaft im gesamtwirtschaftlichen Gleichgewicht. Die Handelsbilanz ist ausgeglichen. Steigen nun die Direktinvestitionen um $d\bar{J}$, so bewirkt dieses einen Anstieg des exogenen Kapitalzuflusses, so dass $d\bar{F} = d\bar{J}$ gilt. Damit ergeben die totalen Differentiale des Gleichungssystem (4.16) bis (4.18)

$$dY = cdY + qdY \tag{4.19}$$

$$dM = kdY \tag{4.20}$$

$$-qdY + d\bar{J} + dF = 0. \tag{4.21}$$

Gleichung (4.19) beschreibt den Gütermarkt, Gleichung (4.20) beschreibt den Geldmarkt und Gleichung (4.21) beschreibt den Devisenmarkt. Aus Gleichung (4.19) ist unmittelbar ersichtlich, dass im neuen Gleichgewicht

$$dY = 0$$

gilt. Das Einkommen erfährt somit keine Änderung infolge des Schocks. Damit folgt aus Gleichung (4.20) für die Veränderung der Geldmenge

$$dM = 0.$$

Mit Hilfe der Gleichung (4.21) berechnet man für die Änderung des endogenen Kapitalzuflusses:

$$dF = -d\bar{J},$$

es kommt also zu einer Senkung des endogenen Kapitalzuflusses in Höhe des Anstiegs der Mergers and Acquisitions. Die Änderung des Nettokapitalzuflusses beträgt somit $dV = 0$. Der Nettoexport verändert sich folglich nicht, $dH = -qdY = 0$.

Wie sieht der Anpassungsprozess aus? Die zunehmenden Mergers and Acquisitions bewirken zunächst einen Anstieg des exogenen Kapitalzuflusses und somit eine steigende Nachfrage nach Inlandswährung. Die Zentralbank muss daraufhin zur Verteidigung des Wechselkurses das überschüssige Devisenangebot aufkaufen. Damit erhöht sich zunächst die Geldmenge, was tendenziell eine Senkung des Inlandszinses bewirkt. Aus diesem Grund kommt es augenblicklich zu einem Rückgang des endogenen Kapitalzuflusses, der solange anhält, bis die Geldmenge wieder ihr ursprüngliches Niveau vor Schock erreicht hat, das heißt, bis die Nachfrage nach Inlandswährung wieder auf ihrem Ausgangsniveau angelangt ist. Das Einkommen verändert sich nicht. Nettoexport und Nettokapitalzufluss erfahren ebenfalls keine Veränderung.

Abbildung 4.4 zeigt die Anpassung an den Direktinvestitionsschock. Vor Schock befindet sich die kleine offene Wirtschaft in Punkt 1. Gütermarkt, Geldmarkt, Devisenmarkt und die Handelsbilanz befinden sich im Gleichgewicht. Der zusätzliche exogene Kapitalzufluss wird wie beschrieben durch einen zusätzlichen endogenen Kapitalabfluss ausgeglichen. Die Zunahme der Mergers and Acquisitions wirkt auf keine der Kurven. Das Gleichgewicht bleibt in Punkt 1 bestehen. Insbesondere die Handelsbilanz bleibt ausgeglichen.

4.3.2 Wirkung im Investorland

Es werden nun die makroökonomischen Konsequenzen zunehmender Mergers and Acquisitions für das Investorland dargestellt. Die betrachtete Wirtschaft ist eine kleine offene Wirtschaft mit festem Wechselkurs und perfekter Kapitalmobilität. Die Untersuchung findet mit Hilfe des Modells (4.16) bis (4.18) statt. Die Wirtschaft befinde sich im gesamtwirtschaftlichen Gleichgewicht. Die Handelsbilanz sei

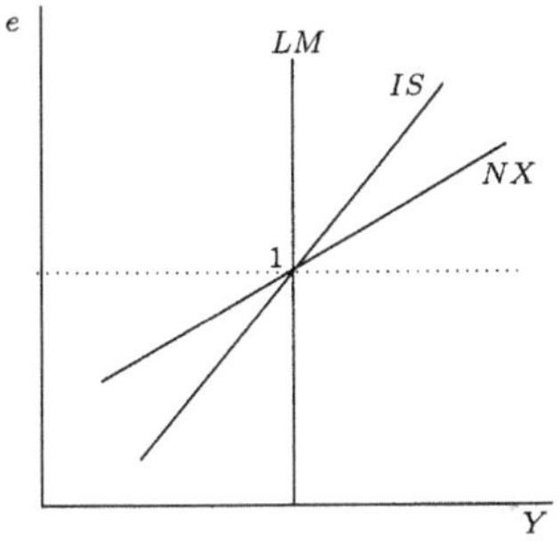

Abbildung 4.4. Anstieg der Mergers and Acquisitions im Empfängerland: Fester Wechselkurs, perfekte Kapitalmobilität

ausgeglichen. Der Anstieg der Direktinvestitionen $d\bar{J}$ geht mit einem Anstieg des exogenen Kapitalabflusses einher. Folglich gilt $d\bar{F} = -d\bar{J}$. Für das totale Differential des Gleichungssystems (4.16) - (4.18) ergibt sich damit:

$$dY = cdY - qdY \tag{4.22}$$

$$dM = kdY \tag{4.23}$$

$$0 = -qdY - d\bar{J} + dF \tag{4.24}$$

Gleichung (4.22) zeigt, dass der Anstieg der Direktinvestitionen keinen Einfluss auf Produktion und Einkommen des Empfängerlandes hat:

$$dY = 0.$$

Setzt man dieses in (4.23) ein folgt,

$$dM = 0.$$

Die Geldmenge ändert sich ebenfalls nicht. Für den endogenen Kapitalzufluss ergibt sich dann

$$dF = d\bar{J},$$

das heißt, der endogene Kapitalzufluss nimmt in Höhe des Anstiegs der Direktinvestition zu. Für den Nettokapitalzufluss ergibt sich damit $dV = d\bar{F} + dF = 0$. Die durch den Anstieg der Direktinvestitionen induzierte Zunahme des exogenen Ka-

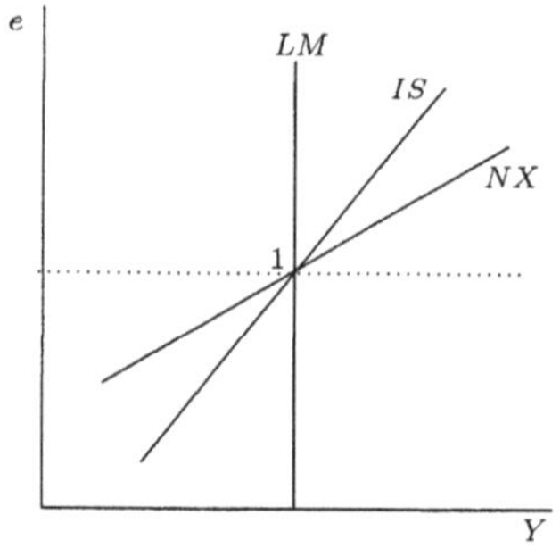

Abbildung 4.5. Anstieg der Mergers and Acquisitions im Investorland: Fester Wechselkurs, perfekte Kapitalmobilität

pitalabflusses wird durch den Anstieg des endogenen Kapitalzuflusses kompensiert. Die Änderung des Nettoexports beträgt folgerichtig ebenfalls $dH = -qdY = 0$.

Der Anpassungsprozess sieht wie folgt aus: Zu Beginn sorgt der Anstieg der Mergers and Acquisitions für einen Anstieg des exogenen Kapitalabflusses und darüber zu einer Zunahme der Devisennachfrage. Die Zentralbank muss daraufhin die zusätzlich verlangten Devisen verkaufen, um den Wechselkurs konstant zu halten. Die Geldmenge sinkt, was tendenziell einen Anstieg des Inlandszinses und daher einen Anstieg des endogenen Kapitalzuflusses bewirkt. Der zusätzliche exogene Kapitalabfluss wird durch den zusätzlichen endogenen Kapitalzufluss kompensiert. Nettokapitalzufluss und Nettoexport verändern sich nicht. Dementsprechend verbleibt die Geldmenge auf ihrem ursprünglichen Niveau. Auch Produktion und Einkommen verändern sich nicht.

Abbildung 4.5 zeigt die Anpassung an den Direktinvestitionsschock. Vor Schock befindet sich die kleine offene Wirtschaft in Punkt 1. Gütermarkt, Geldmarkt, Devisenmarkt und die Handelsbilanz befinden sich im Gleichgewicht. Der zusätzliche exogene Kapitalabfluss wird wie erläutert durch einen zusätzlichen endogenen Kapitalzufluss ausgeglichen. Die Zunahme der Mergers and Acquisitions wirkt daher auf keine der Kurven. Das Gleichgewicht bleibt in Punkt 1 bestehen. Insbesondere die Handelsbilanz bleibt ausgeglichen.

4.4 Fester Wechselkurs, keine Kapitalmobilität

Es werden schließlich die Wirkungen eines Anstiegs der Mergers and Acquisitions in einer Wirtschaft mit festen Wechselkursen und keinerlei Zugang zu den internationalen Kapitalmärkten untersucht. Auch hier beschränkt sich die Betrachtung aus den in Abschnitt 4.2 genannten Gründen auf die Wirkung eines Anstiegs der Mergers and Acquisitions im Empfängerland.

Das Modell der kleinen offenen Wirtschaft wird durch das Gleichungssystem (4.25) bis (4.27) wiedergegeben, das bereits in Abschnitt 3.3.2 diskutiert wurde.

$$Y = \bar{C} + cY + \bar{I} - bi + \bar{X} - \bar{Q} - qY \tag{4.25}$$

$$M = kY - ji \tag{4.26}$$

$$\bar{X} - \bar{Q} - qY + \bar{F} = 0 \tag{4.27}$$

Gleichung (4.25) beschreibt den Gütermarkt, Gleichung (4.26) beschreibt den Geldmarkt und Gleichung (4.27) beschreibt den Devisenmarkt. Die endogenen Variablen sind Y, M und i. Die Wirtschaft befinde sich zunächst im gesamtwirtschaftlichen Gleichgewicht. Die Handelsbilanz ist ausgeglichen. Ein Anstieg der Direktinvestitionen $d\bar{J}$ führt zu einer Zunahme des exogenen Kapitalzuflusses, und es gilt $d\bar{F} = d\bar{J}$. Damit folgt für das totale Differential des Gleichungssystems (4.25) bis (4.27)

$$dY = cdY - bdi - qdY \tag{4.28}$$

$$dM = kdY - jdi \tag{4.29}$$

$$-qdY + d\bar{J} = 0 \tag{4.30}$$

Aus der Devisenmarktgleichung (4.30) folgt sogleich

$$dY = \frac{1}{q} d\bar{J},$$

das Einkommen steigt also infolge des Direktinvestitionsschocks an. Damit ergibt Gleichung (4.28) eine Senkung des Inlandszinses

$$di = -\frac{1-c+q}{bq} d\bar{J}.$$

Setzt man die Änderungen des Einkommens und des Inlandszinses in die Gleichung des Geldmarktes (4.29) ein, ergibt sich

$$dM = \frac{bk + j(1-c+q)}{bq} d\bar{J}.$$

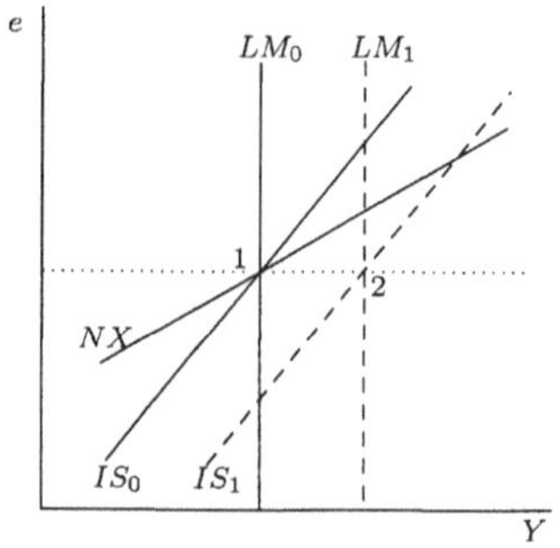

Abbildung 4.6. Anstieg der Mergers and Acquisitions im Empfängerland: Fester Wechselkurs, keine Kapitalmobilität

Die Geldmenge steigt somit infolge zunehmender Direktinvestitionen. Da der exogene Kapitalzufluss um $d\bar{F} = d\bar{J}$ zunimmt, sinkt der Nettoexport zwangsläufig um $dH = -qdY = -d\bar{J}$.

Im Weiteren wird kurz der Anpassungsprozess beschrieben. Der Anstieg der Mergers and Acquisitions ist zunächst mit einem zusätzlichen exogenen Kapitalzufluss verbunden, der die Nachfrage nach Inlandswährung erhöht. Da die Zentralbank das Überangebot an Devisen zur Wahrung des Wechselkurses aufkaufen muss, erhöht sich die Geldmenge. Der Inlandszins sinkt und verursacht somit eine höhere Investitionsnachfrage auf dem Gütermarkt. Das Einkommen steigt daraufhin. Dadurch steigt ebenfalls der Import und senkt somit den Nettoexport, bis der Devisenmarkt wieder im Gleichgewicht ist.

Abbildung 4.6 illustriert die Anpassung an den Direktinvestitionsschock. Vor Schock befindet sich die kleine offene Wirtschaft in Punkt 1. Gütermarkt, Geldmarkt, Devisenmarkt und die Handelsbilanz befinden sich im Gleichgewicht. Der Anstieg des exogenen Kapitalzuflusses erhöht das Devisenangebot und veranlasst die Zentralbank, auf dem Devisenmarkt zu intervenieren. Die Geldmenge steigt, und die LM_0-Kurve driftet nach rechts. Der Anstieg der Geldmenge senkt den Inlandszins. Daher steigen die zinsabhängigen Investitionen. Die IS_0-Kurve driftet ebenfalls nach rechts (IS_1). Das neue Gleichgewicht wird in Punkt 2 erreicht. Gütermarkt, Geldmarkt und Devisenmarkt sind wieder im Gleichgewicht. Punkt 2 liegt jedoch unterhalb der NX-Kurve. Die Handelsbilanz ist daher passiv.

4.5 Zusammenfassung

Das vorangegangene Kapitel behandelt die Wirkung der Mergers and Acquisitions in einer kleinen offenen Volkswirtschaft. Ein Anstieg der Mergers and Acquisitions äußert sich im Empfängerland in einem Anstieg des exogenen Kapitalzuflusses, im Investorland in einem Anstieg des exogenen Kapitalabflusses.

Flexibler Wechselkurs, perfekte Kapitalmobilität

1. Im Empfängerland führt der Anstieg des exogenen Kapitalzuflusses zu einem Anstieg des endogenen Kapitalabflusses, so dass der Nettokapitalzufluss konstant bleibt. Einkommen und Wechselkurs ändern sich nicht.

2. Im Investorland führt der Anstieg des exogenen Kapitalabflusses ebenso zu einem gleich großen Anstieg des endogenen Kapitalzuflusses. Nettokapitalzufluss, Einkommen und Wechselkurs bleiben auch hier konstant. Tabelle 4.1 gibt einen Überblick über die Ergebnisse.

Flexibler Wechselkurs, keine Kapitalmobilität

Im Empfängerland bewirkt der Anstieg des exogenen Kapitalzuflusses eine Aufwertung der Inlandswährung. Export und Einkommen sinken daher. Auf dem Geldmarkt führt die Senkung des Einkommens zu einem Rückgang der Geldnachfrage. Der Inlandszins sinkt. Tabelle 4.1 gibt einen Überblick über die Ergebnisse.

Fester Wechselkurs, perfekte Kapitalmobilität

1. Im Empfängerland erzeugt der Anstieg des exogenen Kapitalzuflusses einen identischen Anstieg des endogenen Kapitalabflusses. Der Nettokapitalzufluss bleibt somit konstant. Das Einkommen und die endogene Geldmenge werden nicht verändert.

2. Im Investorland bewirkt der Anstieg des exogenen Kapitalabflusses einen gleich großen Anstieg des endogenen Kapitalzuflusses. Der Nettokapitalzufluss bleibt konstant. Einkommen und endogene Geldmenge erfahren keine Veränderung. Tabelle 4.2 gibt einen Überblick über die Ergebnisse.

Fester Wechselkurs, keine Kapitalmobilität

Im Empfängerland führt der Anstieg des exogenen Kapitalzuflusses zu einem Anstieg der endogenen Geldmenge. Der Inlandszins sinkt daher. Investitionen und Einkommen steigen, bis der Anstieg der Importe den Devisenmarkt zurück ins Gleichgewicht bringt. Tabelle 4.2 gibt einen Überblick über die Ergebnisse.

Tabelle 4.1. Mergers and Acquisitions bei flexiblem Wechselkurs

	Perfekte Kapitalmobilität		Keine Kapitalmobilität
	Empfängerland	Investorland	Empfängerland
dY	0	0	$-\frac{1}{1-c+bk/j}d\bar{J}$
di	0	0	$-\frac{k/j}{1-c+bk/j}d\bar{J}$
dM	-	-	-
de	0	0	$-\frac{1-c+q+bk/j}{h(1-c+bk/j)}d\bar{J}$
dF	$-d\bar{J}$	$d\bar{J}$	-
dV	0	0	$d\bar{J}$

Tabelle 4.2. Mergers and Acquisitions bei festem Wechselkurs

	Perfekte Kapitalmobilität		Keine Kapitalmobilität
	Empfängerland	Investorland	Empfängerland
dY	0	0	$\frac{1}{q}d\bar{J}$
di	0	0	$-\frac{1-c+q}{bq}d\bar{J}$
dM	0	0	$\frac{j(1-c+q)+bk}{bq}d\bar{J}$
de	-	-	-
dF	$-d\bar{J}$	$d\bar{J}$	-
dV	0	0	$d\bar{J}$

Kapitel 5

Greenfield Investments

5.1 Flexibler Wechselkurs, perfekte Kapitalmobilität

5.1.1 Wirkung im Empfängerland

Dieser Abschnitt betrachtet die Wirkung einer Zunahme der Greenfield Investments, wobei das Inland Empfänger der Direktinvestitionen ist. Dabei wird zwischen zwei Finanzierungsarten der Greenfield Investments unterschieden: Bei der ersten Finanzierungsart stellen die ausländischen Direktinvestoren das für die Direktinvestitionen notwendige Kapital bereit, in dem sie Kredite im Investorland aufnehmen. Aus Sicht des Empfängerlandes werden die Direktinvestitionen somit von einem exogenen Kapitalzufluss begleitet. Bei der zweiten Finanzierungsart beschaffen die ausländischen Direktinvestoren das für die Direktinvestitionen notwendige Kapital auf dem Kapitalmarkt des Empfängerlandes. Aus Sicht des Empfängerlandes werden die Direktinvestitionen insofern nicht von einem exogenen Kapitalzufluss begleitet.

5.1.1.1 Kreditaufnahme im Investorland

Kapitalgüterkauf im Empfängerland Das Inland ist eine kleine offene Wirtschaft mit flexiblem Wechselkurs und perfekter Kapitalmobilität. Der Inlandszins i entspricht daher stets dem Auslandszins i^*, das heißt, es gilt $i = i^*$. Grundlage der Analyse ist das bereits in Abschnitt 3.2.1 näher erläuterte Modell der kleinen offenen Wirtschaft:

$$Y = \bar{C} + cY + \bar{I} + \bar{X} + he - \bar{Q} - qY \tag{5.1}$$

$$M = kY \tag{5.2}$$

$$\bar{X} + he - \bar{Q} - qY + \bar{F} + F = 0 \tag{5.3}$$

Gleichung (5.1) beschreibt den inländischen Gütermarkt, Gleichung (5.2) beschreibt den inländischen Geldmarkt und Gleichung (5.3) beschreibt den Devisenmarkt. Die endogenen Variablen des Systems (5.1) bis (5.3) sind Y, e und F.

Die Wirtschaft befinde sich im gesamtwirtschaftlichen Gleichgewicht. Die Handelsbilanz sei ebenfalls ausgeglichen. Welche makroökonomischen Folgen hat nun eine Erhöhung der Direktinvestitionen, wenn die hierfür benötigten Kapitalgüter im Empfängerland erworben werden? Zunächst bewirkt ein Anstieg der Direktinvestitionen $d\bar{J}$ einen Anstieg des exogenen Kapitalzuflusses $d\bar{F}$ in gleicher Höhe, das heißt $d\bar{F} = d\bar{J}$. Da die Kapitalgüter auf dem inländischen Gütermarkt erworben werden, erhöht der Anstieg der Direktinvestitionen zudem die Investitionen der Inländer $\bar{I}$ in gleichem Maße, so dass ferner $d\bar{I} = d\bar{J}$ gilt. Bildet man nun die totalen Differentiale des Gleichungssystems (5.1) bis (5.3) und berücksichtigt $d\bar{I} = d\bar{J}$ sowie $d\bar{F} = d\bar{J}$, ergibt sich

$$dY = cdY + d\bar{J} + hde - qdY \tag{5.4}$$

$$0 = kdY \tag{5.5}$$

$$hde - qdY + dF + d\bar{J} = 0 \tag{5.6}$$

Aus Gleichung (5.5) ist sofort ersichtlich, dass

$$dY = 0$$

ist. Der Anstieg der Direktinvestitionen hat keinen Einfluss auf das Einkommen der Wirtschaft. Einsetzen in Gleichung (5.4) ergibt

$$de = -\frac{1}{h}d\bar{J}.$$

Die Inlandswährung wertet auf. Die Änderung des Nettoexports $dH = hde - qdY$ beträgt somit $dH = -d\bar{J}$. Für den Kapitalzufluss folgt unter Zuhilfenahme der Gleichung (5.6)

$$dF = 0.$$

Das heißt, der Anstieg der Direktinvestitionen hat keine Konsequenzen für den endogenen Kapitalzufluss. Für die Veränderung des Nettokapitalzuflusses dV ergibt sich $dV = d\bar{F} + dF = d\bar{J}$.

Wie vollzieht sich der Anpassungsprozess? Bevor die Direktinvestitionen auf dem inländischen Gütermarkt nachfragewirksam werden können, muss der sie begleitende Kapitalzufluss auf dem Devisenmarkt in Inlandswährung umgetauscht werden. Es

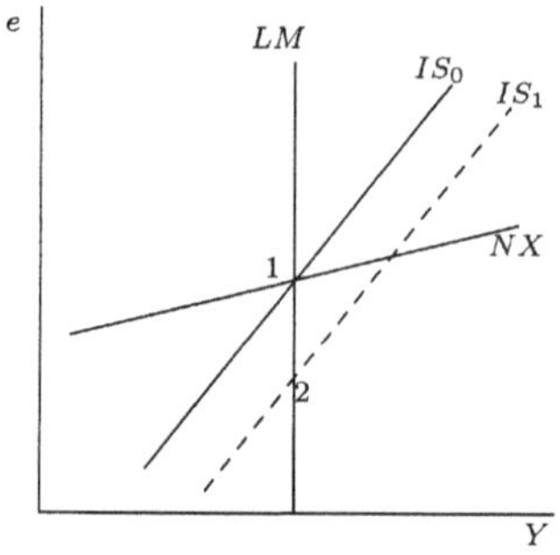

Abbildung 5.1. Anstieg der Greenfield Investments bei Kreditaufnahme im Investorland, Kapitalgüterkauf im Empfängerland

entsteht ein zusätzliches Angebot an Devisen bzw. eine zusätzliche Nachfrage nach Inlandswährung. Die Inlandswährung wertet infolgedessen auf. Durch die Aufwertung sinken die Exporte. Dieses wird allerdings durch die gestiegene Nachfrage nach inländischen Kapitalgütern kompensiert, so dass das Einkommen, Geldnachfrage, Inlandszins und der endogene Kapitalzufluss konstant bleiben. Die zusätzlichen Direktinvestitionen verdrängen somit die Exporte. Insgesamt kann der dargestellte Schock als eine Kombination aus gewöhnlichem Investitionsschock bei Kapitalgüterkauf im Inland (siehe Abschnitt 3.2.1) und einem Anstieg der hereinkommenden Mergers and Acquisitions (siehe Abschnitt 4.1) dargestellt werden.
Abbildung 5.1 illustriert nochmals die Anpassung an der Direktinvestitionsschock. Vor Schock befindet sich die kleine offene Wirtschaft in Punkt 1. Gütermarkt, Geldmarkt, Devisenmarkt und die Handelsbilanz befinden sich im Gleichgewicht. Durch den exogenen Anstieg der Investitionsnachfrage verschiebt sich die IS_0-Kurve nach IS_1. Die NX-Kurve wird durch den Schock nicht verschoben. Das neue gesamtwirtschaftliche Gleichgewicht befindet sich nun in Punkt 2. Das Einkommen ist unverändert. Allerdings hat die Inlandswährung aufgewertet. Da das neue gesamtwirtschaftliche Gleichgewicht unterhalb der NX-Kurve liegt, ist der Nettoexport nun negativ.

Kapitalgüterkauf im Investorland Es sollen nun die Auswirkungen eines permanenten Anstiegs der Greenfield Investments mit Kreditaufnahme im Investorland ($d\bar{F} = d\bar{J}$) auf das empfangende Inland untersucht werden, bei denen der Kauf der Kapitalgüter nun im Investorland erfolgt. Das betrachtete Inland ist wiederum eine kleine offene Volkswirtschaft mit perfekter Kapitalmobilität und wird durch das Gleichungssystem (5.1) bis (5.3) beschrieben. Kauft der Investor Kapitalgüter im Investorland, so erhöht dieses zwar die Investitionen der Inländer, und es gilt $d\bar{I} = d\bar{J}$. Allerdings werden die Kapitalgüter nicht auf dem inländischen Gütermarkt nachgefragt sondern importiert. Die Importe erhöhen sich somit um $d\bar{Q} = d\bar{J}$. Bildet man wiederum das totale Differential und berücksichtigt $d\bar{F} = d\bar{J}, d\bar{I} = d\bar{J}$ und $d\bar{Q} = d\bar{J}$, so ergibt sich:

$$dY = cdY + d\bar{J} + hde - d\bar{J} - qdY \tag{5.7}$$

$$0 = kdY \tag{5.8}$$

$$hde - d\bar{J} - qdY + dF + d\bar{J} = 0 \tag{5.9}$$

In Gleichung (5.7) heben sich $d\bar{I}$ und $d\bar{Q}$ gegenseitig auf, der Anstieg der autonomen Investitionen wird nicht auf dem inländischen Gütermarkt nachfragewirksam. In Gleichung (5.9) heben sich $d\bar{Q}$ und $d\bar{F}$ gegenseitig auf, der Anstieg des exogenen Kapitalzuflusses wird durch den Anstieg der autonomen Importe kompensiert, der Devisenmarkt bleibt im Gleichgewicht. Ferner folgt aus Gleichung (5.8)

$$dY = 0.$$

Das Einkommen bleibt infolge des Investitionsschocks unverändert. Setzt man dieses in Gleichung (5.7) ein, so erhält man

$$de = 0,$$

das heißt, auch der Wechselkurs verändert sich nicht. Damit beträgt die Veränderung des Nettoexports $dH = hde - d\bar{Q} - qdY = -d\bar{J}$. Schließlich ergibt Gleichung (5.9)

$$dF = 0,$$

so dass die Änderung des Nettokapitalzuflusses $dV = d\bar{J}$ beträgt.

In welchen Schritten erfolgt hier die Anpassung? Mit dem Anstieg der Direktinvestitionen fließt zur Finanzierung des Investitionsvorhabens zusätzlich exogen Kapital ins Inland. Da die Kapitalgüter im Ausland erworben werden, ist jedoch keine Devisenmarktoperation notwendig. Einkommen und Wechselkurs bleiben konstant, denn weder auf dem Devisenmarkt noch auf dem inländischen Gütermarkt kommt es zu Nachfrageveränderungen. Damit verharren ebenso der Inlandszins und der endogene Kapitalzufluss auf ihren Ausgangsniveaus. Auch hier gleicht die Wirkung des Schocks dem Zusammenwirken eines gewöhnlichen Investitionsschocks bei

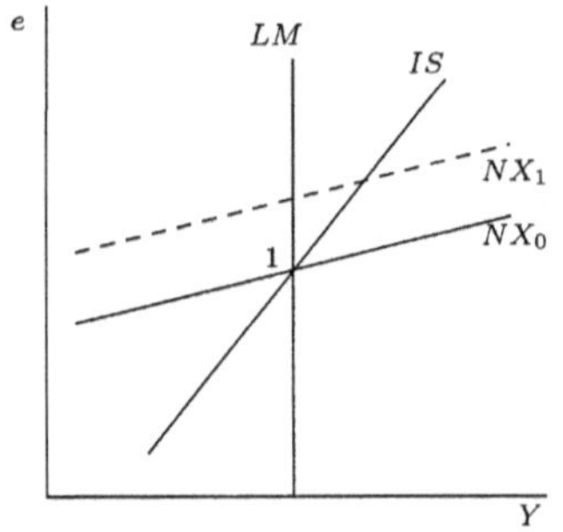

Abbildung 5.2. Anstieg der Greenfield Investments bei Kreditaufnahme im Investorland, Kapitalgüterkauf im Investorland

Kapitalgüterkauf im Ausland (siehe Abschnitt 3.2.1) und eines Anstiegs der hereinkommenden Mergers and Acquisitions (siehe Abschnitt 4.1).

Abbildung 5.2 illustriert die Anpassung an den Direktinvestitionsschock. Vor dem Direktinvestitionsschock befindet sich die kleine offene Wirtschaft in Punkt 1. Sowohl der Gütermarkt, der Geldmarkt, der Devisenmarkt als auch die Handelsbilanz befinden sich im Gleichgewicht. Durch den gemeinsamen autonomen Anstieg der Investitionen und der Importe verschiebt sich die IS-Kurve nicht. Gleichzeitig wird die NX_0-Kurve durch die Zunahme des autonomen Imports aufwärts nach NX_1 verschoben. Das neue gesamtwirtschaftliche Gleichgewicht befindet sich weiterhin in Punkt 1. Einkommen und Wechselkurs sind unverändert geblieben. Da das gesamtwirtschaftliche Gleichgewicht nun unterhalb der NX-Kurve liegt, ist der Nettoexport negativ.

5.1.1.2 Kreditaufnahme im Empfängerland

Kapitalgüterkauf im Empfängerland Oft neigen Direktinvestoren aus strategischen Gründen dazu, sich das für die Direktinvestitionen benötigte Kapital auf dem Kapitalmarkt des Empfängerlandes zu beschaffen. Es soll daher untersucht werden, welche makroökonomischen Konsequenzen die permanente Zunahme so finanzierter Greenfield Investments nach sich ziehen. Wiederum dient das bereits beschriebene Modell (5.1) bis (5.3) als Ausgangspunkt der Untersuchung.

Die Wirtschaft befinde sich im gesamtwirtschaftlichen Gleichgewicht, und die Handelsbilanz sei ausgeglichen. Werden zur Finanzierung der Direktinvestitionen Kredite auf dem Kapitalmarkt des Empfängerlandes aufgenommen, kommt es zu keinem zusätzlichen exogenen Kapitalzufluss, das heißt $d\bar{F} = 0$. Da die Kapitalgüter auf dem inländischen Gütermarkt erworben werden, erhöhen sich die Investitionen um $d\bar{I} = d\bar{J}$. Die endogenen Variablen des Gleichungssystems (5.1) bis (5.3) sind Y, e und F. Für das totale Differential folgt:

$$dY = cdY + d\bar{J} + hde - qdY \tag{5.10}$$

$$0 = kdY \tag{5.11}$$

$$hde - qdY + dF = 0 \tag{5.12}$$

Aus Gleichung (5.11) ist sofort ersichtlich, dass das Einkommen durch den Investitionschock im neuen Gleichgewicht nicht verändert wird,

$$dY = 0.$$

Setzt man dieses in die Gütermarktgleichung (5.10) ein, folgt für den Wechselkurs

$$de = -\frac{1}{h}d\bar{J}. \tag{5.13}$$

Es kommt also zu einer Aufwertung der Inlandswährung. Export und Nettoexport gehen daraufhin in Höhe der Direktinvestitionen zurück $dH = hde - qdY = -d\bar{J}$ und der endogene Kapitalzufluss steigt in gleicher Höhe

$$dF = d\bar{J}.$$

Für den Nettokapitalzufluss gilt $dV = d\bar{F} + dF = d\bar{J}$. Das heißt, obwohl sich der Anstieg der Direktinvestitionen ohne einen Anstieg des exogenen Kapitalzuflusses vollzieht, kommt es zu einem Anstieg des Nettokapitalzuflusses.

Es wird nun der Anpassungsprozess betrachtet. Der Anstieg der Investitionsnachfrage erhöht zunächst das Einkommen. Auf dem Geldmarkt steigt dadurch die einkommensabhängige Geldnachfrage. Der Inlandszins übersteigt den Auslandszins. Ausländisches Portfoliokapital fließt sofort vermehrt ins Inland und bewirkt eine Aufwertung der Inlandswährung. Daher gehen auch die Exporte und die Produktion der inländischen Unternehmen zurück, so dass das Einkommen schließlich zu seinem Ursprungsniveau zurückkehrt. Darüber hinaus ist es im neuen Gleichgewicht aufgrund endogener Kapitalzuflüsse zu einer Erhöhung des Nettokapitalzuflusses in Höhe der Zunahme der Direktinvestitionen gekommen. Die Wirkung des Direktin-

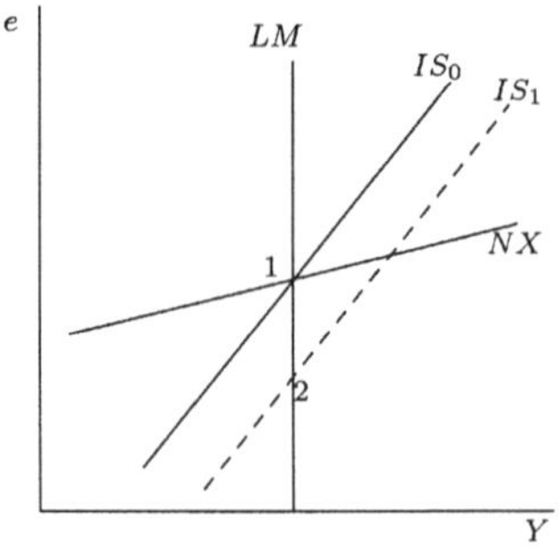

Abbildung 5.3. Anstieg der Greenfield Investments bei Kreditaufnahme im Empfängerland, Kapitalgüterkauf im Empfängerland

vestitionsschocks entspricht damit der in Abschnitt 3.2.1 dargestellten Wirkung des gewöhnlichen Investitionsschocks bei Kapitalgüterkauf im Inland.[1]

Abbildung 5.3 illustriert den Investitionsschock. Vor Schock befindet sich die kleine offene Wirtschaft in Punkt 1. Gütermarkt, Geldmarkt, Devisenmarkt sowie die Handelsbilanz befinden sich im Gleichgewicht. Die Zunahme der Kapitalgüternachfrage auf dem inländischen Gütermarkt verschiebt die IS_0-Kurve nach rechts nach IS_1. Allerdings wird die NX-Kurve nicht durch den Schock verschoben. Das neue gesamtwirtschaftliche Gleichgewicht wird durch den Punkt 2 wiedergegeben. Das Einkommen hat sich nicht verändert, lediglich die Inlandswährung hat eine Aufwertung erfahren. Das neue gesamtwirtschaftliche Gleichgewicht liegt nun unterhalb der NX-Kurve. Der Nettoexport ist somit negativ.

Kapitalgüterkauf im Investorland Es wird nun angenommen, dass ausländische Investoren ihre Direktinvestitionen im Inland permanent erhöhen und das hierfür benötigte Kapital auf dem inländischen Kapitalmarkt, die Kapitalgüter jedoch auf dem ausländischen Gütermarkt beschaffen. Das Grundmodell wird wiederum durch die Gleichungen (5.1) bis (5.3) gegeben. Da die Kredite für die zusätzlichen Greenfield Investments auf dem inländischen Kapitalmarkt aufgenommen werden,

[1] Bezüglich der Einkommen aus Auslandvermögen (in der Produktionsphase), die im Anschluss an die Investitionsphase an die Investoren fließen, ist zu bemerken, dass bei einer Finanzierung auf dem Kapitalmarkt des Empfängerlandes Kapital- als auch Arbeitseinkommen im Empfängerland verbleiben. Eine derartige Investition macht daher mikroökonomisch betrachtet nur Sinn, wenn der Investor in der Produktionsphase Gewinne realisiert. Dieses korrespondiert mit dem Befund, dass Direktinvestitionen in Märkten unvollkommener Konkurrenz stattfinden (vgl. Markusen (2002), S. 4 und Caves (1996), S. 83ff). Der Investor erhält ein Einkommen für die Bereitstellung des firmenspezifischen Faktors. Darüber hinaus sind aufgrund des makroökomisch induzierten, endogenen Kapitalzuflusses, zukünftig Zinszahlungen an das Ausland zu leisten.

kommt es zunächst zu keinem exogenen Kapitalzufluss, $d\bar{F} = 0$. Der Anstieg der Direktinvestitionen führt zu einer permanent höheren Kapitalgüternachfrage $d\bar{I} = d\bar{J}$. Da diese im Ausland nachfragewirksam wird, kommt es zu permanent höheren Kapitalgüterimporten $d\bar{Q} = d\bar{J}$. Betrachtet man das totale Differential des Gleichungssystems (5.1) bis (5.3)

$$dY = cdY + d\bar{J} + hde - d\bar{J} - qdY \tag{5.14}$$

$$0 = kdY \tag{5.15}$$

$$hde - d\bar{J} - qdY + dF = 0 \tag{5.16}$$

so folgt aus (5.15) unmittelbar

$$dY = 0$$

und damit aus (5.14)

$$de = 0.$$

Da die höhere Kapitalgüternachfrage nicht auf dem inländischen Gütermarkt auftritt, bleibt der Wechselkurs unverändert. Die Änderung des Nettoexports beläuft sich damit auf $dH = hde - d\bar{Q} - qdY = -d\bar{J}$. Für den endogenen Kapitalzufluss ermittelt man mit Hilfe der Gleichung (5.16)

$$dF = d\bar{J}.$$

Es kommt somit zu einer Zunahme des endogenen Kapitalzuflusses.

Nun zum Anpassungsprozess: Zu Beginn nehmen die ausländischen Direktinvestoren Kredite auf dem inländischen Kapitalmarkt auf. Um Kapitalgüter im Investorland zu erwerben, müssen zusätzlich Devisen erworben werden. Die Inlandswährung wertet zunächst ab. Die Wettbewerbsfähigkeit inländischer Güter steigt, so dass die Exporte zunehmen. Dadurch steigt das Einkommen und die Geldnachfrage. Auf dem Geldmarkt übersteigt der Inlandszins den Auslandszins und zieht zusätzliches ausländisches Portfoliokapital an. Wechselkurs, Export und Einkommen gehen daher auf ihr Ursprungsniveau zurück. Die Änderung des Nettokapitalzuflusses im neuen Gleichgewicht beträgt nunmehr $dV = d\bar{F} + dF = d\bar{J}$. Obwohl der Anstieg der Direktinvestitionen ohne einen Anstieg des exogenen Kapitalzuflusses einhergeht, kommt es zu einem Anstieg des Nettokapitalzuflusses. Auch hier entspricht die Wirkung des Direktinvestitionsschocks der Wirkung des in Abschnitt 3.2.1 dargestellten gewöhnlichen Investitionsschocks bei Kapitalgüterkauf im Ausland.

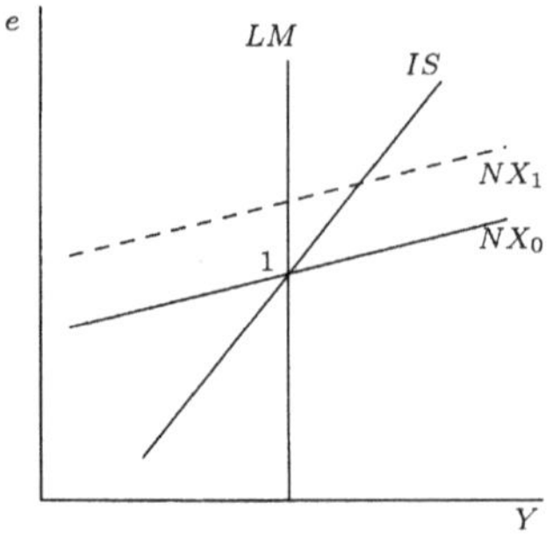

Abbildung 5.4. Anstieg der Greenfield Investments bei Kreditaufnahme im Empfängerland, Kapitalgüterkauf im Investorland

Abbildung 5.4 illustriert die Anpassung an den Direktinvestitionsschock. Vor dem Direktinvestitionsschock befindet sich die kleine offene Wirtschaft in Punkt 1. Gütermarkt, Geldmarkt, Devisenmarkt und Handelsbilanz befinden sich im Gleichgewicht. Da die autonomen Investitionen und autonomen Importe in gleicher Höhe steigen, verschiebt sich die IS-Kurve nicht. Gleichzeitig verschiebt sich die NX_0-Kurve durch die Zunahme der autonomen Importe aufwärts nach NX_1. Das neue gesamtwirtschaftliche Gleichgewicht befindet sich weiterhin in Punkt 1. Einkommen und Wechselkurs sind unverändert geblieben. Da das gesamtwirtschaftliche Gleichgewicht nun aber unterhalb der NX-Kurve liegt, ist der Nettoexport negativ.

5.1.1.3 Zusammenfassung

1. Bei Kreditaufnahme im Investorland und Kauf der Kapitalgüter im Empfängerland bewirkt der Anstieg der Direktinvestitionen einen Anstieg des exogenen Kapitalzuflusses und der autonomen Investitionen. Der Anstieg des exogenen Kapitalzuflusses bewirkt eine Aufwertung der Inlandswährung und lässt die Exporte sinken, so dass das Einkommen insgesamt unverändert bleibt. Auch der endogene Kapitalzufluss ändert sich nicht. Der Nettokapitalzufluss nimmt in Höhe der zusätzlichen Direktinvestitionen zu.

   Bei Kreditaufnahme im Investorland und Kauf der Kapitalgüter im Investorland führt der Anstieg der Direktinvestitionen zu einem Anstieg des exogenen Kapitalzuflusses und der exogenen Importe. Der Devisenmarkt bleibt im Gleichgewicht. Daher ändert sich der Wechselkurs nicht. Das Einkommen und der endogene Kapitalzufluss bleiben konstant. Der Anstieg des Nettokapitalzuflusses ist identisch zum Anstieg der Direktinvestitionen.

2. Bei Kreditaufnahme im Empfängerland und Kauf der Kapitalgüter im Empfängerland führt der Anstieg der Direktinvestitionen zu einem Anstieg der autonomen Investitionen. Das Einkommen steigt vorübergehend und bewirkt einen Anstieg des endogenen Kapitalzuflusses. Dieses resultiert in einer Aufwertung der Inlandswährung und senkt darüber die Exporte. Das Einkommen bleibt daher insgesamt unverändert. Der Nettokapitalzufluss nimmt in Höhe des Anstiegs der Direktinvestitionen zu.

   Bei Kreditaufnahme im Empfängerland und Kauf der Kapitalgüter im Investorland führt der Anstieg der Direktinvestitionen zu einem Anstieg der autonomen Importe. Die Inlandswährung wertet vorübergehend ab, so dass Exporte und Einkommen steigen. Dieses führt zu einem Anstieg des endogenen Kapitalzuflusses. Wechselkurs und Einkommen kehren sofort auf ihre Ausgangsniveaus zurück. Der Nettokapitalzufluss nimmt in Höhe des Anstiegs der Direktinvestitionen zu.

3. Für beide Arten der Finanzierung wirkt der Anstieg der Direktinvestitionen bei Kauf der Kapitalgüter im Empfängerland im Ergebnis identisch auf Einkommen, Wechselkurs und Nettokapitalzufluss. Unterschiede ergeben sich allerdings hinsichtlich des Anpassungsprozesses.

4. Für beide Arten der Finanzierung wirkt der Anstieg der Direktinvestitionen bei Kauf der Kapitalgüter im Investorland im Ergebnis identisch auf Einkommen, Wechselkurs und Nettokapitalzufluss. Unterschiede ergeben sich allerdings auch hier hinsichtlich des Anpassungsprozesses.

5. Insgesamt entspricht die Wirkung auf Einkommen, Wechselkurs und Nettokapitalzufluss bei beiden Finanzierungsformen im Ergebnis der eines gewöhnlichen Investitionsschocks. Hinsichtlich der Wirkung treten wesentliche Unterschiede zwischen Greenfield Investments und gewöhnlichen Investitionen vor allem in der Produktionsphase auf.

Tabelle 5.1 gibt einen Überblick über die Ergebnisse.

5.1.2 Wirkung im Investorland

Wurde zuvor angenommen, dass das Inland Empfänger der Greenfield Investments war, so soll nun die Annahme gelten, dass das Inland als Investor auftritt.

Tabelle 5.1. Greenfield Investments: Wirkung im Empfängerland

	Kredit im Investorland $d\bar{F} = d\bar{J}$		Kredit im Empfängerland $d\bar{F} = 0$	
	Kauf der Kapitalgüter im		Kauf der Kapitalgüter im	
	Empfängerland	Investorland	Empfängerland	Investorland
dY	0	0	0	0
de	$-\frac{1}{h}d\bar{J}$	0	$-\frac{1}{h}d\bar{J}$	0
dF	0	0	$d\bar{J}$	$d\bar{J}$
dV	$d\bar{J}$	$d\bar{J}$	$d\bar{J}$	$d\bar{J}$

5.1.2.1 Kreditaufnahme im Investorland

Kapitalgüterkauf im Investorland Das Investorland ist eine kleine offene Wirtschaft mit flexiblem Wechselkurs und perfekter Kapitalmobilität. Der Inlandszins i entspricht dem Auslandszins i^*, das heißt, es gilt $i = i^*$. Grundlage der Analyse ist das in Kapitel 3.2.1 erläuterte Modell der kleinen offenen Wirtschaft:

$$Y = \bar{C} + cY + \bar{I} + \bar{X} + he - \bar{Q} - qY \tag{5.17}$$

$$M = kY \tag{5.18}$$

$$\bar{X} + he - \bar{Q} - qY + \bar{F} + F = 0 \tag{5.19}$$

Gleichung (5.17) beschreibt den inländischen Gütermarkt, Gleichung (5.18) beschreibt den inländischen Geldmarkt und Gleichung (5.19) beschreibt den Devisenmarkt. Die endogenen Variablen des Systems (5.17) bis (5.19) sind Y, e und F.

Die Wirtschaft befinde sich zu Beginn im gesamtwirtschaftlichen Gleichgewicht. Die Handelsbilanz sei ausgeglichen. Eine Zunahme der Direktinvestitionen $d\bar{J}$ führt zu zunehmenden exogenen Kapitalabflüssen $d\bar{F}$ in gleicher Höhe, das heißt $d\bar{F} = -d\bar{J}$. Der Anstieg der Direktinvestitionen erhöht zudem die Nachfrage nach inländischen Kapitalgütern in gleichem Maße. Allerdings ist dieses als Zunahme des autonomen Exports zu verbuchen, so dass $d\bar{X} = d\bar{J}$ gilt. Bildet man nun das totale Differential des Gleichungssystems (5.17) bis (5.19) und berücksichtigt $d\bar{X} = d\bar{J}$ sowie $d\bar{F} = -d\bar{J}$, so ergibt sich

$$dY = cdY + d\bar{J} + hde - qdY \tag{5.20}$$

$$0 = kdY \tag{5.21}$$

$$d\bar{J} + hde - qdY - d\bar{J} + dF = 0 \tag{5.22}$$

Gleichung (5.21) liefert sofort

$$dY = 0.$$

Das Inlandseinkommen bleibt unverändert. Setzt man dieses in Gleichung (5.20) ein, erhält man

$$de = -\frac{1}{h}d\bar{J}.$$

Das heißt, infolge der Direktinvestitionen kommt es zu einer Aufwertung der Inlandswährung. Der Nettoexport verbleibt damit auf seinem ursprünglichen Niveau $dH = d\bar{X} + hde = d\bar{J} - h(1/h)d\bar{J} = 0$. Für den endogenen Kapitalzufluss F ergibt sich aus Gleichung (5.22) eine Veränderung von

$$dF = d\bar{J}.$$

Somit kommt es zu einem zusätzlichen endogenen Kapitalzufluss in Höhe der Direktinvestition. Insgesamt beträgt die Veränderung des Nettokapitalzuflusses $dV = 0$.

Welche Zusammenhänge wirken hier? Zunächst ist der Anstieg der Greenfield Investments mit einem Anstieg des exogenen Kapitalabflusses verbunden. Da die Direktinvestitionen mit einem exogenen Kapitalgüterexport verbunden sind, bleibt der Wechselkurs auf dem Devisenmarkt zunächst unberührt. Durch den zusätzlichen Export erhöht sich allerdings das Einkommen. Infolgedessen steigt die Geldnachfrage, kurzfristig der Inlandszins und ausländisches Portfoliokapital fließt vermehrt ins Inland. Die Inlandswährung wertet auf, so dass die zusätzlichen autonomen Exporte wieder verdrängt werden. Das Gleichgewicht nach Schock entspricht insofern dem Gleichgewicht vor Schock. Insbesondere Nettoexport und Nettokapitalzufluss verbleiben auf ihren ursprünglichen Niveaus, $dH = dV = 0$.

Abbildung 5.5 illustriert den Investitionsschock im Y-e-Diagramm. Vor Schock befindet sich die kleine offene Wirtschaft in Punkt 1. Gütermarkt, Geldmarkt, Devisenmarkt und Handelsbilanz befinden sich im Gleichgewicht. Die Zunahme der autonomen Exporte verschiebt die IS_0-Kurve nach rechts (IS_1) und die NX_0-Kurve abwärts nach NX_1. Das neue gesamtwirtschaftliche Gleichgewicht wird durch den Punkt 2 wiedergegeben. Das Einkommen hat sich nicht verändert, lediglich die Inlandswährung hat eine Aufwertung erfahren. Das neue gesamtwirtschaftliche Gleichgewicht liegt auf der NX_1-Kurve. Die Handelsbilanz bleibt auch nach dem Direktinvestitionsschock ausgeglichen.

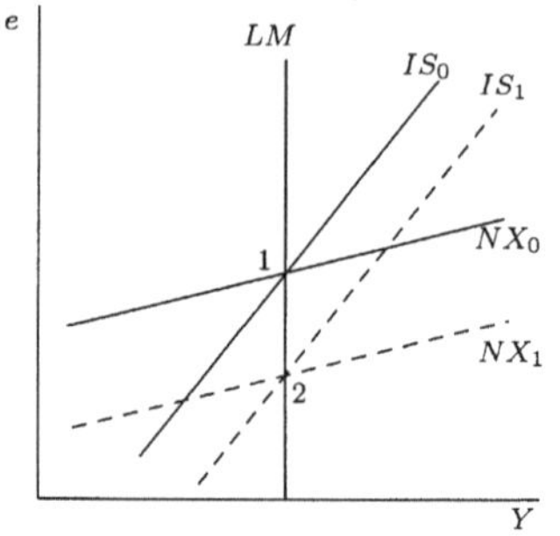

Abbildung 5.5. Anstieg der Greenfield Investments bei Kreditaufnahme im Investorland, Kapitalgüterkauf im Investorland

Kapitalgüterkauf im Empfängerland Angenommen inländische Unternehmen tätigen vermehrt Greenfield Investments im Ausland und erwerben die hierfür benötigten Kapitalgüter im Empfängerland. Die Zunahme dieser Direktinvestitionen $d\bar{J}$ geht zunächst mit einer Zunahme des exogenen Kapitalabflusses in gleicher Höhe einher, $d\bar{F} = -d\bar{J}$. Da die Kapitalgüter im Ausland erworben werden und ebenso für das Ausland bestimmt sind, wird der inländische Gütermarkt im Unterschied zum vorherigen Fall nicht tangiert. Bildet man das totale Differential des Gleichungssystems (5.1) bis (5.3) und berücksichtigt $d\bar{F} = -d\bar{J}$, so folgt

$$dY = cdY + hde - qdY \tag{5.23}$$

$$0 = kdY \tag{5.24}$$

$$hde - qdY - d\bar{J} + dF = 0 \tag{5.25}$$

Aus Gleichung(5.24) kann sofort

$$dY = 0$$

und damit aus (5.23)

$$de = 0$$

geschlossen werden. Einkommen und Wechselkurs ändern sich nicht. Ebenso hat sich der Nettoexport $dH = hde - qdY = 0$ nicht verändert. Damit folgt für den endogenen Kapitalzufluss F aus Gleichung (5.25)

$$dF = d\bar{J}.$$

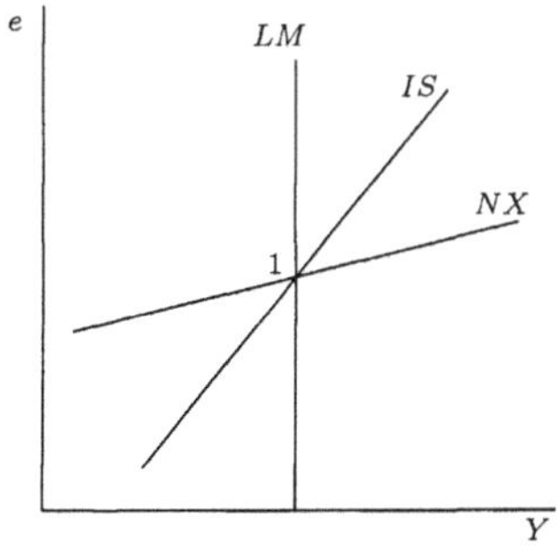

Abbildung 5.6. Anstieg der Greenfield Investments bei Kreditaufnahme im Investorland, Kapitalgüterkauf im Empfängerland

Es kommt somit zu einem zusätzlichen endogenen Kapitalzufluss in Höhe der Direktinvestition. Der Nettokapitalzufluss verbleibt daher auf seinem ursprünglichen Niveau, das heißt $dV = d\bar{F} + dF = 0$.

Der Anpassungsprozess vollzieht sich auf folgende Weise: Die erhöhte Direktinvestitionsaktivität zeigt sich zunächst in einer Zunahme des exogenen Kapitalabflusses. Hierdurch kommt es zu einer vorläufigen Abwertung der Inlandswährung, die eine Zunahme der Exporte und folglich des Einkommens nach sich zieht. Bedingt durch das höhere Einkommen steigt die Geldnachfrage und treibt den Inlandszins kurzzeitig über das ausländische Zinsniveau. Der endogene Kapitalzufluss nimmt zu, so dass Wechselkurs, Nettoexport und Einkommen ihre Ausgangsniveaus wieder erreichen. Die Wirkung des Schocks gleicht der des Anstiegs der Mergers and Acquisitions aus Sicht des Investorlandes (vgl. Abschnitt 4.1).

Abbildung 5.6 illustriert den Investitionsschock im Y-e-Diagramm. Vor Schock befindet sich die kleine offene Wirtschaft in Punkt 1. Gütermarkt, Geldmarkt, Devisenmarkt und Handelsbilanz befinden sich im Gleichgewicht. Durch den Direktinvestitionschock wird weder die IS- noch die NX-Kurve verschoben. Das gesamtwirtschaftliche Gleichgewicht nach Schock wird weiterhin durch Punkt 1 wiedergegeben. Das Einkommen und der Wechselkurs bleiben unverändert. Die Handelsbilanz bleibt auch nach dem Direktinvestitionsschock ausgeglichen.

5.1.2.2 Kreditaufnahme im Empfängerland

Kapitalgüterkauf im Investorland Es soll nun die Wirkung von Direktinvestitionen auf das Investorland untersucht werden, in dem die Direktinvestoren das für die Direktinvestitionen benötigte Kapital auf dem Kapitalmarkt des Empfängerlandes beziehen. Darüber hinaus erwerben sie die Kapitalgüter auf dem inländischen Gütermarkt. Das Grundmodell wird durch die Gleichungen (5.1) bis (5.3) wiedergegeben.

Die Wirtschaft befinde sich zu Beginn im gesamtwirtschaftlichen Gleichgewicht. Insbesondere die Handelsbilanz ist ausgeglichen. Die permanente Zunahme der Direktinvestitionen im Ausland führt zunächst zu keiner Veränderung des exogenen Kapitalabflusses, da die Investoren Kredite auf dem Kapitalmarkt des Empfängerlandes nehmen. Es gilt somit $d\bar{F} = 0$. Der Kauf der Kapitalgüter auf dem inländischen Gütermarkt erhöht jedoch die autonome Exportnachfrage $d\bar{X} = d\bar{J}$. Für das totale Differential des Gleichungssystems (5.1) bis (5.3) erhält man somit

$$dY = cdY + d\bar{J} + hde - qdY \tag{5.26}$$

$$0 = kdY \tag{5.27}$$

$$d\bar{J} + hde - qdY + dF = 0 \tag{5.28}$$

Aus Gleichung (5.27) lässt sich ablesen, dass sich das Einkommen infolge des Schocks nicht verändert

$$dY = 0.$$

Nutzt man dieses Ergebnis in (5.26), folgt ferner, dass die Inlandswährung infolge des Schocks aufwertet:

$$de = -\frac{1}{h}d\bar{J}.$$

Aus beiden Ergebnissen kann geschlossen werden, dass der Nettoexport H sich um $dH = d\bar{X} + hde - qdY = 0$ verändert. Ebenso zeigt (5.28), dass sich für den endogenen Kapitalzufluss keine Veränderung ergibt:

$$dF = 0.$$

Was kann zur Anpassung an das neue Gleichgewicht gesagt werden? Die Direktinvestitionen sind nicht mit einem exogenen Kapitalabfluss verbunden, da die Kredite im ausländischen Empfängerland aufgenommen werden. Die Kapitalgüternachfrage für die Direktinvestitionen tritt auf dem inländischen Gütermarkt auf. Zu diesem Zweck müssen die im Ausland aufgenommenen Kredite der Direktinvestoren in Inlandswährung getauscht werden. Die Inlandswährung wertet daher auf und verdrängt die wechselkursabhängigen Exporte. Die Nachfrage nach inländischen Gütern und damit das Einkommen verbleiben ebenso wie der endogene Kapitalzufluss auf ih-

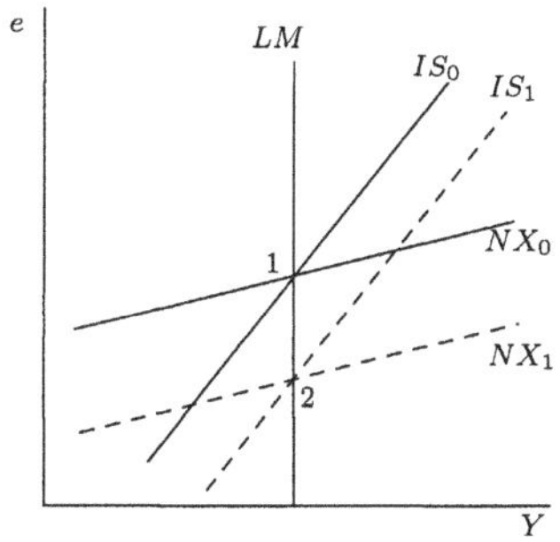

Abbildung 5.7. Anstieg der Greenfield Investments bei Kreditaufnahme im Empfängerland, Kapitalgüterkauf im Investorland

rem ursprünglichen Niveau. Auch der Nettokapitalzufluss erfährt keine Veränderung, $dV = 0$.

Abbildung 5.7 illustriert den Direktinvestitionsschock im Y-e-Diagramm. Vor Schock befindet sich die Wirtschaft in Punkt 1. Sowohl Gütermarkt, Geldmarkt, Devisenmarkt als auch Handelsbilanz befinden sich im Gleichgewicht. Die Zunahme der autonomen Exporte verschiebt die IS_0-Kurve nach rechts (IS_1) und die NX_0-Kurve abwärts nach NX_1. Das neue gesamtwirtschaftliche Gleichgewicht wird durch den Punkt 2 wiedergegeben. Das Einkommen bleibt unverändert, lediglich die Inlandswährung hat eine Aufwertung erfahren. Das neue gesamtwirtschaftliche Gleichgewicht liegt auf der NX_1-Kurve. Die Handelsbilanz bleibt somit ausgeglichen.

Kapitalgüterkauf im Empfängerland Es soll schließlich die Wirkung der Direktinvestitionen auf ein Investorland analysiert werden, bei dem die Investoren das für die Direktinvestitionen benötigte Kapital auf dem Kapitalmarkt des ausländischen Empfängerlandes und die Kapitalgüter ebenfalls auf dem Gütermarkt des Empfängerlandes beziehen. Der zusätzliche exogene Kapitalabfluss beträgt $d\bar{F} = 0$, da seitens der Investoren Kredite im Empfängerland aufgenommen werden. Und die Zunahme der Exportnachfrage beträgt ebenfalls $d\bar{X} = 0$, da die benötigten Kapitalgüter auf dem ausländischen Gütermarkt erworben werden. Insofern wird die kleine offene Wirtschaft von keinem Schock getroffen, und es kommt es zu keiner Veränderung des Einkommens, des Wechselkurses und des endogenen Kapitalzuflusses. Für die Veränderung des Nettokapitalzuflusses folgt dementsprechend $dV = 0$.

Abbildung 5.8 illustriert den Investitionsschock im Y-e-Diagramm. Vor Schock befindet sich die kleine offene Wirtschaft in Punkt 1. Gütermarkt, Geldmarkt, De-

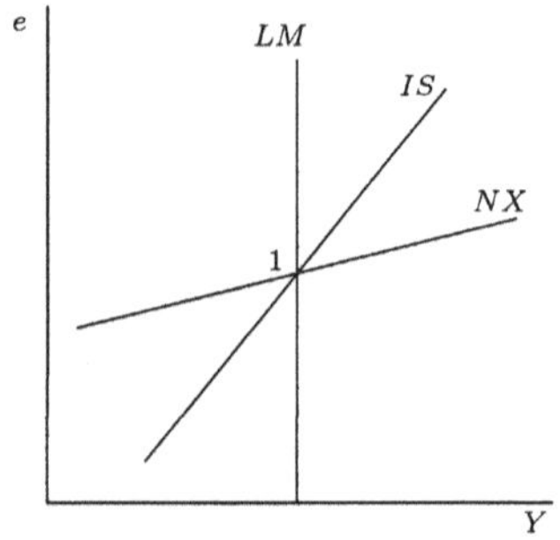

Abbildung 5.8. Anstieg der Greenfield Investments bei Kreditaufnahme im Empfängerland, Kapitalgüterkauf im Empfängerland

visenmarkt und Handelsbilanz befinden sich im Gleichgewicht. Der Direktinvestitionschock verändert weder die Lage der IS- noch die Lage der NX-Kurve. Das gesamtwirtschaftliche Gleichgewicht nach Schock wird weiterhin durch Punkt 1 wiedergegeben. Einkommen und Wechselkurs bleiben unverändert. Die Handelsbilanz bleibt ausgeglichen.

5.1.2.3 Zusammenfassung

1. Bei Finanzierung der Direktinvestitionen über eine Kreditaufnahme im Investorland und Erwerb der Kapitalgüter im Investorland bewirkt der Anstieg der Direktinvestitionen einen Anstieg des exogenen Kapitalabflusses und der exogenen Exporte. Das Einkommen nimmt vorübergehend zu. Der endogene Kapitalzufluss steigt an, die Inlandswährung wertet auf. Export und Einkommen kehren auf ihre Ausgangsniveaus zurück. Der Nettokapitalzufluss bleibt konstant.

   Bei Finanzierung der Direktinvestitionen über eine Kreditaufnahme im Investorland und Kauf der Kapitalgüter im Empfängerland führt der Anstieg der Direktinvestitionen zu einem Anstieg des exogenen Kapitalabflusses. Die Inlandswährung wertet ab, so dass Exporte und Einkommen steigen. Dieses bewirkt sofort einen Anstieg des endogenen Kapitalzuflusses. Wechselkurs, Exporte, Einkommen und Nettokapitalzufluss bleiben schließlich auf ihren Ausgangsniveaus.

2. Bei Finanzierung der Direktinvestitionen über eine Kreditaufnahme im Empfängerland und Kauf der Kapitalgüter im Investorland führt der Anstieg der

Tabelle 5.2. Greenfield Investments: Wirkung im Investorland

	Kredit im Investorland $d\bar{F} = -d\bar{J}$		Kredit im Empfängerland $d\bar{F} = 0$	
	Kauf der Kapitalgüter im		Kauf der Kapitalgüter im	
	Investorland	Empfängerland	Investorland	Empfängerland
dY	0	0	0	0
de	$-\frac{1}{h}d\bar{J}$	0	$-\frac{1}{h}d\bar{J}$	0
dF	$d\bar{J}$	$d\bar{J}$	0	0
dV	0	0	0	0

Direktinvestitionen zu einem Anstieg der exogenen Exporte. Die Inlandswährung wertet auf und senkt die Exporte auf ihr Ausgangsniveau. Das Einkommen bleibt unverändert. Auch der endogene Kapitalzufluss und der Nettokapitalzufluss ändern sich nicht.

Bei Finanzierung der Direktinvestitionen mittels einer Kreditaufnahme im Empfängerland und Erwerb der Kapitalgüter im Empfängerland wird die Wirtschaft hingegen von keinem Schock getroffen. Es kommt insofern zu keiner Veränderung des Wechselkurses, des Einkommens und der Kapitalflüsse.

3. Für beide Arten der Finanzierung wirkt der Anstieg der Direktinvestitionen bei Kauf der Kapitalgüter im Investorland im Ergebnis identisch auf Einkommen, Wechselkurs und Nettokapitalzufluss. Unterschiede ergeben sich aber hinsichtlich des Anpassungsprozesses.

4. Für beide Arten der Finanzierung wirkt der Anstieg der Direktinvestitionen bei Kauf der Kapitalgüter im Empfängerland im Ergebnis identisch auf Einkommen, Wechselkurs und Nettokapitalzufluss. Unterschiede ergeben sich allerdings auch hier hinsichtlich des Anpassungsprozesses.

Tabelle 5.2 fasst die Ergebnisse dieses Abschnitts zusammen.

5.2 Flexibler Wechselkurs, keine Kapitalmobilität

Es sollen nun die Primäreffekte einer Zunahme der Greenfield Investments in einer Wirtschaft mit flexiblem Wechselkurs und keinerlei Zugang zu den internationalen Kapitalmärkten betrachtet werden. Wie bereits bei den Mergers and Acquisitions beschrieben, zeichnet mangelnde Kapitalmobilität Entwicklungs- und Schwellenländer aus, die in äußerst geringem Umfang herausgehende Direktinvestitionen zu verzeichnen haben. Die nachfolgende Analyse bezieht sich daher ausschließlich auf die Folgen zunehmender Greenfield Investments im Empfängerland. Analog zum vorigen Abschnitt wird auch hier hinsichtlich der Finanzierungsart unterschieden.

5.2.1 Kreditaufnahme im Investorland

Kapitalgüterkauf im Empfängerland Das Inland ist eine kleine offene Wirtschaft mit flexiblem Wechselkurs und ohne Kapitalmobilität. Für die Untersuchung dient das in Abschnitt 3.2.2 dargestellte Modell der kleinen offenen Wirtschaft als Ausgangspunkt:

$$Y = \bar{C} + cY + \bar{I} - bi + \bar{X} + he - \bar{Q} - qY \tag{5.29}$$

$$M = kY - ji \tag{5.30}$$

$$\bar{X} + he - \bar{Q} - qY + \bar{F} = 0 \tag{5.31}$$

Gleichung (5.29) beschreibt den inländischen Gütermarkt, Gleichung (5.30) beschreibt den inländischen Geldmarkt und Gleichung (5.31) beschreibt den Devisenmarkt. Die endogenen Variablen sind Y, i und e. Zu Beginn sind der Gütermarkt, der Geldmarkt und der Devisenmarkt ausgeglichen. Auch die Handelsbilanz befindet sich im Gleichgewicht. Ein Anstieg der Direktinvestitionen $d\bar{J}$ führt zu einem Anstieg des exogenen Kapitalzuflusses $d\bar{F}$, so dass $d\bar{F} = d\bar{J}$ gilt. Darüber hinaus steigen die autonomen Investitionen der Inländer, $d\bar{I} = d\bar{J}$. Bildet man das totale Differential des Gleichungssystems (5.29)-(5.31) und berücksichtigt $d\bar{F} = d\bar{J}$ sowie $d\bar{I} = d\bar{J}$, erhält man

$$dY = cdY + d\bar{J} - bdi + hde - qdY \tag{5.32}$$

$$0 = kdY - jdi \tag{5.33}$$

$$hde - qdY + d\bar{J} = 0 \tag{5.34}$$

Unter Verwendung der Gleichungen (5.33) und (5.34) erhält man in Verbindung mit Gleichung (5.32) für das inländische Einkommen

$$dY = 0.$$

Der Anstieg der Direktinvestitionen verändert das inländische Einkommen somit nicht. Daraus folgt in Gleichung (5.33), dass auch der Inlandszins unverändert bleibt.

$$di = 0.$$

Ferner folgt aus $dY = 0$ und (5.34) für den Wechselkurs

$$de = -\frac{1}{h} d\bar{J}.$$

Die Inlandswährung erfährt somit eine Aufwertung, was den Rückgang der Exporte zur Folge hat. Da das Einkommen und damit die Importe konstant bleiben, geht der Nettoexport zurück, $dH = hde - qdY = -d\bar{J}$. Der Nettokapitalzufluss steigt korrespondierend um $dV = d\bar{F} = d\bar{J}$.

Wie lautet die Kausalkette? Der mit der Zunahme der Greenfield Investments verbundene Anstieg des exogenen Kapitalzuflusses muss auf dem Devisenmarkt in Inlandswährung getauscht werden, bevor auf dem inländischen Gütermarkt vermehrt Kapitalgüter nachgefragt werden können. Die daraus resultierende höhere Nachfrage nach Inlandswährung bewirkt eine Aufwertung der Inlandswährung. Daher gehen die Exporte zurück. Dem Anstieg der autonomen Investitionen steht letztlich ein ebenso großer Rückgang der Exporte entgegen, und das inländische Einkommen verbleibt im neuen Gleichgewicht auf seinem Ausgangsniveau. Die Geldnachfrage und darauf fußend der Inlandszins bleiben konstant. Ferner sinkt der Nettoexport. Insgesamt gleicht die Wirkung des Schocks der einer Kombination eines gewöhnlichen Investitionsschocks bei Kapitalgüterkauf im Inland (siehe Abschnitt 3.2.2) und eines Anstiegs hereinkommender Mergers and Acquisitions (siehe Abschnitt 4.2).

Abbildung 5.9 zeigt den Anpassungsprozess im Y-e-Diagramm. Vor Schock befindet sich die kleine offene Wirtschaft in Punkt 1. Gütermarkt, Geldmarkt, Devisenmarkt und die Handelsbilanz befinden sich im Gleichgewicht. Der Anstieg der Direktinvestitionen erhöht die autonomen Investitionen. Die IS_0-Kurve verschiebt sich nach rechts (IS_1). Die aus dem Anstieg des exogenen Kapitalzuflusses resultierende Aufwertung der Inlandswährung sorgt für einen Rückgang der Exporte. Das neue Gleichgewicht ist in Punkt 2. Gütermarkt, Geldmarkt und Devisenmarkt sind ausgeglichen. Das neue Gleichgewicht liegt unterhalb der NX-Kurve. Es herrscht somit ein Handelsbilanzdefizit.

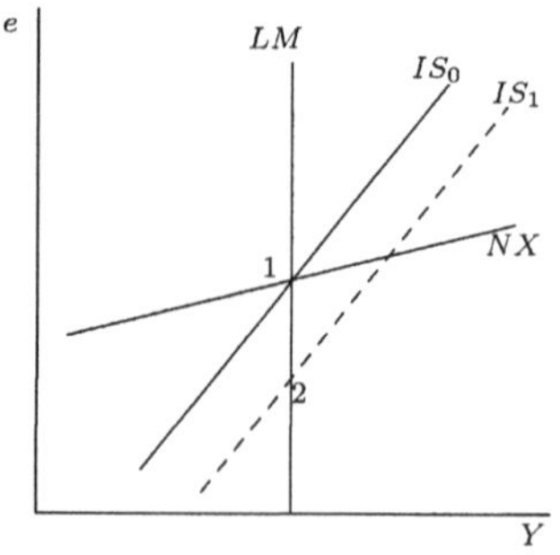

Abbildung 5.9. Anstieg der Greenfield Investments bei Kreditaufnahme im Investorland, Kapitalgüterkauf im Empfängerland

Kapitalgüterkauf im Investorland Welche Wirkung hat eine permanente Erhöhung hereinkommender Direktinvestitionen, wenn die Kapitalgüter im Investorland erworben werden? Grundlage der Analyse ist das durch die Gleichungen (5.29) bis (5.31) beschriebene Modell. Der Anstieg der Direktinvestitionen geht mit einem Anstieg des exogenen Kapitalzuflusses in gleicher Höhe einher, $d\bar{F} = d\bar{J}$. Darüber hinaus erhöhen sich ebenso die autonomen Investitionen um $d\bar{I} = d\bar{J}$. Da die Kapitalgüter jedoch im Ausland erworben werden, steigen gleichsam die autonomen Importe um $d\bar{Q} = d\bar{J}$. Bildet man das totale Differential für das Gleichungssystem (5.29) bis (5.31) und berücksichtigt $d\bar{F} = d\bar{J}$, $d\bar{I} = d\bar{J}$ und $d\bar{Q} = d\bar{J}$, so erhält man

$$dY = cdY + d\bar{J} - bdi + hde - d\bar{J} - qdY \tag{5.35}$$

$$0 = kdY - jdi \tag{5.36}$$

$$hde - d\bar{J} - qdY + d\bar{J} = 0 \tag{5.37}$$

Setzt man die Gleichungen (5.36) und (5.37) in (5.35) ein, folgt

$$dY = 0.$$

Das Einkommen bleibt auch nach Anstieg der Direktinvestitionen konstant. Die Geld- und Devisenmarktgleichungen liefern somit

$$di = 0$$

und

$$de = 0.$$

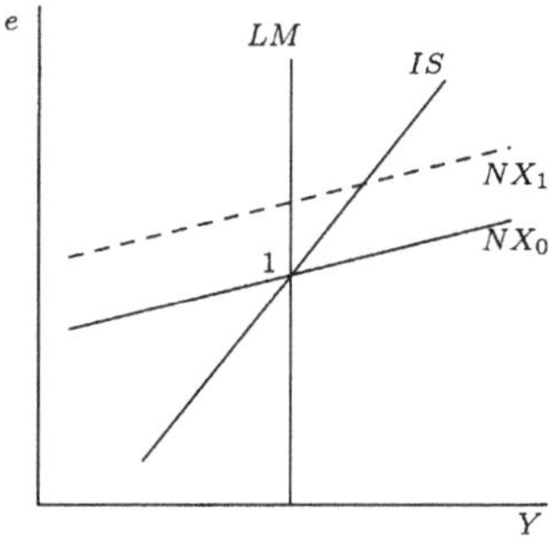

Abbildung 5.10. Anstieg der Greenfield Investments bei Kreditaufnahme im Investorland, Kapitalgüterkauf im Investorland

Das heißt, sowohl der Inlandszins als auch der Wechselkurs verändert sich nicht. Allerdings beträgt der Nettoexport $dH = -d\bar{J}$, da die autonomen Importe um genau diesen Betrag angestiegen sind. Für den Nettokapitalzufluss folgt zwingend $dV = d\bar{F} = d\bar{J}$.

Der Anpassungsprozess lässt sich in folgender Weise beschreiben. Zunächst ist der Anstieg der Direktinvestitionen mit einem Anstieg des exogenen Kapitalzuflusses verbunden. Da die Kapitalgüter jedoch im Ausland erworben werden, steht dem höheren exogenen Kapitalzufluss eine ebenso hohe Zunahme des autonomen Imports gegenüber. Infolgedessen besteht kein Anlass für den Wechselkurs, sich anzupassen. Ferner führt der Anstieg der Direktinvestitionen zu einem Anstieg der autonomen Investitionen. Allerdings werden diese nicht auf dem heimischen Gütermarkt nachfragewirksam. Die inländische Produktion und das Einkommen bleibt damit unverändert. Somit sind auch Geldnachfrage und Inlandszins konstant. Auch hier entspricht die Wirkung des Schocks der Wirkung einer Kombination eines gewöhnlichen Investitionsschocks bei Kapitalgüterkauf im Ausland (siehe Abschnitt 3.2.2) und eines Anstiegs hereinkommender Mergers and Acquisitions (siehe Abschnitt 4.2).

Abbildung 5.10 zeigt den Anpassungsprozess im Y-e-Diagramm. Vor dem Anstieg der Direktinvestitionen befindet sich die kleine offene Wirtschaft in Punkt 1. Gütermarkt, Geldmarkt, Devisenmarkt und die Handelsbilanz sind ausgeglichen. Durch den Anstieg der Direktinvestitionen steigen die autonomen Importe. Die NX_0-Kurve bewegt sich aufwärts (NX_1). Da die Kapitalgüter im Ausland nachgefragt werden, ist der inländische Gütermarkt nicht betroffen. Die IS-Kurve verschiebt sich nicht. Das neue Gleichgewicht wird weiterhin durch Punkt 1 markiert. Dieser liegt nun unterhalb der NX_1-Kurve. Gütermarkt, Geldmarkt und Devisenmarkt sind ausgeglichen. Die Handelsbilanz ist allerdings passiv.

5.2.2 Kreditaufnahme im Empfängerland

Kapitalgüterkauf im Empfängerland Die Wirtschaft befinde sich im gesamtwirtschaftlichen Gleichgewicht. Ebenso sei die Handelsbilanz ausgeglichen. Es soll nun die Wirkung der Greenfield Investments betrachtet werden, wenn die Investoren das für den Anstieg der Direktinvestitionen erforderliche Kapital auf dem Kapitalmarkt des Empfängerlandes aufnehmen. Der zusätzliche exogene Kapitalzufluss beträgt in diesem Fall $d\bar{F} = 0$. Da die Kapitalgüter auf dem inländischen Gütermarkt erworben werden, steigen die autonomen Investitionen um $d\bar{I} = d\bar{J}$. Die endogenen Variablen des Gleichungssystems (5.29) bis (5.31) sind Y, e und i. Das totale Differential wird durch

$$dY = cdY + d\bar{J} - bdi + hde - qdY \tag{5.38}$$

$$0 = kdY - jdi \tag{5.39}$$

$$hde - qdY = 0 \tag{5.40}$$

wiedergegeben. Unter Verwendung der Gleichungen (5.39) und (5.40) erhält man in Gleichung (5.38):

$$dY = \frac{j}{j(1-c) + bk} d\bar{J}.$$

Ein Anstieg der Direktinvestitionen erhöht somit das Einkommen. Hiermit ergibt sich aus Gleichung (5.39) für den Inlandszins

$$di = \frac{k}{j(1-c) + bk} d\bar{J}.$$

Das heißt, der Inlandszins nimmt bei einem Anstieg der Direktinvestitionen zu. Schließlich ergibt sich für die Änderung des Wechselkurses aus (5.40):

$$de = \frac{qj}{h(j(1-c) + bk)} d\bar{J}.$$

Steigen die Direktinvestitionen, so wertet die Inlandswährung ab. Da der exogene Kapitalzufluss konstant bleibt, entspricht der aus der Abwertung resultierende Anstieg der Exporte dem Anstieg der Importe. Der Nettoexport und damit der Nettokapitalzufluss verändern sich nicht, $dH = dV = 0$.

Wie verläuft die Anpassung? Der Anstieg der Direktinvestitionen erhöht die autonomen Investitionen und damit Produktion und Einkommen. Auf dem Geldmarkt

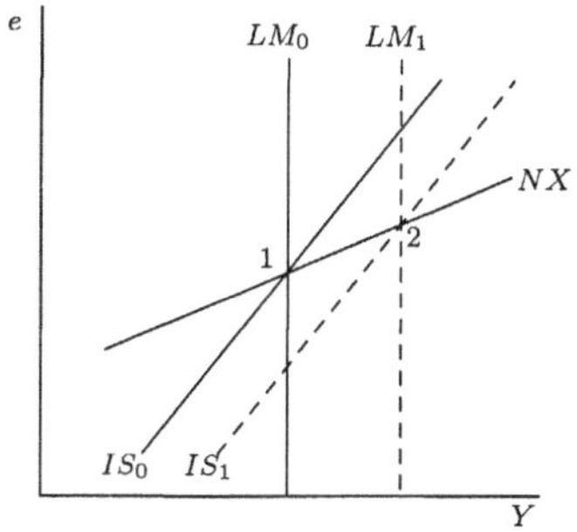

Abbildung 5.11. Anstieg der Greenfield Investments bei Kreditaufnahme im Empfängerland, Kapitalgüterkauf im Empfängerland

führt dieses zu einer höheren Geldnachfrage. Als Konsequenz steigt der Inlandszins, so dass die endogenen Investitionen zurückgehen. Allerdings kann dieses nicht den Anstieg der autonomen Investitionen aufgrund der Direktinvestitionen kompensieren. Der Anstieg des Einkommens lässt nun die Importe ansteigen. Auf dem Devisenmarkt kommt es zu einer Übernachfrage nach Devisen. Die Inlandswährung wertet daraufhin ab, was wiederum einen Anstieg der Exporte bewirkt. Nettoexport und Nettokapitalzufluss bleiben schließlich unverändert. Die Wirkung des Schocks gleicht dem gewöhnlichen Investitionschock in Abschnitt 3.2.2.

Abbildung 5.11 zeigt den Anpassungsprozess. Vor Schock befindet sich die Wirtschaft in Punkt 1. Gütermarkt, Geldmarkt, Devisenmarkt und die Handelsbilanz befinden sich im Gleichgewicht. Der Anstieg der Direktinvestitionen erhöht die autonomen Investitionen. Die IS_0-Kurve driftet nach rechts (IS_1). Mit dem Einkommen steigen die Importe. Die Inlandswährung wertet ab und sorgt für zusätzliche Exporte. Auf dem Geldmarkt erhöht sich die Geldnachfrage und bewirkt eine Zunahme des Inlandszinses. Die LM_0-Kurve driftet nach rechts (LM_1). Das neue Gleichgewicht wird in Punkt 2 erreicht. Exporte und Importe halten sich die Waage. Gütermarkt, Geldmarkt, Devisenmarkt und die Handelsbilanz sind ausgeglichen.

Kapitalgüterkauf im Investorland Wie wirkt der Anstieg der Direktinvestitionen $d\bar{J}$, wenn das hierfür benötigte Kapital im Empfängerland aufgenommen wird und die Kapitalgüter im Investorland nachgefragt werden? Der exogene Kapitalzufluss beträgt $d\bar{F} = 0$. Die autonome Investitionsnachfrage steigt in Höhe des Direktinvestitionsanstiegs $d\bar{I} = d\bar{J}$. Allerdings werden die Kapitalgüter auf dem ausländischen Gütermarkt erworben, so dass gleichzeitig die autonomen Importe um den gleichen Betrag zunehmen. Es gilt somit $d\bar{Q} = d\bar{J}$. Die endogenen Variablen des

Gleichungssystems (5.29) bis (5.31) sind Y, e und i. Das totale Differential lautet dann:

$$Y = cdY + d\bar{J} - bdi + hde - d\bar{J} - qdY \tag{5.41}$$

$$0 = kdY - jdi \tag{5.42}$$

$$hde - d\bar{J} - qdY = 0 \tag{5.43}$$

Gleichung (5.42), (5.43) und (5.41) ergeben

$$dY = \frac{j}{j(1-c)+bk}d\bar{J}.$$

Steigen die Direktinvestitionen, dann steigt auch das Einkommen. Damit folgt aus (5.42)

$$di = \frac{k}{j(1-c)+bk}d\bar{J}.$$

Der Inlandszins reagiert auf den Direktinvestitionsschock mit einem Anstieg. Auf dem Devisenmarkt stellt sich der Wechselkurs so ein, dass das Gleichgewicht erhalten bleibt. Aus (5.43) folgt

$$de = \frac{j(1-c+q)+bk}{h(j(1-c)+bk)}d\bar{J}.$$

Der Wechselkurs nimmt bei einem Anstieg der Direktinvestitionen zu, die Inlandswährung wertet ab. Der Nettoexport der Wirtschaft wird durch den Schock nicht verändert, $dH = 0$.

Der Anpassungsprozess spielt sich wie folgt ab: Mit dem Anstieg der Direktinvestitionen steigen die autonomen Importe. Auf dem Devisenmarkt entsteht daher eine Übernachfrage nach Devisen. Die Inlandswährung wertet ab. Dieses verursacht den Anstieg der Exporte. Produktion und Einkommen nehmen zu. Auch die einkommensabhängigen Importe steigen nun, was über den Wechselkurs wiederum die Exporte erhöht. Gleichzeitig erhöht sich mit dem Einkommen die Geldnachfrage, so dass der Inlandszins ebenfalls ansteigt und die zinsabhängigen Investitionen zurückgehen. Im neuen Gleichgewicht entsprechen Importe und Exporte einander, der Nettoexport bleibt unverändert. Insgesamt entspricht die Wirkung des Direktinvestitionsschocks der eines gewöhnlichen Investitionsschocks bei Kauf der Kapitalgüter im Ausland (vgl. Abschnitt 3.2.2).

Abbildung 5.12 zeigt den Anpassungsprozess. Vor Schock befindet sich die kleine offene Wirtschaft in Punkt 1. Gütermarkt, Geldmarkt, Devisenmarkt und die Handelsbilanz befinden sich im Gleichgewicht. Mit dem Anstieg der Direktinvestitionen

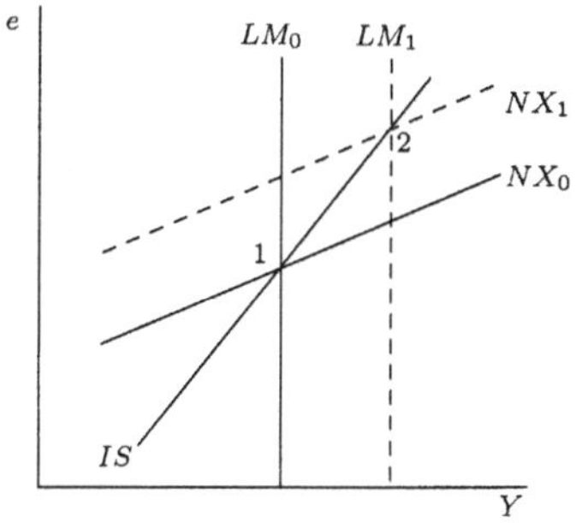

Abbildung 5.12. Anstieg der Greenfield Investments bei Kreditaufnahme im Empfängerland, Kapitalgüterkauf im Investorland

steigen die autonomen Importe. Die NX_0-Kurve wird aufwärts verschoben (NX_1). Da die Kapitalgüter auf dem ausländischen Gütermarkt nachgefragt werden, wird die IS-Kurve nicht verschoben. Auf dem Devisenmarkt steigt hingegen die Devisennachfrage. Die Inlandswährung wertet daher ab. Die Exporte nehmen zu. Auf dem Geldmarkt steigt die Geldnachfrage und drückt den Zins nach oben. Die LM_0-Kurve wandert nach rechts (LM_1). Das neue Gleichgewicht wird in Punkt 2 erreicht. Exporte und Importe entsprechen einander. Gütermarkt, Geldmarkt, Devisenmarkt und Handelsbilanz befinden sich im Gleichgewicht.

5.2.3 Zusammenfassung

1. Bei Kreditaufnahme im Investorland und Kauf der Kapitalgüter im Empfängerland führt ein Anstieg der Direktinvestitionen zu einem Anstieg des exogenen Kapitalzuflusses und der autonomen Investitionen. Ersteres führt zu einer Aufwertung der Inlandswährung. Die Exporte sinken. Einkommen und Inlandszins bleiben auf ihren Ausgangsniveaus.

   Bei Kreditaufnahme im Investorland und Kapitalgüterkauf im Investorland bewirkt ein Anstieg der Direktinvestitionen einen Anstieg des exogenen Kapitalzuflusses und der autonomen Importe. Wechselkurs, Einkommen und Inlandszins ändern sich nicht.

2. Bei Kreditaufnahme im Empfängerland und Kapitalgüterkauf im Empfängerland bewirkt der Anstieg der Direktinvestitionen einen Anstieg der autonomen Investitionen. Das Einkommen nimmt zu. Die Importe steigen, so dass die Inlandswährung abwertet. Auf dem Geldmarkt bewirkt der Anstieg der Geldnachfrage eine Zunahme des Inlandszinses.

Tabelle 5.3. Greenfield Investments: Wirkung im Empfängerland

	Kredit im Investorland $d\bar{F} = d\bar{J}$		Kredit im Empfängerland $d\bar{F} = 0$	
	Kauf der Kapitalgüter im		Kauf der Kapitalgüter im	
	Empfängerland	Investorland	Empfängerland	Investorland
dY	0	0	$\frac{j}{j(1-c)+bk}d\bar{J}$	$\frac{j}{j(1-c)+bk}d\bar{J}$
di	0	0	$\frac{k}{j(1-c)+bk}d\bar{J}$	$\frac{k}{j(1-c)+bk}d\bar{J}$
de	$-\frac{1}{h}d\bar{J}$	0	$\frac{jq}{h(j(1-c)+bk)}d\bar{J}$	$\frac{j(1-c+q)+bk}{h(j(1-c)+bk)}d\bar{J}$
dV	$d\bar{J}$	$d\bar{J}$	0	0

Bei Kreditaufnahme im Empfängerland und Kapitalgüterkauf im Investorland, führt der Anstieg der Direktinvestitionen zu einem Anstieg der autonomen Importe. Die Inlandswährung wertet ab, die Exporte steigen. Daher nimmt das Einkommen zu. Auf dem Geldmarkt steigt die Geldnachfrage und hebt den Inlandszins an.

Bei Kreditaufnahme im Empfängerland gleichen die Wirkungen eines Anstiegs der Direktinvestitionen denen der gewöhnlichen Investitionsschocks.

Tabelle 5.3 fasst die Ergebnisse zusammen.

5.3 Fester Wechselkurs, perfekte Kapitalmobilität

5.3.1 Wirkung im Empfängerland

5.3.1.1 Kreditaufnahme im Investorland

Kapitalgüterkauf im Empfängerland Es wird im Folgenden der Fall einer kleinen offenen Wirtschaft mit festem Wechselkurs und perfekter Kapitalmobilität betrachtet. Der Inlandszins entspricht stets dem Auslandszins, $i = i^*$. Dabei dient das in Abschnitt (3.3.1) dargestellte Modell als Grundlage der Analyse:

$$Y = \bar{C} + cY + \bar{I} + \bar{X} - \bar{Q} - qY \tag{5.44}$$

$$M = kY \tag{5.45}$$

$$\bar{X} - \bar{Q} - qY + \bar{F} + F = 0 \tag{5.46}$$

Bei einem festen Wechselkurs gibt die Zentralbank zur Fixierung des Wechselkurses die Kontrolle über die Geldmenge aus der Hand. Präziser: die Geldmenge ist nunmehr endogen. Die endogenen Variablen lauten daher Y, M und F. Vor Schock befindet sich die Wirtschaft im gesamtwirtschaftlichen Gleichgewicht. Auch die Handelsbilanz sei ausgeglichen. Ein permanenter Anstieg der Direktinvestitionen ist mit einem permanenten Anstieg des exogenen Kapitalzuflusses verbunden $d\bar{F} = d\bar{J}$. Gleichzeitig erhöhen sich die autonomen Investitionen der Inländer, es gilt $d\bar{I} = d\bar{J}$. Bildet man das totale Differential des Gleichungssystems (5.44) bis (5.46), so erhält man:

$$dY = cdY + d\bar{J} - qdY \tag{5.47}$$

$$dM = kdY \tag{5.48}$$

$$-qdY + d\bar{J} + dF = 0 \tag{5.49}$$

Aus Gleichung (5.47) folgt sofort

$$dY = \frac{1}{1-c+q} d\bar{J}$$

Das Einkommen steigt also bei steigenden Direktinvestitionen. Damit folgt aus (5.48) für die endogene Geldmenge

$$dM = \frac{k}{1-c+q} d\bar{J}.$$

Das heißt, eine Zunahme der Direktinvestitionen induziert eine Zunahme der Geldmenge.

Aus (5.49) ergibt sich für den endogenen Kapitalzufluss

$$dF = -\frac{1-c}{1-c+q} d\bar{J}.$$

Der Anstieg der Direktinvestitionen führt zu einer Senkung des endogenen Kapitalzuflusses. Für den Nettokapitalzufluss folgt dementsprechend eine Veränderung von $dV = d\bar{F} + dF = (q/(1-c+q))d\bar{J}$. Die Änderung des Nettoexports beläuft sich damit auf $dH = -(q/(1-c+q))d\bar{J}$.

Was kann zum Anpassungsprozess gesagt werden. Der Anstieg der Direktinvestitionen geht mit einem Anstieg des exogenen Kapitalzuflusses und der autonomen Investitionen einher. Der Anstieg des exogenen Kapitalzuflusses bewirkt zunächst einen Anstieg des Devisenangebots. Der Anstieg der autonomen Investitionen erhöht das Einkommen. Die Importe und die Devisennachfrage steigen daraufhin. Auf dem Devisenmarkt herrscht jedoch insgesamt ein Überangebot an Devisen. Die Zentral-

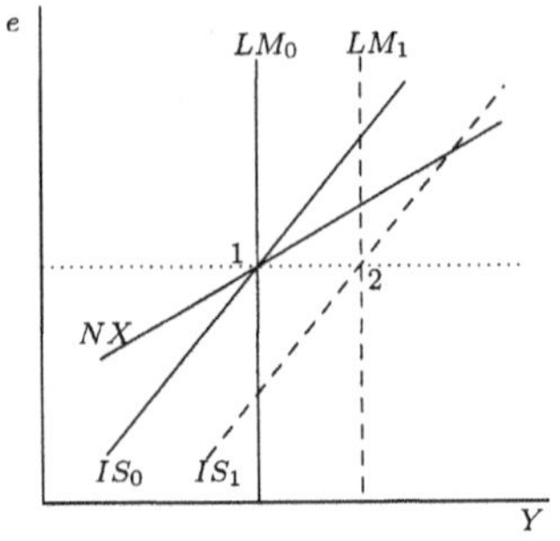

Abbildung 5.13. Anstieg der Greenfield Investments bei Kreditaufnahme im Investorland, Kapitalgüterkauf im Empfängerland

bank muss die Devisen aufkaufen und somit die Geldmenge ausweiten. Mit dem Anstieg des Einkommens steigt auch die Geldnachfrage, allerdings in geringerem Umfang als der Anstieg der Geldmenge. Daher sinkt der Inlandszins. Dieses führt aufgrund der perfekten Kapitalmobilität sofort zu einer Senkung des endogenen Kapitalzuflusses, so dass der Devisenmarkt ausgeglichen ist. Der Anstieg der Importe bewirkt zudem eine Verringerung des Nettoexports. Die Wirkung des dargestellten Schocks entspricht der Wirkung der Kombination eines gewöhnlichen Investitionsschocks bei Kapitalgüterkauf im Inland (siehe Abschnitt 3.3.1) mit einem Anstieg der hereinkommenden Mergers and Acquisitions (siehe Abschnitt 4.3).

Abbildung 5.13 illustriert den Schock im Y-e-Diagramm. Vor dem Direktinvestitionsschock befindet sich die Wirtschaft in Punkt 1. Gütermarkt, Geldmarkt, Devisenmarkt und Handelsbilanz sind ausgeglichen. Durch den Anstieg der Direktinvestitionen steigt die Kapitalgüternachfrage. Die IS_0-Kurve verschiebt sich nach rechts (IS_1). Insgesamt führt der Direktinvestitionsschock zu einer Ausweitung der Geldmenge. Die LM_0-Kurve bewegt sich ebenfalls nach rechts. Die NX-Kurve erfährt durch den Schock keine Veränderung. Das neue Gleichgewicht wird durch den Punkt 2 markiert. Gütermarkt, Geldmarkt und Devisenmarkt befinden sich im Gleichgewicht. Punkt 2 liegt jedoch unterhalb der NX-Kurve. Die Handelsbilanz ist daher passiv.

Kapitalgüterkauf im Investorland Ein anderes Bild des Direktinvestitionsschocks ergibt sich, wenn die Kapitalgüter im Investorland bezogen werden. In diesem Fall beträgt die Veränderung des exogenen Kapitalzuflusses $d\bar{F} = d\bar{J}$ und die Veränderung der autonomen Investitionen der Inländer $d\bar{I} = d\bar{J}$. Da die Kapitalgüter jedoch im Ausland erworben werden, erhöht dieses ebenso die autonomen

Importe $d\bar{Q} = d\bar{J}$. Damit ergibt sich für das totale Differential des Gleichungssystems (5.44) bis (5.46):

$$dY = cdY + d\bar{J} - d\bar{J} - qdY \tag{5.50}$$

$$dM = kdY \tag{5.51}$$

$$-d\bar{J} - qdY + d\bar{J} + dF = 0 \tag{5.52}$$

Gleichung (5.50) liefert die Anpassung des Einkommens an den Direktinvestitionsschock. Man erhält sofort:

$$dY = 0.$$

Das Einkommen verbleibt auf seinem alten Niveau. Damit folgt aus Gleichung (5.51), dass sich auch die Geldmenge nicht infolge des Schocks ändert

$$dM = 0.$$

Die Änderung des endogenen Kapitalzuflusses beläuft sich auf

$$dF = 0,$$

wie aus (5.52) geschlossen werden kann. Daraus folgt, dass die Veränderung des Nettokapitalzuflusses $dV = d\bar{J}$ beträgt. Es kommt zu einem Anstieg des Nettokapitalzuflusses in Höhe des Anstiegs der Direktinvestitionen. Folglich beträgt die Veränderung des Nettoexports im neuen Gleichgewicht $dH = -d\bar{J}$.

Welcher Anpassungsprozess spielt sich ab? Der Anstieg der Direktinvestitionen erhöht sowohl den exogenen Kapitalzufluss als auch die autonomen Importe der Inländer. Daher bleibt der Devisenmarkt im Gleichgewicht. Somit besteht für die Zentralbank kein Grund, auf dem Devisenmarkt zu intervenieren. Die endogene Geldmenge bleibt konstant. Da die Kapitalgüter im Investorland erworben werden, wird der Anstieg der autonomen Investitionen der Inländer nicht auf dem inländischen Gütermarkt nachfragewirksam. Somit verändern sich weder Produktion noch Einkommen. Stattdessen senkt der zusätzliche autonome Import den Nettoexport. Insgesamt wirkt der Schock wie eine Kombination aus einem gewöhnlichem Investitionsschock bei Kapitalgüterkauf im Ausland (siehe Abschnitt 3.3.1) und einem Anstieg der Mergers and Acquisitions (siehe Abschnitt 4.3).

Abbildung 5.14 zeigt den Schock im Y-e-Diagramm. Vor dem Direktinvestitionsschock befindet sich die Wirtschaft in Punkt 1. Gütermarkt, Geldmarkt, De-

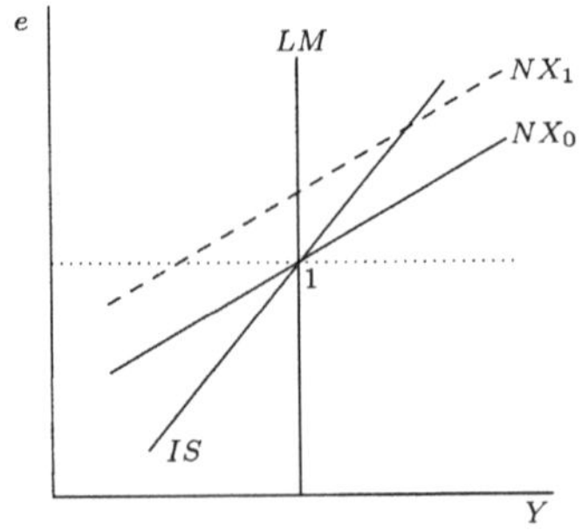

Abbildung 5.14. Anstieg der Greenfield Investments bei Kreditaufnahme im Investorland, Kapitalgüterkauf im Investorland

visenmarkt und Handelsbilanz sind ausgeglichen. Da der Anstieg der Kapitalgüternachfrage auf dem ausländischen Gütermarkt nachfragewirksam wird, verschiebt sich die IS-Kurve nicht. Auch der Devisenmarkt wird durch den Schock nicht aus dem Gleichgewicht gebracht. Es besteht kein Grund für die Zentralbank zu intervenieren. Daher bleibt auch die LM-Kurve an ihrem bisherigen Ort. Durch den Anstieg der autonomen Importe verschiebt sich hingegen die NX_0-Kurve nach oben (NX_1). Die Wirtschaft bleibt auch nach dem Schock in Punkt 1. Dieser liegt jedoch unterhalb der neuen NX_1-Kurve. Gütermarkt, Geldmarkt und Devisenmarkt sind ausgeglichen. Die Handelsbilanz ist nun passiv.

5.3.1.2 Kreditaufnahme im Empfängerland

Kapitalgüterkauf im Empfängerland Die Wirtschaft befinde sich im gesamtwirtschaftlichen Gleichgewicht. Die Handelsbilanz sei ausgeglichen. Es wird nun angenommen, dass die ausländischen Direktinvestoren das für den Anstieg der Direktinvestitionen $d\bar{J}$ benötigte Kapital auf dem Kapitalmarkt des Empfängerlandes, also des Inlandes, aufnehmen. Daraus folgt, dass der exogene Kapitalzufluss in diesem Fall $d\bar{F} = 0$ beträgt. Die für die Greenfield Investments erforderlichen Kapitalgüter werden auf dem inländischen Gütermarkt erworben, so dass $d\bar{I} = d\bar{J}$ gilt. Für das totale Differential des Gleichungssystems (5.44) bis (5.46) folgt damit:

$$dY = cdY + d\bar{J} - qdY \tag{5.53}$$

$$dM = kdY \tag{5.54}$$

$$-qdY + dF = 0 \tag{5.55}$$

Löst man Gleichung (5.53) nach dY auf, erhält man:

$$dY = \frac{1}{1-c+q} d\bar{J}.$$

Der Anstieg der Direktinvestitionen führt zu einem Anstieg des Einkommens. Daraus folgt aus (5.54) für die Änderung der Geldmenge:

$$dM = \frac{k}{1-c+q} d\bar{J}.$$

Das heißt, die endogene Geldmenge vergrößert sich. Schließlich folgt aus (5.55), dass auch der endogene Kapitalzufluss anwächst:

$$dF = \frac{q}{1-c+q} d\bar{J},$$

wobei der zusätzliche endogene Kapitalzufluss geringer als der Anstieg der Direktinvestitionen ausfällt. Da der exogene Kapitalzufluss unverändert bleibt und der endogene Kapitalzufluss um $dF = [q/(1-c+q)]d\bar{J}$ zunimmt, steigt auch der Nettokapitalzufluss um $dV = [q/(1-c+q)]d\bar{J}$. Somit nimmt der Nettoexport infolge der steigenden Importe zwingend ab, $dH = -[q/(1-c+q)]d\bar{J}$.

Nun zur Kausalkette: Der Anstieg der Greenfield Investments erhöht die Nachfrage nach inländischen Kapitalgütern. Produktion und Einkommen steigen und sorgen für einen Anstieg der Geldnachfrage. Dieser erhöht tendenziell den Inlandszins, so dass es sofort zu einem Anstieg des endogenen Kapitalzuflusses kommt. Das somit zusätzlich auftretende Devisenangebot muss von der Zentralbank zur Wahrung des Wechselkurses aufgekauft werden, was einen Anstieg der Geldmenge bewirkt. Das Einkommen steigt weiter und erhöht die Importe. Dadurch steigt auch die Devisennachfrage, so dass der Devisenmarkt im Gleichgewicht bleibt. Der Anstieg der Importe bewirkt ferner eine Verringerung des Nettoexports.

Insgesamt gleicht die Wirkung des Schocks der Wirkung eines gewöhnlichen Investitionsschocks bei Kapitalgüterkauf im Inland (siehe Abschnitt 3.3.1). Darüber hinaus soll betont werden, dass es, obwohl die ausländischen Investoren kein zusätzliches Kapital zur Finanzierung der Direktinvestitionen ins Inland bringen, zu einem makroökonomisch bedingten Anstieg des endogenen Kapitalzuflusses kommt.

Abbildung 5.15 zeigt die Anpassung an den Schock im Y-e-Diagramm. Vor Schock befindet sich die Wirtschaft in Punkt 1. Gütermarkt, Geldmarkt und Devisenmarkt sind ausgeglichen. Darüber hinaus ist ebenso die Handelsbilanz im Gleich-

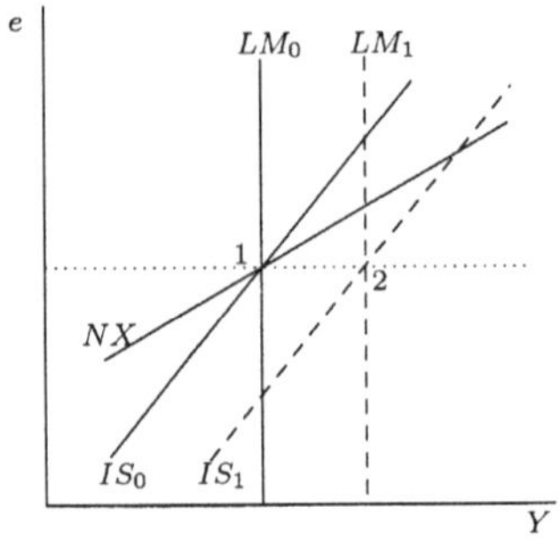

Abbildung 5.15. Anstieg der Greenfield Investments bei Kreditaufnahme im Empfängerland, Kapitalgüterkauf im Empfängerland

gewicht. Die Zunahme der Kapitalgüternachfrage auf dem inländischen Gütermarkt verschiebt die IS_0-Kurve nach rechts (IS_1). Der resultierende endogene Kapitalzufluss bewirkt im System fester Wechselkurse eine Ausweitung der Geldmenge. Daher verschiebt sich die LM_0-Kurve ebenfalls nach rechts (LM_1). Die NX-Kurve wird nicht verschoben. Das neue Gleichgewicht wird durch Punkt 2 wiedergegeben. Gütermarkt, Geldmarkt und Devisenmarkt sind ausgeglichen. Punkt 2 liegt unterhalb der NX-Kurve. Dieses impliziert ein Handelsbilanzdefizit.

Kapitalgüterkauf im Investorland Es wird nun der Fall untersucht, in dem die ausländischen Investoren die für die zusätzlichen Direktinvestitionen $d\bar{J}$ notwendigen Kredite auf dem Kapitalmarkt des Empfängerlandes aufnehmen und die Kapitalgüter im Investorland erwerben. Dementsprechend gilt für die Zunahme des exogenen Kapitalzuflusses $d\bar{F} = 0$, für die Erhöhung der Investitionen $d\bar{I} = d\bar{J}$ und für die Zunahme der autonomen Importe $d\bar{Q} = d\bar{J}$. Das totale Differential des Gleichungssystems (5.44) bis (5.46) lautet daher:

$$dY = cdY + d\bar{J} - d\bar{J} - qdY \tag{5.56}$$

$$dM = kdY \tag{5.57}$$

$$-d\bar{J} - qdY + dF = 0 \tag{5.58}$$

Wie aus Gleichung (5.56) ersichtlich, führt der Anstieg der Direktinvestitionen zu keiner Veränderung des Einkommens:

$$dY = 0.$$

Daraus folgt in Verbindung mit Gleichung (5.57) für die Änderung der endogenen Geldmenge

$$dM = 0.$$

Die Geldmenge verändert sich also nicht. Für den endogenen Kapitalzufluss erhält man aus (5.58) und $dY = 0$:

$$dF = d\bar{J}.$$

Somit kommt es infolge des Anstiegs der Direktinvestitionen zu einem zusätzlichen endogenen Kapitalzufluss in gleicher Höhe. Für den Nettokapitalzufluss ergibt sich $dV = dF = d\bar{J}$. Der Nettoexport beträgt folglich $dH = -d\bar{J}$. Auch hier gilt, dass es, obwohl sich der Anstieg der Direktinvestitionen ohne einen Anstieg des exogenen Kapitalzuflusses vollzieht, zu einem Anstieg des Nettokapitalzuflusses kommt.

Wie erfolgt die Anpassung? Da die Investoren zur Finanzierung der Direktinvestitionen Kredite im Inland aufnehmen, kommt es zu keinem exogenen Kapitalzufluss. Der Anstieg der Importe sorgt daher für einen Anstieg der Devisennachfrage. Die Zentralbank muss zur Fixierung des Wechselkurses Devisen verkaufen. Dadurch sinkt die Geldmenge, der Inlandszins steigt und bewirkt einen sofortigen Anstieg des endogenen Kapitalzuflusses. Als Folge steigt das Angebot an Devisen. Der Devisenmarkt kehrt zurück ins Gleichgewicht. Geldmenge und Inlandszins erreichen wieder ihre Ausgangsniveaus. Da die Kapitalgüter im Ausland nachgefragt werden, ist der inländische Gütermarkt nicht vom Schock betroffen. Produktion und Einkommen ändern sich nicht. Der Anstieg des autonomen Imports verringert den Nettoexport. Der dargestellte Schock wirkt wie ein gewöhnlicher Investitionsschock bei Kapitalgüterkauf im Ausland (siehe Abschnitt 3.3.1).

Abbildung 5.16 präsentiert den Schock in der Y-e-Ebene. Zu Beginn sind Gütermarkt, Geldmarkt, Devisenmarkt und Handelsbilanz ausgeglichen. Da die Kapitalgüter im Ausland erworben werden, bleibt der Gütermarkt unberührt. Die IS-Kurve verweilt an ihrem Platz. Auch die Geldmenge wird durch den Schock nicht verändert. Deshalb verschiebt sich auch die LM-Kurve nicht. Durch die exogene Zunahme der Importe wird die NX_0-Kurve nach oben verschoben (NX_1). Nach Schock befindet sich die Wirtschaft weiterhin in Punkt 1. Gütermarkt, Geldmarkt und Devisenmarkt sind im Gleichgewicht. Punkt 1 liegt nun jedoch unterhalb der neuen NX_1-Kurve. Die Handelsbilanz ist somit passiv.

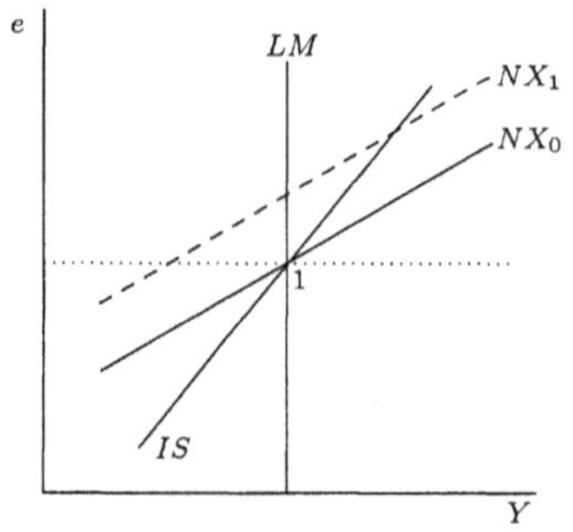

Abbildung 5.16. Anstieg der Greenfield Investments bei Kreditaufnahme im Empfängerland, Kapitalgüterkauf im Investorland

5.3.1.3 Zusammenfassung

1. Bei Kreditaufnahme im Investorland und Kauf der Kapitalgüter im Empfängerland führt ein Anstieg der Direktinvestitionen zu einem Anstieg des exogenen Kapitalzuflusses und der autonomen Investitionen. Dieses führt zu einer Ausweitung der endogenen Geldmenge und des Einkommens. Die Geldnachfrage nimmt zu, allerdings kann dieses nicht den Anstieg des Geldangebots kompensieren. Daher sinkt der endogene Kapitalzufluss. Der Nettokapitalzufluss steigt insgesamt an.

   Bei Kreditaufnahme im Investorland und Kauf der Kapitalgüter im Investorland führt ein Anstieg der Direktinvestitionen zu einem Anstieg des exogenen Kapitalzuflusses und der autonomen Importe. Die endogene Geldmenge, das Einkommen und der endogene Kapitalzufluss bleiben unverändert. Der Nettokapitalzufluss nimmt in Höhe des Anstiegs der Direktinvestitionen zu.

2. Bei Kreditaufnahme im Empfängerland und Kauf der Kapitalgüter im Empfängerland führt ein Anstieg der Direktinvestitionen zu einem Anstieg der autonomen Investitionen und darüber zu einem Anstieg des Einkommens. Die Geldnachfrage nimmt zu und bewirkt einen Anstieg des endogenen Kapitalzuflusses. Dieses führt zu einem Anstieg der endogenen Geldmenge. Der Nettokapitalzufluss steigt an.

   Bei Kreditaufnahme im Empfängerland und Erwerb der Kapitalgüter im Investorland führt der Anstieg der Direktinvestitionen zu einem Anstieg der autonomen Importe. Die endogene Geldmenge sinkt vorübergehend. Dieses bewirkt eine Zunahme des endogenen Kapitalzuflusses. Geldmenge und Ein-

Tabelle 5.4. Greenfield Investments: Wirkung im Empfängerland

	Kredit im Investorland $d\bar{F} = d\bar{J}$		Kredit im Empfängerland $d\bar{F} = 0$	
	Kauf der Kapitalgüter im		Kauf der Kapitalgüter im	
	Empfängerland	Investorland	Empfängerland	Investorland
dY	$\frac{1}{1-c+q}d\bar{J}$	0	$\frac{1}{1-c+q}d\bar{J}$	0
dM	$\frac{k}{1-c+q}d\bar{J}$	0	$\frac{k}{1-c+q}d\bar{J}$	0
dF	$-\frac{1-c}{1-c+q}d\bar{J}$	0	$\frac{q}{1-c+q}d\bar{J}$	$d\bar{J}$
dV	$\frac{q}{1-c+q}d\bar{J}$	$d\bar{J}$	$\frac{q}{1-c+q}d\bar{J}$	$d\bar{J}$

kommen bleiben schließlich unverändert. Der Nettokapitalzufluss nimmt in Höhe des Anstiegs der Direktinvestitionen zu.

3. Bei beiden Finanzierungsarten wirkt der Anstieg der Direktinvestitionen bei Kauf der Kapitalgüter im Empfängerland im Ergebnis identisch auf Einkommen, endogene Geldmenge und Nettokapitalzufluss. Es bestehen allerdings Unterschiede bezüglich des Anpassungsprozesses.
4. Bei beiden Finanzierungsarten wirkt der Anstieg der Direktinvestitionen bei Kauf der Kapitalgüter im Investorland im Ergebnis identisch auf Einkommen, endogene Geldmenge und Nettokapitalzufluss. Es bestehen allerdings auch hier Unterschiede bezüglich des Anpassungsprozesses.
5. Insgesamt bleibt festzuhalten, dass die Wirkung eines Anstiegs der Greenfield Investments auf Einkommen, endogene Geldmenge und Nettokapitalzufluss im Ergebnis der Wirkung der gewöhnlichen Investitionsschocks gleicht. Wesentliche Unterschiede in der Wirkung ergeben sich somit in der Produktionsphase.

Tabelle 5.4 gibt einen Überblick über die Ergebnisse.

5.3.2 Wirkung im Investorland

Es sollen nun die Wirkung der Direktinvestitionen auf das Investorland untersucht werden.

5.3.2.1 Kreditaufnahme im Investorland

Kapitalgüterkauf im Investorland Das Inland ist eine kleine offene Wirtschaft mit festem Wechselkurs und perfekter Kapitalmobilität. Es soll jetzt betrachtet werden, wie Direktinvestitionen innerhalb des Investorlandes auf Einkommen, Geldmenge, endogene Kapitalflüsse und Nettoexport und Nettokapitalzufluss wirken. Grundlage der Analyse ist das bereits in Abschnitt (3.3.1) ausführlich dargestellte Mundell-Fleming-Modell:

$$Y = \bar{C} + cY + \bar{I} + \bar{X} - \bar{Q} - qY \tag{5.59}$$

$$M = kY \tag{5.60}$$

$$\bar{X} - \bar{Q} - qY + \bar{F} + F = 0 \tag{5.61}$$

Die endogenen Variablen sind Y, M und F. Die Wirtschaft befindet sich anfangs im gesamtwirtschaftlichen Gleichgewicht. Die Handelsbilanz ist ausgeglichen. Ein Anstieg der Direktinvestitionen erhöht den exogenen Kapitalabfluss: $d\bar{F} = -d\bar{J}$. Die Annahme, dass die für die Greenfield Investments verwendeten Kapitalgüter im Investorland erworben werden, impliziert $d\bar{X} = d\bar{J}$. Mit anderen Worten, der Anstieg der Direktinvestitionen steigert die Nachfrage der Ausländer nach inländischen Kapitalgütern, der Export steigt. Berücksichtigt man $d\bar{F} = -d\bar{J}$ und $d\bar{X} = d\bar{J}$ und bildet die totalen Differentiale des Gleichungssystems (5.59) bis (5.61), so erhält man:

$$dY = cdY + d\bar{J} - qdY \tag{5.62}$$

$$dM = kdY \tag{5.63}$$

$$d\bar{J} - qdY - d\bar{J} + dF = 0 \tag{5.64}$$

Nach kurzer Umformung ergibt Gleichung (5.62)

$$dY = \frac{1}{1-c+q} d\bar{J}.$$

Ein Anstieg der Direktinvestitionen bewirkt also einen Anstieg des Einkommens. Hiermit nimmt auch die Geldmenge zu

$$dM = \frac{k}{1-c+q} d\bar{J}.$$

Ebenso steigt der endogene Kapitalzufluss an

$$dF = \frac{q}{1-c+q} d\bar{J}.$$

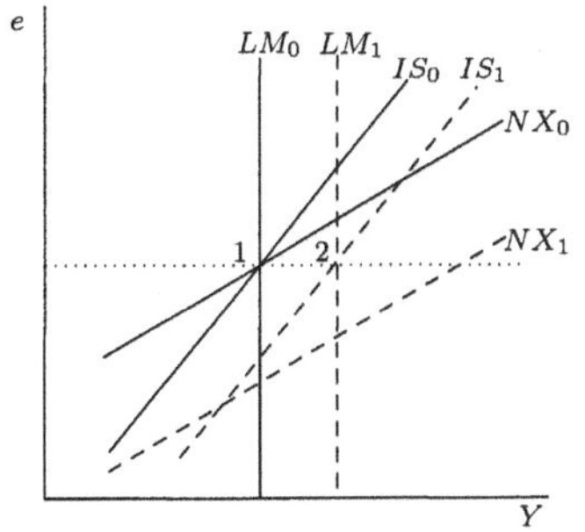

Abbildung 5.17. Anstieg der Greenfield Investments bei Kreditaufnahme im Investorland, Kapitalgüterkauf im Investorland

Damit ergibt sich für die Änderung des Nettokapitalzuflusses $dV = -[(1-c)/(1-c-q)]d\bar{J}$. Für den Nettoexport folgt somit $dH = [(1-c)/(1-c-q)]d\bar{J}$.

Welche makroökonomischen Zusammenhänge bewirken dieses? Die Zunahme der Direktinvestitionen führt zu einem Anstieg des exogenen Kapitalabflusses. Da das Ausland dieses Kapital zum Erwerb inländischer Kapitalgüter verwendet, steigen die autonomen Exporte des Inlandes. Der Devisenmarkt bleibt zunächst im Gleichgewicht. Die höheren Exporte erhöhen Produktion und Einkommen. Dieses hat nun zur Folge, dass die Geldnachfrage steigt. Der Inlandszins übersteigt den Auslandszins, so dass es augenblicklich zu einem Anstieg des endogenen Kapitalzuflusses kommt. Auf dem Devisenmarkt entsteht ein zusätzliches Devisenangebot. Die Zentralbank muss zur Verteidigung des Wechselkurses die Devisen aufkaufen und damit die Geldmenge erhöhen. Das Einkommen kann weiter steigen. Gleichzeitig bewirkt der Einkommensanstieg eine Zunahme der Importe. Der Anstieg der Importe erhöht die Devisennachfrage, so dass auf dem Devisenmarkt ein Gleichgewicht herrscht. Der Anstieg des Exports übersteigt den Anstieg des Imports, der Nettoexport steigt. Folglich sinkt der Nettokapitalzufluss.

Abbildung 5.17 illustriert die Wirkung einer Zunahme der Direktinvestitionen im Y-e-Diagramm. Vor Schock befindet sich die Wirtschaft in Punkt 1. Gütermarkt, Geldmarkt, Devisenmarkt und Handelsbilanz sind im Gleichgewicht. Der Anstieg der Direktinvestitionen führt zu einer Zunahme der Exporte. IS_0- und NX_0-Kurve verschieben sich daraufhin nach rechts (IS_1 und NX_1). Gleichzeitig sorgt der endogene Kapitalzufluss für eine Rechtsverschiebung der LM_0-Kurve auf LM_1. Das neue Gleichgewicht wird durch Punkt 2 markiert. Gütermarkt, Geldmarkt und Devisenmarkt befinden sich im Gleichgewicht. Punkt 2 liegt nun aber oberhalb der neuen NX_1-Kurve. Die Handelsbilanz ist somit aktiv.

Kapitalgüterkauf im Empfängerland Angenommen inländische Unternehmen erhöhen ihre Greenfield Investments im Ausland, wobei die hierfür benötigten zusätzlichen Kapitalgüter im Empfängerland erworben werden. Die Zunahme dieser hinausgehenden Direktinvestitionen $d\bar{J}$ geht zunächst mit einem zusätzlichen exogenen Kapitalabfluss in gleicher Höhe einher, das heißt $d\bar{F} = -d\bar{J}$. Der inländische Gütermarkt wird allerdings nicht von der Zunahme der Direktinvestitionen berührt. Bildet man das totale Differential des Gleichungssystems (5.59) bis (5.61) und berücksichtigt $d\bar{F} = -d\bar{J}$, so folgt

$$dY = cdY - qdY \tag{5.65}$$

$$dM = kdY \tag{5.66}$$

$$-qdY - d\bar{J} + dF = 0 \tag{5.67}$$

Gleichung (5.65) liefert sofort

$$dY = 0.$$

Produktion und Einkommen bleiben unverändert. Damit folgt für die endogene Geldmenge aus (5.66)

$$dM = 0,$$

und für den endogenen Kapitalzufluss

$$dF = d\bar{J}.$$

Es kommt also zu einer Zunahme des endogenen Kapitalzuflusses in Höhe der Zunahme der Direktinvestitionen. Somit beträgt die Veränderung des Nettokapitalzuflusses $dV = d\bar{F} + dF = 0$. Das heißt, obwohl die Direktinvestoren für die Direktinvestitionen vermehrt Kapital ins Ausland transferieren, kommt es makroökonomisch bedingt nicht zu einem Rückgang des Nettokapitalzuflusses. Auch die Veränderung des Nettoexports, der ein Spiegelbild des Nettokapitalzuflusses ist, beläuft sich somit auf $dH = 0$.

Wie kann der Anpassungsprozess dargestellt werden? Der den Anstieg der Direktinvestitionen begleitende zusätzliche exogene Kapitalabfluss erhöht die Devisennachfrage. Die Zentralbank muss zur Wahrung des Wechselkurses Devisen verkaufen, was eine Verknappung der Geldmenge nach sich zieht. Als Folge übersteigt der Inlandszins tendenziell den Auslandszins, so dass augenblicklich vermehrt ausländisches Portfoliokapital ins Inland gezogen wird. Das Devisenangebot steigt, bis

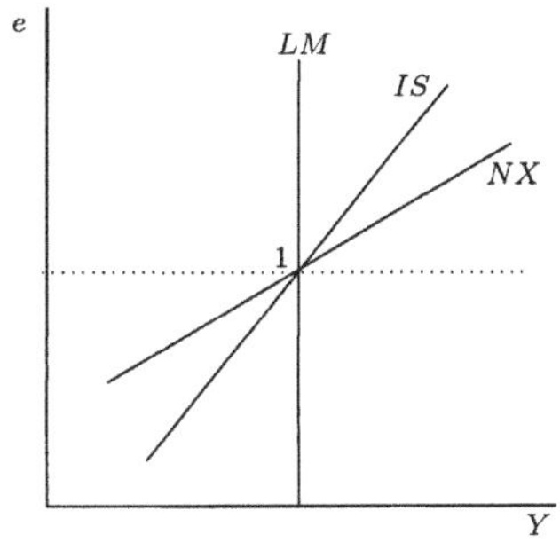

Abbildung 5.18. Anstieg der Greenfield Investments bei Kreditaufnahme im Investorland, Kapitalgüterkauf im Empfängerland

der Devisenmarkt wieder im Gleichgewicht angelangt ist. Auch die Geldmenge hat wieder ihr Niveau vor Schock erreicht. Da die Kapitalgüter im Ausland erworben werden, bleibt die inländische Güternachfrage und damit das Einkommen konstant. Auch der Nettoexport verändert sich nicht.

Insgesamt gleicht die Wirkung des Schocks der der Mergers and Acquisitions für ein Investorland (vgl. Abschnitt 4.3).

Abbildung 5.18 zeigt die Wirkung der Zunahme der Direktinvestitionen im Y-e-Diagramm. Vor Schock befindet sich die Wirtschaft in Punkt 1. Sowohl der Gütermarkt, der Geldmarkt und der Devisenmarkt als auch die Handelsbilanz befinden sich im Gleichgewicht. Die Zunahme der Direktinvestitionen wirkt auf keine der drei Kurven. Die Wirtschaft bleibt in Punkt 1. Insbesondere die Handelsbilanz bleibt ausgeglichen.

5.3.2.2 Kreditaufnahme im Empfängerland

Kapitalgüterkauf im Investorland Im Weiteren werden die Folgen der Greenfield Investments für eine Wirtschaft untersucht, bei der die Direktinvestoren zum Zwecke zusätzlicher Direktinvestitionen $d\bar{J}$ Kredite im ausländischen Empfängerland aufnehmen und die Kapitalgüter anschließend auf dem inländischen Gütermarkt erwerben. Für die Analyse wird das Modell (5.59) bis (5.61) verwendet. Die Wirtschaft sei zunächst im gesamtwirtschaftlichen Gleichgewicht. Die Handelsbilanz ist ausgeglichen. Da die Investoren Kredite im Empfängerland aufnehmen, beträgt die Änderung des exogenen Kapitalabflusses $d\bar{F} = 0$. Gleichzeitig bewirkt der Kauf der Kapitalgüter im Inland einen Anstieg der Exporte, so dass $d\bar{X} = d\bar{J}$ gilt. Für das totale Differential des Gleichungssystems (5.59) bis (5.61) folgt daher:

$$dY = cdY + d\bar{J} - qdY \tag{5.68}$$

$$dM = kdY \tag{5.69}$$

$$d\bar{J} - qdY + dF = 0 \tag{5.70}$$

Die Anpassung der Produktion und des Einkommens kann aus (5.68) ermittelt werden. Demnach führt ein Anstieg der Direktinvestitionen zu einem Anstieg des Einkommens:

$$dY = \frac{1}{1-c+q} d\bar{J}.$$

Für die endogene Geldmenge folgt aus (5.69):

$$dM = \frac{k}{1-c+q} d\bar{J},$$

die Geldmenge vergrößert sich. Für den endogenen Kapitalzufluss berechnet man aus (5.70) schließlich:

$$dF = -\frac{1-c}{1-c+q} d\bar{J},$$

das heißt, es kommt zu einem zusätzlichen endogenen Kapitalabfluss infolge des Anstiegs der Direktinvestitionen. Für den Nettokapitalzufluss ergibt sich somit ebenfalls eine Änderung von $dV = -[(1-c)/(1-c+q)]d\bar{J}$. Der Nettoexport steigt dementsprechend um $dH = [(1-c)/(1-c+q)]d\bar{J}$.

Wie verläuft der Anpassungsprozess? Durch den Anstieg der Greenfield Investments steigen die autonomen Exporte. Auf dem Devisenmarkt steigt das Devisenangebot. Die Zentralbank interveniert und erhöht die Geldmenge. Dadurch sinkt der Inlandszins tendenziell und verursacht eine Senkung des endogenen Kapitalzuflusses. Der Devisenmarkt kehrt zurück ins Gleichgewicht, die Geldmenge erreicht wieder ihr ursprüngliches Niveau. Gleichzeitig sorgen die zusätzlichen autonomen Exporte dafür, dass Produktion und Einkommen zunehmen. Daher nimmt auch die Geldnachfrage zu und drückt den Inlandszins kurzzeitig über den Auslandszins. Sofort kommt es zu einem zusätzlichen endogenen Kapitalzufluss. Die Zentralbank muss für die Beibehaltung des Wechselkurses das überschüssige Devisenangebot aufkaufen, so dass die Geldmenge steigt. Daher kann das Einkommen weiter steigen. Dieses bewirkt einen Anstieg der Importe und der Devisennachfrage, der solange anhält, bis

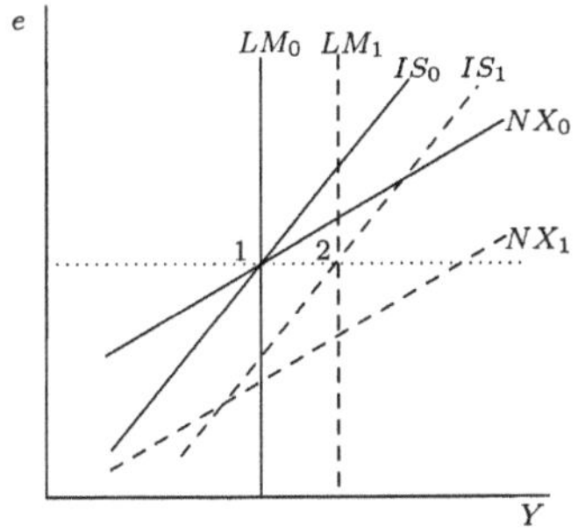

Abbildung 5.19. Anstieg der Greenfield Investments bei Kreditaufnahme im Empfängerland, Kapitalgüterkauf im Investorland

der Devisenmarkt ausgeglichen ist. Insgesamt wird durch den Anstieg der Greenfield Investments ein höherer Nettoexport und dementsprechend ein geringerer Nettokapitalzufluss bewirkt. Letzteres ist wiederum bemerkenswert, da die Direktinvestoren zunächst kein Kapital ins Ausland zur Finanzierung der Direktinvestitionen transferiert haben. Gleichwohl kommt es makroökonomisch bedingt zu einem Rückgang des Nettokapitalzuflusses.

Abbildung 5.19 zeigt den Direktinvestitionsschock im Y-e-Diagramm. Zunächst befindet sich die Wirtschaft in Punkt 1. Gütermarkt, Geldmarkt, Devisenmarkt und Handelsbilanz sind im Gleichgewicht. Durch den Anstieg der Direktinvestitionen steigen die autonomen Exporte. IS_0 und NX_0 bewegen sich daher nach rechts auf IS_1 und NX_1. Ferner bewirkt der Anstieg der autonomen Exporte über den Devisenmarkt einen Anstieg der Geldmenge. Die LM_0-Kurve verschiebt sich ebenfalls nach rechts. Punkt 2 zeigt das neue Gleichgewicht. Gütermarkt, Geldmarkt und Devisenmarkt sind ausgeglichen. Punkt 2 liegt oberhalb der neuen NX_1-Kurve. Die Handelsbilanz ist folglich aktiv.

Kapitalgüterkauf im Empfängerland Es soll abschließend die Wirkung eines Anstiegs der Greenfield Investments auf das Investorland untersucht werden, bei dem die Investoren zur Finanzierung der zusätzlichen Direktinvestitionen Kredite im Empfängerland aufnehmen und die für die zusätzlichen Direktinvestitionen benötigten Kapitalgüter im Empfängerland erwerben. Der Anstieg des exogenen Kapitalabflusses beträgt $d\bar{F} = 0$. Da die Kapitalgüter im Ausland nachgefragt werden, bleiben auch die autonomen Exporte auf ihrem ursprünglichen Niveau $d\bar{X} = 0$. Die kleine offene Wirtschaft wird somit in der Investitionsphase von keinem Schock getroffen.

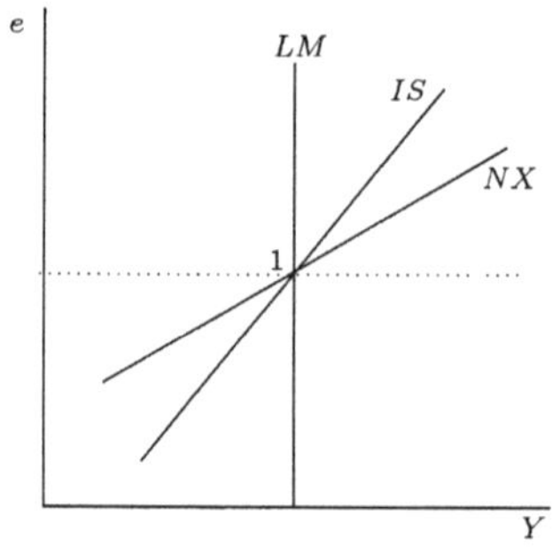

Abbildung 5.20. Anstieg der Greenfield Investments bei Kreditaufnahme im Empfängerland, Kapitalgüterkauf im Empfängerland

Produktion und Einkommen, Geldmenge, endogener Kapitalzufluss, Nettokapitalzufluss und Nettoexport verändern sich nicht.

Abbildung 5.20 zeigt den Schock im Y-e-Diagramm. Die Wirtschaft verweilt im Ausgangsgleichgewicht in Punkt 1. Gütermarkt, Geldmarkt, Devisenmarkt und die Handelsbilanz bleiben ausgeglichen.

5.3.2.3 Zusammenfassung

1. Bei Kreditaufnahme im Investorland und Kauf der Kapitalgüter im Investorland führt der Anstieg der Direktinvestitionen zu einem Anstieg des exogenen Kapitalabflusses und der autonomen Exporte. Das Einkommen steigt und bewirkt eine Zunahme der Geldnachfrage. Der endogene Kapitalzufluss nimmt zu. Die endogene Geldmenge steigt daher. Der Nettokapitalzufluss geht aber insgesamt zurück.

   Bei Kreditaufnahme im Investorland und Kauf der Kapitalgüter im Empfängerland führt der Anstieg der Direktinvestitionen zu einem Anstieg des exogenen Kapitalabflusses. Die Zentralbank senkt daher die Geldmenge. Dieses bewirkt einen sofortigen Anstieg des endogenen Kapitalzuflusses. Die endogenen Geldmenge steigt wieder. Einkommen, endogene Geldmenge und Nettokapitalzufluss bleiben letztlich unverändert.

2. Bei Kreditaufnahme im Empfängerland und Kauf der Kapitalgüter im Investorland führt der Anstieg der Direktinvestitionen zu einem Anstieg der Exporte. Dieses bewirkt einen Anstieg der endogenen Geldmenge und des Einkommens. Der endogene Kapitalzufluss nimmt ab. Auch der Nettokapitalzufluss geht zurück.

Tabelle 5.5. Greenfield Investments: Wirkung im Investorland

	Kredit im Investorland $d\bar{F} = d\bar{J}$		Kredit im Empfängerland $d\bar{F} = 0$	
	Kauf der Kapitalgüter im		Kauf der Kapitalgüter im	
	Investorland	Empfängerland	Investorland	Empfängerland
dY	$\frac{1}{1-c+q}d\bar{J}$	0	$\frac{1}{1-c+q}d\bar{J}$	0
dM	$\frac{k}{1-c+q}d\bar{J}$	0	$\frac{k}{1-c+q}d\bar{J}$	0
dF	$\frac{q}{1-c+q}d\bar{J}$	$d\bar{J}$	$-\frac{1-c}{1-c+q}d\bar{J}$	0
dV	$-\frac{1-c}{1-c+q}d\bar{J}$	0	$-\frac{1-c}{1-c+q}d\bar{J}$	0

Bei Kreditaufnahme im Empfängerland und Kauf der Kapitalgüter im Empfängerland wird die Wirtschaft von keinem Schock getroffen. Einkommen, Geldmenge, endogenener Kapitalzufluss und Nettokapitalzufluss bleiben unverändert.

3. Bei beiden Finanzierungsarten wirkt der Anstieg der Direktinvestitionen bei Kauf der Kapitalgüter im Investorland im Ergebnis identisch auf Einkommen, endogene Geldmenge und Nettokapitalzufluss. Es bestehen allerdings Unterschiede bezüglich des Anpassungsprozesses.

4. Bei beiden Finanzierungsarten wirkt der Anstieg der Direktinvestitionen bei Kauf der Kapitalgüter im Empfängerland im Ergebnis identisch auf Einkommen, endogene Geldmenge und Nettokapitalzufluss. Es bestehen allerdings Unterschiede bezüglich des Anpassungsprozesses.

Tabelle 5.5 gibt einen Überblick über die Ergebnisse.

5.4 Fester Wechselkurs, keine Kapitalmobilität

In diesem Abschnitt sollen die Wirkungen einer Zunahme der Greenfield Investments in einer kleinen offenen Wirtschaft mit festem Wechselkurs und ohne Kapitalmobilität analysiert werden. Analog zu vorherigen Abschnitten werden hier ausschließlich die Effekte im Empfängerland behandelt, da der mangelnde Zugang zu den internationalen Kapitalmärkten im Wesentlichen Entwicklungs- und Schwellenländer charakterisiert, die nicht oder nur in geringem Umfang über eigene multinationale Unternehmen verfügen und somit kaum als Investorland auftreten.

5.4.1 Kreditaufnahme im Investorland

Kapitalgüterkauf im Empfängerland Die zu betrachtende Wirtschaft sei eine kleine offene Wirtschaft, die durch feste Wechselkurse und keinerlei Kapitalmobilität geprägt wird. Für die Analyse der Wirkung zusätzlicher Greenfield Investments findet das Modell aus Abschnitt 3.3.2 Verwendung:

$$Y = \bar{C} + cY + \bar{I} - bi + \bar{X} - \bar{Q} - qY \tag{5.71}$$

$$M = kY - ji \tag{5.72}$$

$$\bar{X} - \bar{Q} - qY + \bar{F} = 0 \tag{5.73}$$

Die endogenen Variablen sind Y, i sowie M. Die Wirtschaft befindet sich am Anfang im gesamtwirtschaftlichen Gleichgewicht. Die Handelsbilanz sei ausgeglichen. Kommt es nun zu einer Erhöhung der Direktinvestitionen im Inland um $d\bar{J}$, so führt dieses zunächst zu einem Anstieg des exogenen Kapitalzuflusses in gleicher Höhe $d\bar{F} = d\bar{J}$. Da darüber hinaus die mit der Erhöhung der Direktinvestitionen verbundenen Kapitalgüter im Inland gekauft werden, steigen ebenso die autonomen Investitionen der Inländer $d\bar{I} = d\bar{J}$. Damit ergibt das totale Differential des Gleichungssystems (5.71) bis (5.73):

$$dY = cdY + d\bar{J} - bdi - qdY \tag{5.74}$$

$$dM = kdY - jdi \tag{5.75}$$

$$-qdY + d\bar{J} = 0 \tag{5.76}$$

Aus Gleichung (5.76) folgt sofort

$$dY = \frac{1}{q} d\bar{J}.$$

Im neuen Gleichgewicht ist das Einkommen gestiegen. Nun kann in Gleichung (5.74) der Inlandszins i bestimmt werden:

$$di = -\frac{1-c}{bq} d\bar{J}.$$

Der Anstieg der Direktinvestitionen führt also zu einem Rückgang des Inlandszinses. Daraus folgt, dass die endogene Geldmenge wächst, algebraisch:

$$dM = \frac{bk + j(1-c)}{bq} d\bar{J}.$$

Da in der betrachteten Wirtschaft keine Kapitalmobilität besteht, entspricht die Veränderung des Nettokapitalzuflusses der Änderung des exogenen Kapitalzuflusses $dV = d\bar{F} = d\bar{J}$. Für die Veränderung des Nettoexports ergibt sich somit $dH = -d\bar{J}$.

Wie erfolgt die Anpassung? Die Zunahme hereinkommender Direktinvestitionen führt zu einem Anstieg des exogenen Kapitalzuflusses und der autonomen Investitionen. Auf dem Devisenmarkt ensteht durch den Anstieg des exogenen Kapitalzuflusses ein zusätzliches Devisenangebot. Ferner werden durch den Anstieg der autonomen Investitionen Produktion und Einkommen gesteigert. Daher steigen die Importe und damit die Devisennachfrage. Auf dem Devisenmarkt herrscht nun ein Überangebot an Devisen. Solange dieses der Fall ist, muss die Zentralbank die überschüssigen Devisen zur Fixierung des Wechselkurses aufkaufen. Daher steigt die Geldmenge, was eine Senkung des Inlandszinses bewirkt. Die zinsabhängigen Investitionen nehmen zu. Produktion und Einkommen steigen weiter. Dieses bewirkt einen Anstieg der Importe und damit eine höhere Nachfrage nach Devisen, bis der Devisenmarkt wieder ins Gleichgewicht gelangt. Insgesamt gleicht die Wirkung des Anstiegs der Greenfield Investments einer Kombination der Wirkung der Mergers and Acquisitions (siehe Abschnitt 4.4) mit der Wirkung eines gewöhnlichen Investitionsschocks bei Kapitalgüterkauf im Inland (siehe Abschnitt 3.3.2).

Abbildung 5.21 präsentiert den Schock in der Y-e-Ebene. Zu Beginn sind Gütermarkt, Geldmarkt, Devisenmarkt und die Handelsbilanz ausgeglichen. Dieses wird durch den Punkt 1 markiert. Durch den exogenen Kapitalzufluss wird die endogene Geldmenge ausgeweitet. Die LM_0-Kurve driftet nach rechts (LM_1). Der Anstieg der zinsabhängigen und autonomen Investitionen sorgt für eine Rechtsverschiebung der IS_0-Kurve nach IS_1. Die NX-Kurve wird durch den Schock nicht verschoben. Das neue Gleichgewicht findet sich in Punkt 2. Gütermarkt, Geldmarkt und Devisenmarkt sind ausgeglichen. Die Handelsbilanz ist nun passiv.

Kapitalgüterkauf im Investorland Es werden nun die Wirkungen von Greenfield Investments untersucht, bei denen die Kapitalgüter im Investorland erworben werden. Dabei wird die Erhöhung der hereinkommenden Direktinvestitionen durch eine Kreditaufnahme im Investorland finanziert. Damit kommt es zu einer Erhöhung

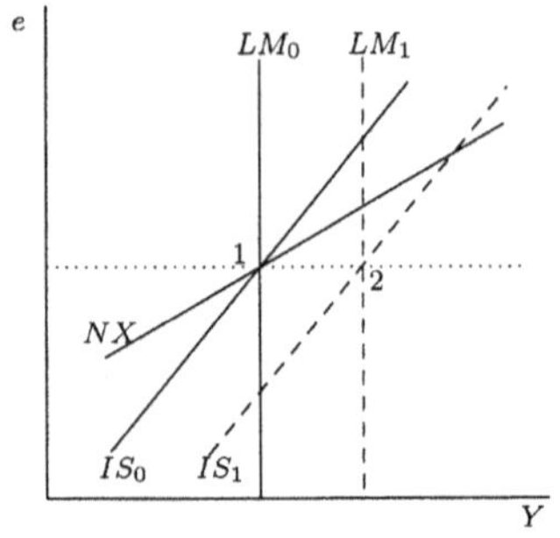

Abbildung 5.21. Anstieg der Greenfield Investments bei Kreditaufnahme im Investorland, Kapitalgüterkauf im Empfängerland

des exogenen Kapitalzuflusses $d\bar{F} = d\bar{J}$. Ebenso kommt es zu höheren Investitionen $d\bar{I} = d\bar{J}$. Gleichzeitig steigen aber die Importe ausländischer Kapitalgüter $d\bar{Q} = d\bar{J}$. Das totale Differential des Gleichungssystems (5.71) - (5.73) lautet somit

$$dY = cY + d\bar{J} - bdi - d\bar{J} - qdY \quad (5.77)$$

$$dM = kdY - jdi \quad (5.78)$$

$$-d\bar{J} - qdY + d\bar{J} = 0 \quad (5.79)$$

Wie aus Gleichung (5.79) sofort abgelesen werden kann, verändert sich das Einkommen im neuen Gleichgewicht nicht,

$$dY = 0.$$

Damit folgt aus Gleichung (5.77), dass auch die Änderung des Inlandszinses Null beträgt:

$$di = 0.$$

Ebenso folgt für die endogene Geldmenge

$$dM = 0.$$

Die Änderung des Nettokapitalzuflusses beläuft sich auf $dV = d\bar{J}$. Für den Nettoexport folgt damit $dH = -d\bar{J}$.

Welche Kausalkette liegt diesem zugrunde? Der Anstieg der Direktinvestitionen führt zu einem Anstieg des exogenen Kapitalzuflusses und der autonomen Investi-

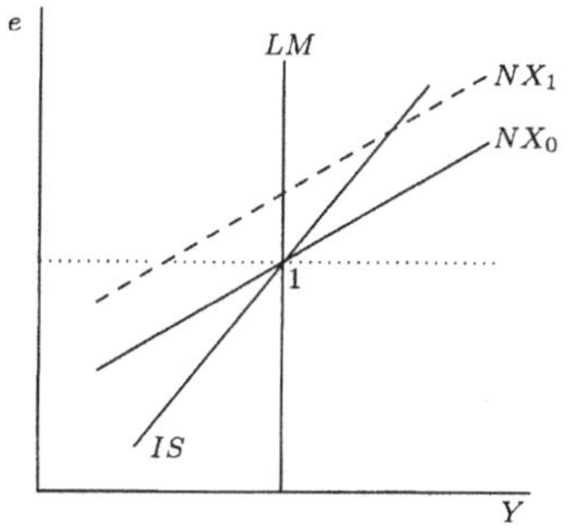

Abbildung 5.22. Anstieg der Greenfield Investments bei Kreditaufnahme im Investorland, Kapitalgüterkauf im Investorland

tionsnachfrage. Da die Kapitalgüter jedoch aus dem Ausland importiert werden, ergeben sich zwei Konsequenzen. Zum einen wird die gestiegene Investitionsnachfrage nicht auf dem heimischen Gütermarkt wirksam. Somit bleibt auch das Einkommen auf seinem ursprünglichen Niveau. Zum anderen steht dem höheren exogenen Kapitalzufluss ein gleichermaßen höherer autonomer Import entgegen, so dass die Zahlungsbilanz ausgeglichen und damit die Geldmenge konstant bleibt. Da sich weder Geldmenge noch Einkommen durch den Schock verändern, verbleibt auch der Inlandszins auf seinem Ausgangswert. Auch hier entspricht der Schock einer Kombination aus gewöhnlichem Investitionsschock bei Kapitalgüterkauf im Ausland (siehe Abschnitt 3.3.2) und einem Anstieg der hereinkommenden Mergers and Acquisitions (siehe Abschnitt 4.4).

Abbildung 5.22 zeigt den Direktinvestitionsschock im Y-e-Diagramm. Vor Schock befindet sich die Wirtschaft in Punkt 1. Gütermarkt, Geldmarkt, Devisenmarkt und Handelsbilanz sind ausgeglichen. Durch den exogenen Kapitalzufluss werden einerseits die autonomen Investitionen, andererseits aber auch die autonomen Importe gesteigert. IS- und LM-Kurve verschieben sich daher nicht. Der Anstieg der autonomen Importe bewirkt allerdings eine Linksverschiebung der NX_0-Kurve nach NX_1. Die Wirtschaft verbleibt in Punkt 1. Gütermarkt, Geldmarkt und Devisenmarkt bleiben im Gleichgewicht. Die Handelsbilanz ist nunmehr passiv.

5.4.2 Kreditaufnahme im Empfängerland

Kapitalgüterkauf im Empfängerland Welche Konsequenzen ergeben sich für eine kleine offene Wirtschaft, wenn zusätzlich empfangene Greenfield Investments $d\bar{J}$ über eine Kreditaufnahme im Empfängerland finanziert und die für die Greenfield

Investments benötigten Kapitalgüter auf dem inländischen Gütermarkt nachgefragt werden? Das Referenzmodell wird durch die Gleichungen (5.71) - (5.73) wiedergegeben. Die endogenen Variablen sind Y, i und M. Zu Beginn befindet sich die Wirtschaft im gesamtwirtschaftlichen Gleichgewicht, und die Handelsbilanz ist ausgeglichen. Durch die Kreditaufnahme im Inland kommt es infolge des Anstiegs der Greenfield Investments zu keinem zusätzlichen exogenen Kapitalzufluss $d\bar{F} = 0$. Da die Kapitalgüter ebenfalls im Inland nachgefragt werden, steigen die autonomen Investitionen um $d\bar{I} = d\bar{J}$. Das totale Differential lautet damit:

$$dY = cdY + d\bar{J} - bdi - qdY \tag{5.80}$$

$$dM = kdY - jdi \tag{5.81}$$

$$-qdY = 0 \tag{5.82}$$

Gleichung (5.82) liefert

$$dY = 0.$$

Der Anstieg der Greenfield Investments hat keinen Effekt auf das Einkommen. Setzt man dieses in Gleichung (5.80) ein, erhält man für die Änderung des Inlandszinses

$$di = \frac{1}{b} d\bar{J},$$

der Inlandszins steigt also. Damit ergibt sich für die Geldmenge eine Änderung von

$$dM = -\frac{j}{b} d\bar{J}.$$

Der Anstieg der Greenfield Investments hat eine Senkung der endogenen Geldmenge zu Folge.

Im Folgenden wird der Anpassungsprozess skizziert. Durch die zusätzlichen Greenfield Investments wird zunächst die autonome Investitionsnachfrage gesteigert. Produktion und Einkommen steigen vorläufig und sorgen so für eine Zunahme der Importe. Auf dem Devisenmarkt steigt die Devisennachfrage. Die Zentralbank muss zur Wahrung des Wechselkurses die Übernachfrage bedienen und Devisen verkaufen. Daher sinkt die Geldmenge. Die Senkung der Geldmenge treibt den Inlandszins nach oben, bis der Rückgang der zinsabhängigen Investitionen den Anstieg der autonomen Investitionen kompensiert. Insgesamt bleiben Einkommen, Import und damit der Nettoexport und Nettokapitalzufluss auf ihren ursprünglichen Niveaus,

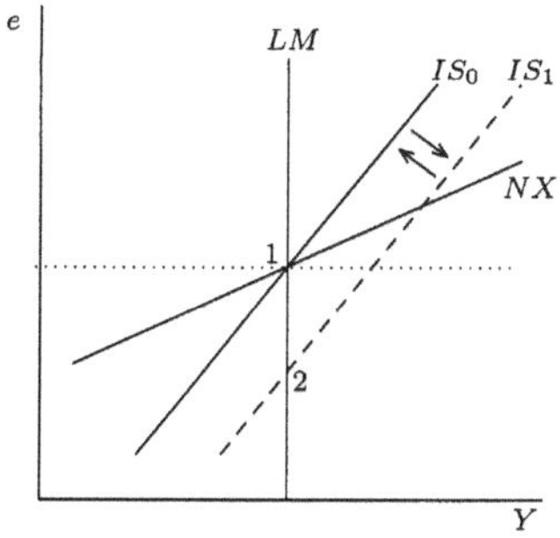

Abbildung 5.23. Anstieg der Greenfield Investments bei Kreditaufnahme im Empfängerland, Kapitalgüterkauf im Empfängerland

$dH = dV = 0$. Insgesamt entspricht die Wirkung des Schocks der eines gewöhnlichen Investitionsschocks bei Kapitalgüterkauf im Inland (vgl. Abschnitt 3.3.2).

Abbildung 5.23 präsentiert den Schock im Y-e-Diagramm. Am Anfang befindet sich die Wirtschaft in Punkt 1. Gütermarkt, Geldmarkt, Devisenmarkt und Handelsbilanz sind im Gleichgewicht. Durch den Anstieg der autonomen Investitionen wird die IS-Kurve tendenziell nach rechts verschoben. Gleichzeitig wird dieses jedoch durch den Rückgang der zinsabhängigen Investitionen verhindert, so dass die IS-Kurve an ihrer ursprünglichen Position bleibt. Der vorübergehende Anstieg der Importe bewirkt über die zusätzliche Devisennachfrage tendenziell einen Anstieg der Geldmenge, der allerdings durch den Anstieg des Inlandszinses kompensiert wird. Daher verweilt auch die LM-Kurve an ihrer Position. Die Lage der NX-Kurve wird durch den Schock nicht verändert. Insgesamt bleibt die Wirtschaft in Punkt 1. Gütermarkt, Geldmarkt, Devisenmarkt und Handelsbilanz bleiben im Gleichgewicht.

Kapitalgüterkauf im Investorland Schließlich sollen die makroökonomischen Effekte einer Erhöhung der Greenfield Investments betrachtet werden, bei denen die Direktinvestoren zur Finanzierung Kredite im Empfängerland aufnehmen ($d\bar{F} = 0$) und die für die zusätzlichen Direktinvestitionen benötigten Kapitalgüter im Ausland erwerben: ($d\bar{I} = d\bar{J}$ und $d\bar{Q} = d\bar{J}$). Das totale Differential des Gleichungssystems (5.71) - (5.73) lautet dann:

$$dY = cdY + d\bar{J} - bdi - d\bar{J} - qdY \tag{5.83}$$

$$dM = kdY - jdi \tag{5.84}$$

$$-d\bar{J} - qdY = 0 \tag{5.85}$$

Aus der Devisenmarktgleichung (5.85) folgt unmittelbar

$$dY = -\frac{1}{q}d\bar{J}.$$

Der Anstieg der Greenfield Investments bewirkt also einen Rückgang des Einkommens. Nutzt man dieses Ergebnis in (5.83), erhält man für den Inlandszins

$$di = \frac{1 - c + q}{bq}d\bar{J}.$$

Trotz des sinkenden Einkommens und dem daraus resultierenden Rückgang der Geldnachfrage steigt der Inlandszins. Für die Änderung der endogenen Geldmenge folgt ein Senkung. Mit Hilfe der Gleichung (5.84) und den beiden vorigen Ergebnissen ermittelt man

$$dM = -\frac{bk + j(1 - c + q)}{bq}d\bar{J}.$$

Was kann zur Kausalkette gesagt werden? Der Anstieg der Greenfield Investments erhöht die autonome Investitionsnachfrage. Da die Kapitalgüter jedoch im Ausland erworben werden, steigen die autonomen Importe in gleicher Höhe. Der Gütermarkt ist zunächst nicht vom Schock betroffen. Auf dem Devisenmarkt erhöht sich aber die Nachfrage nach Devisen. Die Zentralbank muss zur Wahrung des Wechselkurses die zusätzliche Nachfrage nach Devisen bedienen. Die endogene Geldmenge sinkt daher. Dieses sorgt für einen Anstieg des Inlandszinses, welcher die zinsabhängigen Investitionen sinken lässt. Produktion und Einkommen und damit die Importe gehen sukzessive zurück, bis der Devisenmarkt wieder im Gleichgewicht ist. Nettoexport und Nettokapitalzufluss bleiben unverändert ($dH = dV = 0$). Auch hier entspricht der Schock dem gewöhnlichen Investitionsschock bei Kapitalgüterkauf im Ausland (siehe Abschnitt 3.3.2).

Abbildung 5.24 zeigt den Schock im Y-e-Diagramm. Zunächst befindet sich die Wirtschaft in Punkt 1. Gütermarkt, Geldmarkt, Devisenmarkt und Handelsbilanz sind im Gleichgewicht. Durch den Anstieg der autonomen Importe verschiebt sich die NX_0-Kurve nach links. Die Zentralbank muss zu Wahrung des Wechselkurses Devisen verkaufen. Die Geldmenge sinkt. Daher verschiebt sich LM_0 nach links (LM_1). Der resultierende Zinsanstieg bewirkt eine Verringerung der Investitionen und bewegt die IS-Kurve ebenfalls nach links (IS_1). Nach Schock befindet sich die

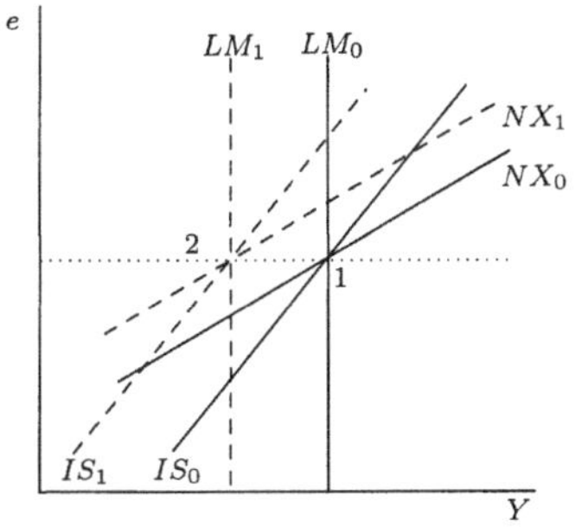

Abbildung 5.24. Anstieg der Greenfield Investments bei Kreditaufnahme im Empfängerland, Kapitalgüterkauf im Investorland

Wirtschaft in Punkt 2. Gütermarkt, Geldmarkt, Devisenmarkt und Handelsbilanz sind im Gleichgewicht.

5.4.3 Zusammenfassung

1. Bei Kreditaufnahme im Investorland und Kauf der Kapitalgüter im Empfängerland führt ein Anstieg der Direktinvestitionen zu einem Anstieg des exogenen Kapitalzuflusses und der autonomen Investitionen. Der Anstieg des exogenen Kapitalzuflusses führt zu einem sukzessiven Anstieg der Geldmenge. Der Inlandszins sinkt. Der Anstieg der zinsabhängigen und der autonomen Investitionen bewirkt einen Anstieg des Einkommens.

   Bei Kreditaufnahme im Investorland und Kauf der Kapitalgüter im Investorland führt der Anstieg der Direktinvestitionen zu einem Anstieg des exogenen Kapitalzuflusses und der autonomen Importe. Der Devisenmarkt bleibt ausgeglichen, die endogene Geldmenge verändert sich nicht. Produktion und Einkommen bleiben konstant. Auch der Inlandszins verändert sich nicht.

2. Bei Kreditaufnahme im Empfängerland und Kauf der Kapitalgüter im Empfängerland führt der Anstieg der Direktinvestitionen zu einem Anstieg der autonomen Investitionen. Produktion und Einkommen steigen vorübergehend. Der resultierende Anstieg der Importe zwingt die Zentralbank, die Geldmenge zu verknappen. Der Inlandszins steigt und senkt die zinsabhängigen Investitionen. Einkommen und Importe kehren auf ihre ursprünglichen Niveaus zurück.

   Bei Kreditaufnahme im Empfängerland und Kauf der Kapitalgüter im Investorland sorgt der Anstieg der Direktinvestitionen für einen Anstieg der auto-

Tabelle 5.6. Greenfield Investments: Wirkung im Empfängerland

	Kredit im Investorland $d\bar{F} = d\bar{J}$		Kredit im Empfängerland $d\bar{F} = 0$	
	Kauf der Kapitalgüter im		Kauf der Kapitalgüter im	
	Empfängerland	Investorland	Empfängerland	Investorland
dY	$\frac{1}{q}d\bar{J}$	0	0	$-\frac{1}{q}d\bar{J}$
di	$-\frac{1-c}{bq}d\bar{J}$	0	$\frac{1}{b}d\bar{J}$	$\frac{1-c+q}{bq}d\bar{J}$
dM	$\frac{bk+j(1-c)}{bq}d\bar{J}$	0	$-\frac{j}{b}d\bar{J}$	$-\frac{bk+j(1-c+q)}{bq}d\bar{J}$
dV	$d\bar{J}$	$d\bar{J}$	0	0

nomen Importe. Auf dem Devisenmarkt nimmt die Devisennachfrage zu. Die Zentralbank senkt daher sukzessiv die Geldmenge, was den Inlandszins nach oben treibt. Die zinsabhängigen Investitionen sinken, das Einkommen nimmt ab, bis der Rückgang der einkommensabhängigen Importe den Anstieg der autonomen Importe kompensiert.

Bei Kreditaufnahme im Empfängerland gleichen die Wirkungen eines Anstiegs der Greenfield Investments auf Einkommen, endogene Geldmenge, Inlandszins und Nettokapitalzufluss im Ergebnis den Wirkungen der gewöhnlichen Investitionsschocks.

Tabelle 5.6 fasst die Ergebnisse zusammen.

Teil III

Die Produktionsphase

Kapitel 6

Einleitung

Der folgende Teil behandelt die makroökonomischen Sekundäreffekte eines Anstiegs horizontaler Direktinvestitionen. Diese Effekte ergeben sich, wenn die in der Investitionsphase erworbenen, gegründeten oder erweiterten Tochtergesellschaften die Produktion aufnehmen. Diese Zunahme der multinationalen Produktion wird dabei erst durch die Direktinvestitionen und die diesbezügliche Ausweitung der Kapitalausstattung der Tochtergesellschaften in der Investitionsphase ermöglicht. Wie bereits im vorigen Teil zur Investitionsphase geschildert, führen Direktinvestitionen je nach Art der Direktinvestitionen, Art des Wechselkursregimes, Grad der Kapitalmobilität und Art der Finanzierung zu unterschiedlichen Auswirkungen auf die Nettovermögensposition der Inländer gegenüber den Ausländern. Die im Folgenden präsentierten Modelle bauen auf diesen Ergebnissen auf, indem die Zinszahlungen auf die in Verbindung mit dem Anstieg der Direktinvestitionen neu erworbenen Nettoauslandsvermögen berücksichtigt werden. Dieses spiegelt den Umstand wieder, dass Bruttoinlandsprodukt und Bruttosozialprodukt infolge der Direktinvestitionen in der Regel auseinander fallen (vgl. Abschnitt 1.2).

Um die Konsequenzen einer Erweiterung der multinationalen Produktion zu erfassen, werden 2-Sektoren-Modelle der kleinen offenen Wirtschaft untersucht. Der Sektor 1 erstellt dabei die Inlandsproduktion des originär inländischen Gutes 1. Der Sektor 2 erstellt hingegen die Inlandsproduktion des originär ausländischen Gutes 2. Im Empfängerland äußert sich die Ausweitung der multinationalen Produktion in einer Ausweitung der Inlandsproduktion des originär ausländischen Gutes 2. Im Investorland besteht der Schock in einer Ausweitung der Auslandsproduktion des originär inländischen Gutes 1. Die Ausweitung der multinationalen Produktion trifft sowohl das Empfänger- als auch das Investorland hierbei an zwei Flanken:

- Im Empfängerland steigt mit der Zunahme der Inlandsproduktion des originär ausländischen Gutes zum einen das Einkommen, da die zusätzliche Produktion zu zusätzlichen Lohneinkommen der Inländer führt. Durch den Anstieg der Inlandsproduktion des originär ausländischen Gutes sinkt zum anderen der Import des originär ausländischen Gutes.

- Im Investorland steigt mit einer Zunahme der Auslandsproduktion des originär inländischen Gutes zum einen das Einkommen infolge zufließender Zinseinkommen, sofern die Inländer in der Investitionsphase ihre Nettovermögensposition gegenüber den Ausländern verbessern konnten. Andererseits bewirkt der Anstieg der Auslandsproduktion des originär inländischen Gutes einen Rückgang der Exporte des originär inländischen Gutes.

Die Modelle beschränken sich dabei auf die Konsequenzen der Greenfield Investments mit Kreditaufnahme im Investorland. Die betrachtete Wirtschaft ist eine kleine offene Wirtschaft mit flexiblen oder festen Wechselkursen. Das Kapital ist perfekt mobil. Zunächst wird ein Modell mit flexiblem Wechselkurs, festem Inlandspreis des originär inländischen Gutes und Arbeitslosigkeit betrachtet. Es beschreibt somit die kurze Frist. Das zweite Modell unterstellt ebenfalls einen in der kurzen Frist festen Inlandspreis des originär inländischen Gutes und Arbeitslosigkeit, geht aber von festen Wechselkursen aus. Das dritte Modell untersucht schließlich eine Wirtschaft mit flexiblem Wechselkurs, flexiblem Inlandspreis des originär inländischen Gutes und Vollbeschäftigung. Es beschreibt somit die mittlere Frist.

Kapitel 7

Kurzfristige Wirkungen bei flexiblem Wechselkurs

7.1 Das Modell

Betrachtet wird eine kleine offene Wirtschaft, die durch flexible Wechselkurse und perfekte Kapitalmobilität charakterisiert wird. Der Inlandszins entspricht dem Auslandszins, $i = i^*$. Des Weiteren bestehe auf dem Arbeitsmarkt ein Überangebot. Die kleine offene Wirtschaft produziert zwei Güter in zwei Sektoren. Gut 1 bezeichnet hierbei das originär inländische Gut, Gut 2 hingegen das originär ausländische Gut. Sektor 1 erstellt dementsprechend die Inlandsproduktion des originär inländischen Gutes 1 Y_1. Sektor 2 ist aufgrund hereinkommender Direktinvestitionen entstanden und erstellt die Inlandsproduktion des originär ausländischen Gutes 2 Y_2, so dass ein Teil des bisherigen Imports des Gutes 2 durch inländische Produktion substituiert wird. Für die Haushalte der kleinen offenen Wirtschaft werden identische Präferenzen angenommen. Ihre Nutzenfunktion sei

$$U = \alpha \log C_1 + \beta \log C_2 + \gamma \log S_1, \tag{7.1}$$

mit $\alpha + \beta + \gamma = 1$ und $\alpha, \beta, \gamma > 0$. Dabei bezeichnet C_1 den Konsum des Gutes 1, C_2 den Konsum des Gutes 2 und S_1 die Ersparnisse der Haushalte gemessen in Gut 1. Sowohl der Inlandspreis des Gutes 1 P_1 als auch der Auslandspreis des Gutes 2 P_2^* seien exogen gegeben. Gut 2 kann im Inland oder Ausland erworben werden. Es wird daher unterstellt, dass jederzeit das *law of one price* gilt. Für den Inlandspreis des Gutes 2 P_2 (gemessen in Inlandswährung) gilt demnach: $P_2 = eP_2^*$, wobei e den nominalen Wechselkurs, also den Preis der Auslandswährung gemessen in Inlandswährung, und P_2^* den Auslandspreis des Gutes 2 (gemessen in Auslandswährung) angibt. Unter der Annahme, dass P_2^* exogen gegeben ist, folgt, dass der Inlandspreis des Gutes 2 P_2 eine Funktion des nominalen Wechselkurses e ist.

Die Haushalte stellen einerseits Kapital für die Inlands- und Auslandsproduktion des Gutes 1, andererseits Arbeitskraft für die Inlandsproduktion der Güter 1 und 2 bereit. Sie erhalten aus der Inlands- und Auslandsproduktion des Gutes 1 $P_1Y_1 + \kappa P_1Y_1^*$. Der erste Summand beschreibt den nominalen Wert der Produktion in Sektor 1. Der zweite Summand beschreibt das nominale Zinseinkommen, das den Haushalten infolge hinausgegangener Direktinvestitionen und einer diesbezüglichen Verbesserung der Nettovermögensposition gegenüber dem Ausland zufließt, wobei κ den Anteil des Zinseinkommens an der Auslandsproduktion des Gutes 1 Y_1^* angibt. Zusätzlich fließt den Haushalten Lohneinkommen aus der Inlandsproduktion des Gutes 2 zu. Mit ω als Lohnanteil an der Inlandsproduktion des Gutes 2 beträgt das nominale Lohneinkommen ωP_2Y_2. Aus der Analyse der Investitionsphase ist bekannt, dass bei anfänglichem Handelsbilanzgleichgewicht hinausgehende Direktinvestitionen in einer kleinen offenen Wirtschaft mit perfekter Kapitalmobilität und flexiblem Wechselkurs nicht zu einer Verbesserung der Nettovermögensposition führen, damit gilt $\kappa = 0$ (vgl. mit Tabelle 5.2). Ferner wurde gezeigt, dass hereinkommende Direktinvestitionen eine niedrigere Nettovermögensposition bewirken (vgl. mit Tabelle 5.1). Somit gilt $0 < \omega < 1$.[1] Unter Berücksichtigung des *law of one price* hat die Budgetrestriktion der Haushalte folgende Gestalt:

$$P_1Y_1 + \omega eP_2^*Y_2 = P_1C_1 + eP_2^*C_2 + P_1S_1.$$

Dabei bezeichnet die linke Seite der Gleichung das nominale Einkommen aus der Tätigkeit in den Sektoren 1 und 2 und die rechte Seite der Gleichung die Ausgaben für den Konsum der Güter 1 und 2 und für die Ersparnis. Die Lagrangefunktion für das Optimierungsproblem der Haushalte lautet dann $\mathscr{L} = \alpha \log C_1 + \beta \log C_2 + \gamma \log S_1 - \lambda(P_1C_1 + eP_2^*C_2 + P_1S_1 - P_1Y_1 - \omega eP_2^*Y_2)$. Die endogenen Variablen sind C_1, C_2 und S_1. Die Variablen Y_1, Y_2, P_1, P_2^* und e sind hingegen für die Haushalte exogen gegeben. Die Bedingungen erster Ordnung lauten:

$$P_1C_1 = \alpha/\lambda$$

$$eP_2^*C_2 = \beta/\lambda$$

$$P_1S_1 = \gamma/\lambda$$

[1] Wie bereits in Abschnitt 1.2 beschrieben, differieren bei multinationaler Aktivität Bruttoinlandsprodukt (BIP) und Bruttosozialprodukt (BSP). Hier entspricht das $BIP = P_1Y_1 + P_2Y_2$ und das $BSP = P_1Y_1 + \omega P_2Y_2$. Der Saldo der Erwerbs- und Vermögenseinkommen beträgt also $SEV = BSP - BIP = -(1-\omega)P_2Y_2$.

Setzt man diese in die Budgetrestriktion ein, erhält man die Konsumnachfrage nach Gut 1, Gut 2 und die Ersparnis:

$$C_1 = \alpha(Y_1 + \omega e P_2^* Y_2/P_1) \tag{7.2}$$

$$C_2 = \beta(P_1 Y_1/eP_2^* + \omega Y_2) \tag{7.3}$$

$$S_1 = \gamma(Y_1 + \omega e P_2^* Y_2/P_1) \tag{7.4}$$

Gleichung (7.2) beschreibt die Konsumnachfrage nach Gut 1. Der Konsum des Gutes 1 ist proportional zum in Gut 1 gemessenen Realeinkommen $Y_1 + \omega e P_2^* Y_2/P_1$. Hierbei gibt $eP_2^* Y_2/P_1$ den in Gut 1 gemessenen Wert der Inlandsproduktion des Sektors 2 an. C_1 steigt bei einem Anstieg der Inlandsproduktion des Gutes 1 Y_1, einem Anstieg der Inlandsproduktion des Gutes 2 Y_2 und einem Anstieg des Wechselkurses e. Letzteres liegt darin begründet, dass im Falle einer Abwertung der Inlandswährung der Inlandspreis des Gutes 2 $P_2 = eP_2^*$ steigt, so dass mit der gleichen Produktion in Sektor 2 eine größere Menge des Gutes 1 erworben werden kann. Gleichung (7.3) beschreibt die Konsumnachfrage der Haushalte nach Gut 2. Diese ist proportional zum in Gut 2 gemessenen Realeinkommen $P_1 Y_1/eP_2^* + \omega Y_2$, wobei $P_1 Y_1/eP_2^*$ die in Gut 2 gemessene Inlandsproduktion des Sektor 1 angibt. C_2 steigt bei einem Anstieg der Inlandsproduktion des Gutes 1 Y_1 und einem Anstieg der Inlandsproduktion des Gutes 2 Y_2. C_2 sinkt bei einem Anstieg des Wechselkurses e, da in diesem Fall der Wert des Gutes 1 gemessen in Gut 2 abnimmt. Gleichung (7.4) beschreibt die Ersparnis der Haushalte. Die Ersparnis S_1 ist proportional zum in Gut 1 gemessenen Realeinkommen. Analog zur Konsumnachfrage nach Gut 1 steigt sie bei einem Anstieg der Inlandsproduktion des Gutes 1 Y_1, einem Anstieg der Inlandsproduktion des Gutes 2 Y_2 und einem Anstieg des Wechselkurses e.

Es können nun die Gütermarktgleichungen abgeleitet werden. Die Betrachtung beginnt aus Gründen der Darstellung mit dem Markt für das originär ausländische Gut 2. Hier gilt

$$C_2 = Q_2 + Y_2,$$

wobei Q_2 den Import des Gutes 2 bezeichnet. Die Gleichung besagt, dass der Konsum des Gutes 2, das heißt, die Nachfrage der Inländer nach dem originär ausländischen Gut, einerseits über Importe des Gutes 2 und andererseits über die Inlandsproduktion des Gutes 2 befriedigt wird. Der Markt für das originär ausländische Gut 2 wird dabei unter der Annahme betrachtet, dass die Nachfrage der Inländer nach Gut 2 stets die Inlandsproduktion übersteigt, das heißt $C_2 > Y_2$. Diese Annahme impliziert, dass das Inland jederzeit einen Teil seiner Nachfrage nach Gut 2 importiert und der Absatz der Inlandsproduktion des Gutes 2 somit stets gewährleistet ist. Kurzfristig wird die Inlandsproduktion des Gutes 2 durch die limitationale Produktionsfunktion $Y_2 = \min\{a_2 N_2, b_2 K_2\}$ beschrieben, wobei N_2 und K_2 den Arbeits- und Kapitaleinsatz des Sektors 2 und a_2 und b_2 die Arbeits- und Kapitalproduktivität des Sektors 2 symbolisieren. Da Arbeitslosigkeit herrscht, ist Arbeit nicht der limitierende Faktor. Damit gilt im Folgenden, dass die Inlandsproduktion des Sektors 2 allein durch die Kapazität des in Sektor 2 installierten inländischen Kapitalstocks beschränkt ist. Aus $C_2 > Y_2$ folgt ferner, dass Sektor 2 jederzeit an der Kapazitätsgrenze produziert. Die Produktion des Gutes 2 Y_2 ist damit exogen, und die endogene Variable der Gütermarktgleichung für Gut 2 ist nunmehr der Import Q_2. Dieser entspricht der Differenz aus der Konsumnachfrage nach Gut 2 und der Inlandsproduktion des Gutes 2:

$$Q_2 = C_2 - Y_2.$$

Setzt man (7.3) ein ergibt sich

$$Q_2 = \beta(P_1 Y_1 / e P_2^* + \omega Y_2) - Y_2. \tag{7.5}$$

Für gegebene Niveaus von Y_2, P_1 und P_2^* steigt der Import mit der Inlandsproduktion des Gutes 1 Y_1 und sinkt bei einem Anstieg des nominalen Wechselkurses e. Letzteres wird durch der Verschlechterung der *terms of trade* begründet, die mit einer Abwertung der Inlandswährung einhergeht.

Die Inlandsproduktion des Gutes 1 wird endogen von der darauf entfallenden Nachfrage bestimmt:

$$Y_1 = C_1 + X_1, \tag{7.6}$$

wobei C_1 die Nachfrage der Inländer nach Gut 1 und X_1 den Export des Gutes 1, d.h die Nachfrage der Ausländer nach dem im Inland produzierten Gut 1 bezeichnet. Während C_1 Gleichung (7.2) entnommen werden kann, wird die Gleichung für den Export X_1 in Analogie zur Importgleichung (7.5) ermittelt. Dabei ist zu beachten, dass die Auslandsproduktion des Gutes 1 Y_1^* das Einkommen des großen Auslands nicht ausreichend erhöht, um Repercussion-Effekte hervorzurufen. Allerdings ist die Auslandsproduktion des Gutes 1 von unmittelbarer Bedeutung für die Exporte der kleinen offenen Wirtschaft. Die Importfunktion der Ausländer, die gleichsam der Exportfunktion der Inländer entspricht, lautet daher $Q_1^* = X_1 = \beta^*(e P_2^* Y_2^* / P_1) - Y_1^*$.

Q_1^* bezeichnet die Importe der Ausländer des Gutes 1, Y_2^* die Auslandsproduktion des Gutes 2, Y_1^* die Auslandsproduktion des Gutes 1 und β^* den ausländischen Ausgabenanteil des Gutes 1 am ausländischen Einkommen. Da das ausländische Einkommen von der kleinen offenen Wirtschaft nicht signifikant beeinflusst wird und die Auslandsproduktion des Gutes 1 Y_1^* analog zur Inlandsproduktion des Gutes 2 Y_2 exogen gegeben ist, verbleibt als einzige endogene Variable der nominale Wechselkurs e. Die Exportfunktion lässt sich dann wie folgt schreiben:

$$X_1 = heP_2^*/P_1 - Y_1^*, \tag{7.7}$$

mit $h = \beta^* Y_2^*$. Der Parameter h kann als Wechselkursempfindlichkeit des Exports interpretiert werden. Y_1^* hingegen entspricht dem Rückgang der Exportnachfrage, der durch die Produktion des Gutes 1 im Ausland verursacht wird. Setzt man (7.2) und (7.7) in (7.6) ein, erhält man die Gütermarktgleichung für Gut 1:

$$Y_1 = \alpha(Y_1 + \omega eP_2^* Y_2/P_1) + heP_2^*/P_1 - Y_1^*.$$

Abschließend soll der Geldmarkt beschrieben werden. Die Verhaltensgleichungen lauten

$$M = const \tag{7.8}$$

$$L = k(P_1 Y_1 + \omega eP_2^* Y_2) \tag{7.9}$$

Gleichung (7.8) ist die Geldangebotsfunktion. Sie besagt, dass die Zentralbank die nominale Geldmenge M fixiert. Gleichung (7.9) ist die Geldnachfragefunktion. Die nominale Geldnachfrage L ist eine steigende Funktion der Inlandsproduktion des Gutes 1 Y_1, der Inlandsproduktion des Gutes 2 Y_2 und des nominalen Wechselkurses e. k ist ein Parameter, und es gilt $k > 0$. Der Geldmarkt befindet sich im Gleichgewicht, wenn die Geldnachfrage dem Geldangebot entspricht, wenn also gilt: $M = L$. Setzt man die Verhaltensfunktionen ein, resultiert die Geldmarktgleichung:

$$M = k(P_1 Y_1 + \omega eP_2^* Y_2).$$

Damit lautet das Makromodell:

$$Y_1 = \alpha(Y_1 + \omega eP_2^* Y_2/P_1) + heP_2^*/P_1 - Y_1^* \tag{7.10}$$

$$Q_2 = \beta(P_1 Y_1/eP_2^* + \omega Y_2) - Y_2 \tag{7.11}$$

$$M = k(P_1 Y_1 + \omega e P_2^* Y_2) \tag{7.12}$$

Gleichung (7.10) beschreibt den Markt für Gut 1, Gleichung (7.11) beschreibt den Markt für Gut 2 und Gleichung (7.12) beschreibt den Geldmarkt. Die endogenen Variablen sind Y_1, Q_2 und e, das heißt es gibt drei Gleichungen und drei endogene Variablen. P_1, P_2^*, Y_2 und M sind hingegen exogen gegeben.

7.2 Anstieg der Inlandsproduktion des Sektors 2

In diesem Abschnitt sollen die Sekundäreffekte hereinkommender Direktinvestitionen im Empfängerland dargestellt werden. Wie bereits zuvor erläutert wurde, ist die Inlandsproduktion des Sektors 2 durch den Kapitalstock beschränkt. Im Folgenden wird ein Anstieg des Kapitalstocks des Sektors 2 infolge hereinkommender Direktinvestitionen untersucht, aus dem eine permanent höhere Inlandsproduktion des Gutes 2 resultiert. Welche Folgen ergeben sich dann in Bezug auf die Inlandsproduktion des Gutes 1, die Importe des Gutes 2 und den Wechselkurs?

7.2.1 Produktions- und Handelseffekte

Das totale Differential des Gleichungssystems (7.10) bis (7.12) hat folgende Gestalt:

$$dY_1 = \alpha(dY_1 + \omega(P_2^*/P_1)(Y_2 de + e dY_2)) + h(P_2^*/P_1)de \tag{7.13}$$

$$dQ_2 = \beta\left(\frac{P_1}{P_2^*}\left(\frac{e dY_1 - Y_1 de}{e^2}\right) + \omega dY_2\right) - dY_2 \tag{7.14}$$

$$0 = P_1 dY_1 + \omega P_2^*(Y_2 de + e dY_2). \tag{7.15}$$

Als erstes Ergebnis erhält man durch Kombination von (7.13) und (7.15)

$$de = -\frac{\omega e}{\omega Y_2 + h} dY_2. \tag{7.16}$$

Ein Anstieg der Inlandsproduktion des Gutes 2 hat eine Aufwertung der Inlandswährung zur Folge, e sinkt. Setzt man (7.16) in (7.13) ein, folgt:

$$dY_1 = -\frac{\omega h e P_2^*/P_1}{\omega Y_2 + h} dY_2, \tag{7.17}$$

das heißt, eine Zunahme der Inlandsproduktion des Gutes 2 bewirkt einen Rückgang der Inlandsproduktion des Sektors 1, also des originär inländischen Gutes 1. Dieses Ergebnis soll näher untersucht werden. Dazu dividiert man (7.15) durch P_1 und setzt dieses in (7.13) ein. Es wird sofort ersichtlich, dass sich die Nachfrage der Inländer nach Gut 1 C_1 nicht verändert, $dC_1 = \alpha(dY_1 + \omega(P_2^*/P_1)(Y_2 de + e dY_2)) = 0$. Die Veränderung der Inlandsproduktion des Gutes 1 entspricht lediglich der Veränderung der Nachfrage der Ausländer nach Y_1. Für die Veränderung von Y_1 gilt also $dY_1 = h(P_2^*/P_1)de = dX_1$. Der Rückgang der Exporte des Gutes 1 findet seine Ursache in der Aufwertung der Inlandswährung, und es lässt sich festhalten:

$$dX_1 = -\frac{\omega h e P_2^*/P_1}{\omega Y_2 + h} dY_2. \tag{7.18}$$

Wie lautet die Kausalkette? Mit dem Anstieg der Inlandsproduktion in Sektor 2 steigt unmittelbar das Einkommen des Sektors 2. Deshalb erhöht sich auch die nominale Geldnachfrage, so dass der Inlandszins den Auslandszins übersteigt. Ausländisches Portfoliokapital fließt sofort vermehrt ins Inland und senkt den Wechselkurs. Export und Produktion des Gutes 1 gehen daraufhin zurück, so dass der nominale Einkommensrückgang des Sektors 1 dem nominalen Einkommenszuwachs des Sektor 2 entspricht.

Mit Hilfe der bisherigen Ergebnisse kann nun auch die Veränderung der Importe berechnet werden. Einsetzen von (7.16) und (7.17) in (7.14) führt zu

$$dQ_2 = \left(\frac{-\omega\beta h + \omega\beta P_1 Y_1/eP_2^*}{\omega Y_2 + h} - (1-\omega\beta)\right) dY_2. \tag{7.19}$$

Unter Verwendung von (7.10) erhält man nach einigen Umformungen

$$dQ_2 = \left(-\frac{\omega\beta}{\beta+\gamma}\frac{P_1 Y_1^*/eP_2^*}{\omega Y_2 + h} - \frac{(1-\omega)\beta+\gamma}{\beta+\gamma}\right) dY_2.$$

Der Term in der Klammer ist negativ. Das heißt, ein Anstieg der Inlandsproduktion des Gutes 2 hat stets einen Rückgang der Importe zur Folge. Zwar bewirkt die Aufwertung der Inlandswährung und der Anstieg des Einkommens in Sektor 2, dass die Nachfrage nach Gut 2 steigt, allerdings wird dieses durch den Anstieg der Inlandsproduktion des Gutes 2 überkompensiert, das heißt $dC_2/dY_2 < 1$.

Wie bisher gezeigt, sinken sowohl die Exporte als auch die Importe. Es ist daher zu untersuchen, welche Konsequenzen sich daraus für den Nettoexport H ergeben. Dabei ist zu beachten, dass der Exportrückgang in Einheiten des Gutes 1, der Importrückgang jedoch in Einheiten des Gutes 2 ermittelt wurde. Die Bezugseinheit für den Nettoexport ist das originär inländische Gut 1. Die Importe sind deshalb mittels des realen Wechselkurses in Einheiten des Gutes 1 umzurechnen. Für den

Nettoexport gemessen in Gut 1 gilt damit $H_1 = X_1 - eP_2^*Q_2/P_1$. Setzt man (7.7) und (7.5) ein, folgt $H_1 = heP_2^*/P_1 - Y_1^* - \beta(Y_1 + \omega eP_2^*Y_2/P_1) + eP_2^*Y_2/P_1$. Das zugehörige totale Differential lautet

$$dH_1 = (h + Y_2 - \beta\omega Y_2)\frac{P_2^*}{P_1}de - \beta dY_1 + (1-\beta\omega)\frac{eP_2^*}{P_1}dY_2.$$

Mit Hilfe von (7.16) und (7.17) erhält man schließlich

$$dH_1 = (1-\omega)\frac{heP_2^*/P_1}{\omega Y_2 + h}dY_2.$$

Als Resultat lässt sich festhalten, dass der Nettoexport durch den Anstieg der Inlandsproduktion in Sektor 2 zunimmt.

Wie gezeigt, korrespondiert ein Produktionsanstieg in Sektor 2 mit einem Produktionsrückgang in Sektor 1. Dieses ist offensichtlich nicht vorteilhaft für die Unternehmen des Sektors 1 und die in Sektor 1 Beschäftigten. Es ist daher eine interessante Frage, ob die Wirtschaft als Ganzes profitiert oder verliert. Um diese Frage zu klären, wird im Folgenden die Wirkung des Anstiegs der Inlandsproduktion des Gutes 2 auf die Wohlfahrt untersucht.

7.2.2 Wohlfahrtseffekte

Den Ausgangspunkt für die Untersuchung der Wohlfahrtseffekte eines Anstiegs der Inlandsproduktion des originär ausländischen Gutes 2 bildet die Nutzenfunktion der Haushalte (7.1). Das totale Differential der Nutzenfunktion lautet:

$$dU = \alpha\frac{dC_1}{C_1} + \beta\frac{dC_2}{C_2} + \gamma\frac{dS_1}{S_1}. \tag{7.20}$$

Die Nutzenänderung entspricht also der Summe der mit dem jeweiligen Ausgabenanteil gewichteten relativen Veränderungen des Konsums des Gutes 1, des Gutes 2 und der Ersparnis. Die hierfür notwendigen totalen Differentiale der Gleichungen (7.2) bis (7.4) sind

$$dC_1 = \alpha(dY_1 + \omega(P_2^*/P_1)(Y_2de + edY_2)) \tag{7.21}$$

$$dC_2 = \beta\left(\frac{P_1}{P_2^*}\left(\frac{edY_1 - Y_1de}{e^2}\right) + \omega dY_2\right) \tag{7.22}$$

$$dS_1 = \gamma(dY_1 + \omega(P_2^*/P_1)(Y_2de + edY_2)) \tag{7.23}$$

Aus dem totalen Differential der Geldmarktgleichung (7.15) folgt sofort $dC_1 = 0$ und $dS_1 = 0$. Da der Konsum des Gutes 1 und die Ersparnis Funktionen des in Gut 1 gemessenen Realeinkommens sind und dieses unverändert bleibt, ergibt sich auch für beide Größen keine Veränderung. Die Veränderung des Konsums des Gutes 2 hingegen ergibt, wenn man (7.16) und (7.17) in (7.22) einsetzt,

$$dC_2 = \frac{\omega\beta(P_1Y_1/eP_2^* + \omega Y_2)}{\omega Y_2 + h} dY_2 = \frac{\omega C_2}{\omega Y_2 + h} dY_2.$$

Der Konsum des Gutes 2 nimmt bei einer Ausweitung der Produktion in Sektor 2 zu. Dieses folgt direkt aus der Aufwertung der Inlandswährung, die den Inlandspreis des Gutes 2 $P_2 = eP_2^*$ senkt. Da sich die Konsumnachfrage nach Gut 2 entgegengesetzt zu ihrem Preis verhält, führt ein niedrigerer Inlandspreis des Gutes 2 zu einer höheren Konsumnachfrage nach Gut 2. Setzt man obige Ergebnisse in Gleichung (7.20) ein, erhält man für die Nutzenänderung

$$dU = \frac{\omega\beta}{\omega Y_2 + h} dY_2.$$

Als Resultat zeigt sich, dass der Produktionsanstieg in Sektor 2 mit einem Nutzenzuwachs einhergeht. Die Wirtschaft als Ganzes profitiert insofern von einem Anstieg der Inlandsproduktion des Gutes 2.

7.3 Anstieg der Auslandsproduktion des Sektors 1

Im folgenden Abschnitt findet ein Perspektivwechsel statt. Es sollen nun die Effekte einer Ausweitung der multinationalen Produktion im Investorland betrachtet werden. Es wird somit der Frage nachgegangen, welche Konsequenzen sich für die kleine offene Wirtschaft ergeben, wenn Firmen ihre Auslandsproduktion des Gutes 1 Y_1^* steigern.

7.3.1 Produktions- und Handelseffekte

Für die Untersuchung findet weiterhin das Modell (7.10)-(7.12) Verwendung:

$$Y_1 = \alpha(Y_1 + \omega eP_2^*Y_2/P_1) + heP_2^*/P_1 - Y_1^*$$

$$Q_2 = \beta(P_1Y_1/eP_2^* + \omega Y_2) - Y_2$$

$$M = k(P_1Y_1 + \omega eP_2^*Y_2)$$

Nun erhöhen die Firmen die Auslandsproduktion des Gutes 1, so dass Y_1^* steigt und folglich die Exporte $X_1 = heP_2^*/P_1 - Y_1^*$ zurückgehen. Welche weiteren Konsequenzen ergeben sich infolge dieses Initialschocks? Das totales Differential des Gleichungssystems (7.10)-(7.12) lautet

$$dY_1 = \alpha(dY_1 + (\omega P_2^* Y_2/P_1)de) + (hP_2^*/P_1)de - dY_1^* \tag{7.24}$$

$$dQ_2 = \beta \frac{P_1}{P_2^*} \left(\frac{edY_1 - Y_1 de}{e^2} \right) \tag{7.25}$$

$$0 = P_1 dY_1 + \omega P_2^* Y_2 de \tag{7.26}$$

Als erstes Ergebnis erhält man durch Kombination von (7.24) und (7.26)

$$de = \frac{P_1}{P_2^*(\omega Y_2 + h)} dY_1^*. \tag{7.27}$$

Die Inlandswährung wertet bei einem Anstieg von Y_1^* ab. Setzt man die Veränderung des Wechselkurses in (7.24) ein, folgt, dass die Inlandsproduktion des Sektors 1 im neuen Gleichgewicht gesunken ist

$$dY_1 = -\frac{\omega Y_2}{\omega Y_2 + h} dY_1^*, \tag{7.28}$$

wobei $-1 < dY_1/dY_1^* \leqslant 0$ gilt. Auch hier ist der Rückgang der Inlandsproduktion in Sektor 1 auf den Rückgang der Exportnachfrage X_1 zurückzuführen. Die Veränderung der Exporte beträgt $dX_1 = (hP_2^*/P_1)de - dY_1^* = -(\omega Y_2/(\omega Y_2 + h))dY_1^*$. Dieses entspricht exakt dY_1. Die aufgrund der Abwertung endogen ansteigenden Exporte können damit den die Anpassung auslösenden Exportschock (für $Y_2 > 0$) nur teilweise kompensieren.

Insgesamt vollzieht sich folgender Anpassungsprozess: Der Anstieg von Y_1^* senkt die Exporte. Dieses bewirkt zunächst einen Rückgang der Inlandsproduktion des Gutes 1 und somit einen Rückgang des Inlandseinkommens des Sektors 1. Die daraus resultierende geringere Geldnachfrage drückt den Inlandszins tendenziell unter das Niveau des Auslandszinses und führt zu einem Rückgang des endogenen Kapitalzuflusses und damit zu einer Abwertung der Inlandswährung. Daraufhin steigen die wechselkursabhängigen Exporte an, so dass im neuen Gleichgewicht die Veränderung der Inlandsproduktion dY_1 geringer als der sie auslösende Initialschock dY_1^* ausfällt.[2]

[2]Interessant ist der Spezialfall einer Wirtschaft, die bisher keinerlei Direktinvestitionen empfangen hat, so dass $Y_2 = 0$ gilt. Gleichung (7.28) folgend beträgt die Änderung der Inlandsproduktion des Gutes 1 dann $dY_1 = 0$. Der Grund hierfür liegt darin, dass bei $Y_2 = 0$ eine

Nun zu den Importen: Für die Importe folgt aus (7.27) und (7.28) in (7.25)

$$dQ_2 = -\beta \frac{P_1}{eP_2^*} \left(\frac{\omega Y_2 + P_1 Y_1 / eP_2^*}{\omega Y_2 + h} \right) dY_1^*,$$

das heißt, die Importe sinken im Falle eines Anstiegs der Auslandsproduktion des Sektors 1. Verantwortlich für die Absenkung der Importe ist zum einen der Rückgang des Inlandseinkommens des Sektors 1 und die diesbezüglich unmittelbar geringere Nachfrage nach Gut 2, zum anderen der Anstieg des Wechselkurses, der den Tauschwert des Gutes 1 gegenüber Gut 2 verringert und über diesen terms-of-trade-Effekt ebenfalls die Nachfrage nach Gut 2 verringert. Der Rückgang der Importe entspricht darüber hinaus dem Rückgang der Nachfrage nach Gut 2, da sich $dQ_2 = dC_2 - dY_2$ mit $dY_2 = 0$ zu $dQ_2 = dC_2$ reduziert.

Der in Gut 1 gemessene Nettoexport beträgt $H_1 = heP_2^*/P_1 - Y_1^* - \beta(Y_1 + \omega eP_2^* Y_2/P_1) + eP_2^* Y_2/P_1$. Für das totale Differential folgt

$$dH_1 = h\frac{P_2^*}{P_1}de - dY_1^* - \beta\left(dY_1 + \omega Y_2 \frac{P_2^*}{P_1}de\right) + Y_2 \frac{P_2^*}{P_1}de.$$

Substituiert man de und dY_1 unter Zuhilfenahme der zuvor ermittelten Ergebnisse, resultiert

$$dH_1 = \frac{(1-\omega)Y_2}{\omega Y_2 + h} dY_1^*.$$

Ein Anstieg der Auslandsproduktion des Gutes 1 führt zu einer positiven Änderung des Nettoexports.

7.3.2 Wohlfahrtseffekte

Welche Wirkung hat der Anstieg der Auslandsproduktion des Gutes 1 auf die Wohlfahrt der kleinen offenen Wirtschaft? Die Änderung des Nutzens entspricht

$$dU = \alpha\frac{dC_1}{C_1} + \beta\frac{dC_2}{C_2} + \gamma\frac{dS_1}{S_1}, \tag{7.29}$$

Steigerung der Auslandsproduktion des Gutes 1 maximale Wirkung auf den Wechselkurs hat $de = (P_1/hP_2^*)dY_1^*$, da der dämpfende Effekt einer Erhöhung des nominalen Inlandseinkommens des Sektors 2 via Geldnachfrage und Kapitalzufluss auf den Wechselkurs entfällt. Durch die Abwertung kompensieren die endogen zunehmenden (wechselkursabhängigen) Exporte exakt den Initialschock. Export und Inlandsproduktion des Gutes 1 verändern sich im neuen Gleichgewicht nicht $dX_1 = (hP_2^*/P_1)(P_1/hP_2^*)dY_1^* - dY_1^* = 0$.

und die zugehörigen Differentiale für die Konsum- und Sparfunktionen lauten

$$dC_1 = \alpha(dY_1 + \omega Y_2(P_2^*/P_1)de) \tag{7.30}$$

$$dC_2 = \beta\left(\frac{P_1}{P_2^*}\left(\frac{edY_1 - Y_1 de}{e^2}\right)\right) \tag{7.31}$$

$$dS_1 = \gamma(dY_1 + \omega Y_2(P_2^*/P_1)de) \tag{7.32}$$

Mit Hilfe des totalen Differentials der Geldmarktgleichung (7.26) lässt sich schnell zeigen, dass $dC_1 = dS_1 = 0$ beträgt. Für die Änderung des Konsums des Gutes 2 gilt, wie bereits erläutert,

$$dC_2 = dQ_2 = -\left(\frac{C_2}{\omega Y_2 + h}\right)\frac{P_1}{eP_2^*}dY_1^*.$$

Der Rückgang des Konsums des Gutes 2 beruht zum einen auf dem gesunkenem Einkommen der Inländer in Sektor 1, zum anderen in der durch die Abwertung verursachten Erhöhung des Inlandspreises des Gutes 2. Setzt man obige Ergebnisse in Gleichung (7.29) ein, folgt

$$dU = -\beta\frac{P_1/eP_2^*}{\omega Y_2 + h}dY_1^*.$$

Als Ergebnis erhält man, dass eine Ausweitung der Auslandsproduktion des Gutes 1 mit einem Rückgang des Konsums des Gutes 2 und daher mit einer Senkung der Wohlfahrt einhergeht.

7.4 Zusammenfassung

1. Im Empfängerland führt ein Anstieg der Inlandsproduktion des originär ausländischen Gutes über eine Aufwertung der Inlandswährung zu einem Rückgang der Exporte und damit zu einem Rückgang der Inlandsproduktion des originär inländischen Gutes. Gleichzeitig sinken die Importe des originär ausländischen Gutes. Der Anstieg der Inlandsproduktion des originär ausländischen Gutes ist dabei mit einem positiven Nutzeneffekt für die Wirtschaft als Ganzes verbunden.

2. Im Investorland führt ein Anstieg der Auslandsproduktion des originär inländischen Gutes zu einer Abwertung der Inlandswährung und einem Rückgang der Inlandsproduktion des originär inländischen Gutes. Ebenso sinken die Importe

des originär ausländischen Gutes. Insgesamt ist der Anstieg der Auslandsproduktion des originär inländischen Gutes mit einem negativen Nutzeneffekt für die Wirtschaft als Ganzes verbunden.

3. Insgesamt unterstreichen die oben angeführten unterschiedlichen Ergebnisse hinsichtlich der Wohlfahrtswirkung hereinkommender und herausgehender Direktinvestitionen und der daraus resultierenden multinationalen Produktion die Bedeutung der Standortattraktivität.

Kapitel 8

Kurzfristige Wirkungen bei festem Wechselkurs

8.1 Das Modell

Betrachtet wird eine kleine offene Wirtschaft mit festem Wechselkurs. Kapital sei perfekt mobil, daher entspricht der Inlandszins i stets dem Auslandszins i^*, das heißt $i = i^*$. Auf dem Arbeitsmarkt herrsche ein Überangebot. Die kleine offene Wirtschaft besteht aus den Sektoren 1 und 2. Sektor 1 erstellt die Inlandsproduktion des originär inländischen Gutes 1 Y_1, während Sektor 2, der infolge hereinkommender Greenfield Investments entstanden ist, die Inlandsproduktion des originär ausländischen Gutes 2 erstellt. Die Inlandsproduktion des Gutes 2 stellt aus Sicht des Inlandes ein Substitut für bisherige Importe des Gutes 2 dar.

Die Haushalte der kleinen offenen Wirtschaft haben identische Präferenzen. Ihre Nutzenfunktion lautet

$$U = \alpha \log C_1 + \beta \log C_2 + \gamma \log S_1, \tag{8.1}$$

wobei $\alpha + \beta + \gamma = 1$ und $\alpha, \beta, \gamma > 0$ gilt. C_1 bezeichnet den Konsum des Gutes 1, C_2 bezeichnet den Konsum des Gutes 2 und S_1 bezeichnet die Ersparnis, die in Gütereinheiten 1 gemessen wird.

Der Inlandspreis des Gutes 1 P_1 als auch der Auslandspreis des Gutes 2 P_2^* seien exogen gegeben. Da Gut 2 sowohl im Inland als auch im Ausland erworben werden kann, wird angenommen, dass das *law of one price* gilt. Das heißt, für den Inlandspreis des Gutes 2 P_2 (gemessen in Inlandswährung) gilt: $P_2 = eP_2^*$. Hier bezeichnet e den nominalen Wechselkurs, also den Preis der Auslandswährung in Inlandswährung. Und P_2^* bezeichnet den Auslandspreis des Gutes 2 (gemessen in Auslandswährung). Damit ergibt eP_2^* den Auslandspreis des Gutes 2 in Inlandswährung. Da P_2^* exogen gegeben und e aufgrund des Wechselkursregimes konstant ist, folgt, dass auch P_2 konstant ist.

Die Haushalte stellen zum einen Kapital für die Inlands- und Auslandsproduktion des Gutes 1, zum anderen Arbeit für die Inlandsproduktion der Güter 1 und 2 zur Verfügung. Aus der Analyse der Investitionsphase ist bekannt, dass herausgehende Direktinvestitionen bei anfänglichem Handelsbilanzgleichgewicht tendenziell zu einer Verbesserung der Nettovermögensposition gegenüber dem Ausland führen (vgl. mit Tabelle 5.5). Hereinkommende Direktinvestitionen führen zu einer Verschlechterung der Nettovermögensposition gegenüber dem Ausland (vgl. mit Tabelle 5.4). Das nominale Einkommen der Haushalte setzt sich somit zusammen aus dem Wert der Inlandsproduktion des Gutes 1 P_1Y_1 , den Zinserträgen aus der Auslandsproduktion des Gutes 1 $\kappa P_1 Y_1$ und dem Wert der Inlandsproduktion des Gutes 2 abzüglich der Zinserträge der Ausländer $\omega P_2 Y_2$. κ bezeichnet den Anteil der Auslandsproduktion des Gutes 1 der den Inländern als Zinsertrag zufließt. ω bezeichnet dabei den Lohnanteil am Inlandseinkommen des Sektors 2, der den Inländern nach Abzug der Zinszahlungen an Ausländer verbleibt. Dabei gilt $0 \leq \kappa < 1$ und $0 < \omega < 1$.[1] Unter Verwendung des *law of one price* lautet die Budgetrestriktion der Haushalte daher

$$P_1Y_1 + \kappa P_1Y_1^* + \omega e P_2^* Y_2 = P_1C_1 + eP_2^*C_2 + P_1S_1.$$

Die linke Seite der Gleichung zeigt das nominale Einkommen der Haushalte, die rechte Seite zeigt hingegen die Konsumausgaben für Gut 1, Gut 2 und für die Ersparnis. Die Lagrangefunktion für das Optimierungsproblem der Haushalte lautet $\mathscr{L} = \alpha \log C_1 + \beta \log C_2 + \gamma \log S_1 - \lambda(P_1C_1 + eP_2^*C_2 + P_1S_1 - P_1Y_1 - \kappa P_1Y_1^* - \omega eP_2^*Y_2)$. Die endogenen Variablen sind C_1, C_2 und S_1. Die Variablen $Y_1, Y_1^*, Y_2, P_1, P_2^*$ und e sind für die Haushalte hingegen exogen gegeben. Die Bedingungen erster Ordnung sind

$$P_1C_1 = \alpha/\lambda$$

$$eP_2^*C_2 = \beta/\lambda$$

$$P_1S_1 = \gamma/\lambda$$

In Verbindung mit der Budgetrestriktion erhält man nun die Nachfragefunktionen für Gut 1, Gut 2 und für die Ersparnis

$$C_1 = \alpha(Y_1 + \kappa Y_1^* + \omega e P_2^* Y_2/P_1) \tag{8.2}$$

[1] Diesbezüglich lässt sich nun zeigen, dass bei multinationaler Produktion Bruttoinlandsprodukt (BIP) und Bruttosozialprodukt (BSP) differieren. Dabei entspricht das $BIP = P_1Y_1 + P_2Y_2$ und das $BSP = P_1Y_1 + \kappa P_1Y_1^* + \omega P_2Y_2$. Der Saldo der Erwerbs- und Vermögenseinkommen beträgt also $SEV = BSP - BIP = \kappa P_1Y_1^* - (1-\omega)P_2Y_2$.

$$C_2 = \beta\left(P_1(Y_1 + \kappa Y_1^*)/eP_2^* + \omega Y_2\right) \tag{8.3}$$

$$S_1 = \gamma(Y_1 + \kappa Y_1^* + \omega e P_2^* Y_2/P_1) \tag{8.4}$$

Gleichung (8.2) ist die Konsumfunktion des Gutes 1. Der Konsum des Gutes 1 ist proportional zum Realeinkommen gemessen in Gut 1. C_1 steigt bei einem Anstieg der Inlandsproduktion des Gutes 1 Y_1, einem Anstieg der Auslandsproduktion des Gutes 1 Y_1^* und einem Anstieg der Inlandsproduktion des Gutes 2 Y_2. Gleichung (8.3) ist die Konsumfunktion des Gutes 2. Der Konsum des Gutes 2 ist proportional zum Realeinkommen gemessen in Gut 2. C_2 steigt bei einem Anstieg der Inlandsproduktion des Gutes 1 Y_1, einem Anstieg der Auslandsproduktion des Gutes 1 Y_1^* und einem Anstieg der Inlandsproduktion des Gutes 2 Y_2. Gleichung (8.4) ist die Sparfunktion. Analog zum Konsum des Gutes 1 steigt sie mit der Inlandsproduktion des Gutes 1, der Auslandsproduktion des Gutes 1 und der Inlandsproduktion des Gutes 2.

Mit Hilfe der Konsumfunktionen können nun die Gütermarktgleichungen aufgestellt werden. Aus Gründen der Darstellung wird zunächst der Markt für Gut 2 modelliert. Es gilt

$$C_2 = Q_2 + Y_2,$$

wobei Q_2 den Import des Gutes 2 bezeichnet. Die Gleichung besagt, dass der Konsum des Gutes 2, das heißt die Nachfrage der Inländer nach dem originär ausländischen Gut, einerseits über Importe des Gutes 2 und andererseits über die Inlandsproduktion des Gutes 2 bedient wird. Es wird nun angenommen, dass der Konsum des Gutes 2 jederzeit die Inlandsproduktion des Gutes 2 übersteigt, $C_2 > Y_2$. Mit anderen Worten: Die kleine offene Wirtschaft importiert stets einen Teil ihres Konsums des Gutes 2. Kurzfristig wird die Inlandsproduktion des Gutes 2 durch die limitationale Produktionsfunktion $Y_2 = \min\{a_2 N_2, b_2 K_2\}$ beschrieben, wobei N_2 und K_2 den Arbeits- und Kapitaleinsatz des Sektors 2 und a_2 und b_2 die Arbeits- und Kapitalproduktivität des Sektors 2 symbolisieren. Da Arbeitslosigkeit angenommen wurde, ist Arbeit nicht der limitierende Produktionsfaktor. Damit gilt im Weiteren, dass die Inlandsproduktion des Sektors 2 allein durch die Kapazität des in Sektor 2 installierten Kapitalstocks beschränkt ist. Aus $C_2 > Y_2$ folgt ferner, dass Sektor 2 jederzeit an der Kapazitätsgrenze produziert. Die endogene Variable ist daher der Import des

Gutes 2 Q_2. Er ergibt sich aus der Differenz von Konsum und Inlandsproduktion des Gutes 2:

$$Q_2 = C_2 - Y_2.$$

Mit Gleichung (8.3) folgt daraus

$$Q_2 = \beta\left(P_1(Y_1 + \kappa Y_1^*)/eP_2^* + \omega Y_2\right) - Y_2. \tag{8.5}$$

Für gegebene Niveaus von Y_2, P_1 und P_2^* steigt der Import des Gutes 2 bei einem Anstieg der Inlandsproduktion des Gutes 1 Y_1 und einem Anstieg der Auslandsproduktion des Gutes 1 Y_1^*.

Die Inlandsproduktion des Gutes 1 wird hingegen endogen durch die darauf entfallende Nachfrage bestimmt. Allgemein gilt

$$Y_1 = C_1 + X_1, \tag{8.6}$$

wobei C_1 die Nachfrage der Inländer nach Gut 1 und X_1 den Export, also die Nachfrage der Ausländer nach dem im Inland produzierten Gut 1, symbolisieren. Während C_1 durch Gleichung (8.2) beschrieben wird, kann X_1 lediglich in Analogie zur Importfunktion abgeleitet werden. Die Importfunktion der Ausländer Q_1^*, die der Exportfunktion der Inländer X_1 entspricht, sei $Q_1^* = X_1 = \beta^*(eP_2^*Y_2^*/P_1) - Y_1^*$, mit Y_2^* als Auslandsproduktion des originär ausländischen Gutes 2, Y_1^* als Auslandsproduktion des originär inländischen Gutes 1 und β^* als Ausgabenanteil Ausländer für das originär inländische Gut 1. Zu beachten ist, dass der Term in der Klammer, der analog zu Gleichung (8.5) das Einkommen der Ausländer (gemessen in Gut 1) widerspiegelt, nicht die Auslandsproduktion des Gutes 1 enthält. Zwar geht die Auslandsproduktion des Gutes 1 Y_1^* in das Einkommen der Ausländer unmittelbar ein, die kleine offene Wirtschaft ist jedoch zu klein, um über ihre Auslandsproduktion des Gutes 1 die Nachfrage der Ausländer nach Gut 1 zu beeinflussen. Gleichzeitig wirkt sich die Auslandsproduktion des Gutes 1 jedoch unmittelbar negativ auf die Exporte der kleinen offenen Wirtschaft aus. Analog zur Inlandsproduktion des Gutes 2 wird angenommen, dass auch die Auslandsproduktion des Gutes 1 exogen gegeben ist. Die Exportfunktion kann dann wie folgt geschrieben werden:

$$X_1 = \bar{X}_1 - Y_1^*, \tag{8.7}$$

wobei $\bar{X}_1 = \beta^*(eP_2^*Y_2^*/P_1)$ und konstant ist. Durch Kombination von (8.2), (8.7) und (8.6) gelangt man nun zur Gleichung des Marktes für Gut 1:

$$Y_1 = \alpha(Y_1 + \kappa Y_1^* + \omega eP_2^*Y_2/P_1) + \bar{X}_1 - Y_1^*.$$

Abschließend soll der Geldmarkt modelliert werden. Dabei wird die nominale Geldnachfrage L durch folgende Verhaltensgleichung beschrieben:

$$L = k(P_1Y_1 + P_1\kappa Y_1^* + \omega eP_2^*Y_2).$$

Die nominale Geldnachfrage steigt mit einem Anstieg der Inlandsproduktion des Gutes 1 Y_1, einem Anstieg der Auslandsproduktion des Gutes 1 Y_1^* und einem Anstieg der Inlandsproduktion des Gutes 2 Y_2. k ist ein positiver Parameter. In einem System fester Wechselkurse gleicht die Zentralbank Zahlungsbilanzungleichgewichte aus, indem sie auf dem Devisenmarkt entsprechend interveniert. Ein überschüssiges Devisenangebot wird aufgekauft, eine überschüssige Devisennachfrage wird bedient. Das nominale Geldangebot M ist daher endogen. Im Geldmarktgleichgewicht entsprechen nominales Geldangebot und nominale Geldnachfrage einander, $M = L$. Mit der obigen Gleichung der Geldnachfrage gilt somit:

$$M = k(P_1Y_1 + P_1\kappa Y_1^* + \omega eP_2^*Y_2).$$

Damit lautet das Makromodell:

$$Y_1 = \alpha(Y_1 + \kappa Y_1^* + \omega eP_2^*Y_2/P_1) + \bar{X}_1 - Y_1^* \tag{8.8}$$

$$Q_2 = \beta\,(P_1(Y_1 + \kappa Y_1^*)/eP_2^* + \omega Y_2) - Y_2 \tag{8.9}$$

$$M = k(P_1Y_1 + P_1\kappa Y_1^* + \omega eP_2^*Y_2) \tag{8.10}$$

Gleichung (8.8) beschreibt den Markt für Gut 1, Gleichung (8.9) beschreibt den Markt für Gut 2 und Gleichung (8.10) beschreibt den Geldmarkt.

8.2 Anstieg der Inlandsproduktion des Sektors 2

Es sollen nun die Sekundäreffekte untersucht werden, die ein Anstieg hereinkommender Greenfield Investments nach sich zieht. Wie bereits geschildert, wird die Inlandsproduktion des Gutes 2 durch den Kapitalstock des Sektors 2 beschränkt. Angenommen der Kapitalstock in Sektor 2 nehme infolge der Direktinvestitionen zu, so dass die Inlandsproduktion des Gutes 2 permanent zunimmt. Welche Auswirkungen ergeben sich daraus für die Inlandsproduktion des Gutes 1, die Importe des Gutes 2 und die nominale Geldmenge?

8.2.1 Produktions- und Handelseffekte

Die endogenen Variablen des Gleichungssystems (8.8)-(8.10) lauten Y_1, Q_2 und M. Das totale Differential wird damit durch

$$dY_1 = \alpha(dY_1 + (\omega e P_2^*/P_1)dY_2) \tag{8.11}$$

$$dQ_2 = \beta((P_1/eP_2^*)dY_1 + \omega dY_2) - dY_2 \tag{8.12}$$

$$dM = k(P_1 dY_1 + \omega e P_2^* dY_2) \tag{8.13}$$

gegeben.

Zunächst soll die Wirkung des Anstiegs der Inlandsproduktion des Gutes 2 auf die Inlandsproduktion des Gutes 1 untersucht werden. Durch Umformen der Gleichung (8.11) erhält man sofort

$$dY_1 = \frac{\alpha}{1-\alpha}\frac{eP_2^*}{P_1}\omega dY_2. \tag{8.14}$$

Der Anstieg der Inlandsproduktion des Gutes 2 führt also zu einem Anstieg der Inlandsproduktion des originär inländischen Gutes 1. Für die Geldmenge folgt aus (8.14) in Verbindung mit (8.13)

$$dM = \frac{k}{1-\alpha}\omega e P_2^* dY_2.$$

Die Geldmenge steigt bei Ausweitung der Inlandsproduktion in Sektor 2.

Welcher Anpassungsprozess liegt dem Bisherigen zugrunde? Die höhere Inlandsproduktion des Gutes 2 erhöht das Einkommen der Haushalte. Dieses bewirkt einen Anstieg der Nachfrage der Inländer nach Gut 1, was zu einem Anstieg der Inlandsproduktion des Gutes 1 führt. Daraufhin steigt die nominale Geldnachfrage. Der Inlandszins übersteigt kurzfristig den Auslandszins und führt so zu einem sofortigen Anstieg des endogenen Kapitalzuflusses. Der dadurch entstehende Aufwertungsdruck zwingt die Zentralbank, das überschüssige Devisenangebot aufzukaufen. Das nominale Geldangebot steigt daher. Inlandsproduktion und Einkommen in Sektor 1 können weiter ansteigen.

Nun zum Import: Der Anstieg der Inlandsproduktion des Gutes 2 erhöht unmittelbar die Nachfrage nach Gut 2. Ebenso steigt die Nachfrage nach Gut 2 aufgrund der zuvor gezeigten Steigerung der Inlandsproduktion in Sektor 1. Die Veränderung des Imports hängt daher davon ab, ob der Anstieg der Nachfrage nach Gut 2 über- oder unterproportional zur Steigerung der Inlandsproduktion des Gutes 2 ausfällt. Dieser Sachverhalt wird durch Gleichung (8.12) beschrieben. Dabei entspricht der Minuend auf der rechten Seite der Gleichung dem Anstieg des Konsums des Gutes 2 und der Subtrahend dem Anstieg der Inlandsproduktion. Setzt man nun das Ergebnis (8.14) ein, erhält man

$$dQ_2 = \left(\frac{\beta\omega}{\beta+\gamma} - 1\right) dY_2.$$

Der Term in der Klammer ist negativ. Der Import sinkt also. Der Anstieg der Inlandsproduktion des Gutes 2 übersteigt die daraus resultierende Nachfrage nach Gut 2. Da der Export bei einem Anstieg der Inlandsproduktion des Gutes 2 unverändert bleibt, folgt, dass sich der Nettoexport durch die sinkenden Importe verbessert. In formaler Hinsicht ist zu beachten, dass die Exporte in Einheiten des Gutes 1, Importe jedoch in Einheiten des Gutes 2 gemessen werden. Der Nettoexport in Gütereinheiten 1 H_1 beträgt daher $H_1 = \bar{X}_1 - eP_2^* Q_2/P_1$. Unter Berücksichtigung von (8.9) gilt für das totale Differential somit

$$dH_1 = -\beta(dY_1 + (eP_2^*/P_1)\omega dY_2) + (eP_2^*/P_1)dY_2.$$

Damit folgt aus (8.14)

$$dH_1 = \left(1 - \frac{\beta\omega}{\beta+\gamma}\right) \frac{eP_2^*}{P_1} dY_2.$$

Der Anstieg der Inlandsproduktion des Gutes 2 führt also aus den weiter oben genannten Gründen zu einer Zunahme des Nettoexports.

8.2.2 Wohlfahrtseffekte

Es soll nun die Wohlfahrtswirkung eines Anstiegs der Inlandsproduktion des Gutes 2 ermittelt werden. Dafür wird die Nutzenfunktion der Haushalte (8.1) herangezogen. Das totale Differential der Nutzenfunktion lautet dann

$$dU = \frac{\alpha}{C_1} dC_1 + \frac{\beta}{C_2} dC_2 + \frac{\gamma}{S_1} dS_1.$$

Die Nutzenänderung korrespondiert also mit der Summe der mit dem jeweiligen Ausgabenanteil gewichteten relativen Veränderungen des Konsums des Gutes 1, des Gutes 2 und der Ersparnis. Die jeweiligen Änderungen des Konsums des Gutes 1, Gut 2 und der Ersparnis werden durch die totalen Differentiale der Gleichungssysteme (8.2) bis (8.4) beschrieben:

$$dC_1 = \alpha(dY_1 + (eP_2^*/P_1)\omega dY_2)$$

$$dC_2 = \beta((P_1/eP_2^*)dY_1 + \omega dY_2)$$

$$dS = \gamma(dY_1 + (eP_2^*/P_1)\omega dY_2)$$

Mit (8.14) erhält man nun

$$dC_1 = \frac{\alpha}{1-\alpha}\frac{eP_2^*}{P_1}\omega dY_2$$

$$dC_2 = \frac{\beta}{1-\alpha}\omega dY_2$$

$$dS_1 = \frac{\gamma}{1-\alpha}\frac{eP_2^*}{P_1}\omega dY_2$$

Sowohl der Konsum des Gutes 1, des Gutes 2 als auch die Ersparnis steigen. Daraus ergibt sich, dass auch der Nutzen positiv auf einen Anstieg der Inlandsproduktion in Sektor 2 reagiert:

$$dU = \frac{1}{1-\alpha}\frac{eP_2^*/P_1}{(Y_1 + \kappa Y_1^* + \omega eP_2^* Y_2/P_1)}\omega dY_2.$$

Der Anstieg der Inlandsproduktion des originär ausländischen Gutes wirkt sich somit vorteilhaft für die Wirtschaft aus.

8.3 Anstieg der Auslandsproduktion des Sektors 1

Wurde im vorangegangenen Abschnitt die Wirkung einer Ausweitung der multinationalen Produktion im Empfängerland untersucht, so soll in diesem Abschnitt die Wirkung im Investorland näher betrachtet werden. Präziser formuliert werden die Konsequenzen eines Anstiegs der Auslandsproduktion des originär inländischen Gutes 1 analysiert.

8.3.1 Produktions- und Handelseffekte

Die Wirtschaft wird durch die bereits bekannten Gleichungen (8.8)-(8.10) beschrieben:

$$Y_1 = \alpha(Y_1 + \kappa Y_1^* + \omega e P_2^* Y_2/P_1) + \bar{X}_1 - Y_1^*$$

$$Q_2 = \beta\,(P_1(Y_1 + \kappa Y_1^*)/eP_2^* + \omega Y_2) - Y_2$$

$$M = k(P_1 Y_1 + P_1 \kappa Y_1^* + \omega e P_2^* Y_2)$$

Es soll nun der Anstieg der Auslandsproduktion des Gutes 1 Y_1^* untersucht werden. Das totale Differential des Gleichungssystems (8.8)-(8.10) hat dann folgende Gestalt:

$$dY_1 = \alpha(dY_1 + \kappa dY_1^*) - dY_1^* \tag{8.15}$$

$$dQ_2 = \beta \frac{P_1}{eP_2^*}(dY_1 + \kappa dY_1^*) \tag{8.16}$$

$$dM = kP_1(dY_1 + \kappa dY_1^*) \tag{8.17}$$

Gleichung (8.15) liefert ohne Umwege die Wirkung eines Anstiegs der Auslandsproduktion des Gutes 1 auf die Inlandsproduktion des Gutes 1. Nach kurzer Umformung erhält man:

$$dY_1 = -\frac{1-\alpha\kappa}{1-\alpha} dY_1^*. \tag{8.18}$$

Das heißt, die Inlandsproduktion des Gutes 1 geht bei einer Steigerung der Auslandsproduktion des Gutes 1 zurück. Der Rückgang der Inlandsproduktion fällt dabei höher aus als der Anstieg der Auslandsproduktion, da $\kappa < 1$ und folglich für den Multiplikator $(1 - \alpha\kappa)/(1 - \alpha) > 1$ gilt. Genauer gesagt, fällt der Rückgang der Inlandsproduktion umso höher aus, je geringer der Anteil an der Auslandsproduktion κ ist, der den Inländern als Zinseinkommen zufließt. Darüber hinaus sinken die Exporte $X_1 = \bar{X}_1 - Y_1^*$ in Höhe des Anstiegs der Auslandsproduktion des Gutes 1. Es gilt:

$$dX_1 = -dY_1^*. \tag{8.19}$$

Mit Hilfe von (8.18) kann nun auch die Änderung der endogenen Geldmenge ermittelt werden. Aus (8.17) folgt:

$$dM = -kP_1 \frac{1-\kappa}{1-\alpha} dY_1^*.$$

Ein Anstieg der Auslandsproduktion des Gutes 1 dY_1^* zieht also eine monetäre Kontraktion nach sich. Substituiert man (8.18) in (8.16), ergibt sich für den Import des Gutes 2:

$$dQ_2 = -\beta \frac{P_1}{eP_2^*} \frac{1-\kappa}{1-\alpha} dY_1^*. \tag{8.20}$$

Der Anstieg der Auslandsproduktion des Gutes 1 führt zu einem Rückgang der Importe. Da sowohl der Export als auch der Import zurückgehen, ist zu klären, wie sich der Nettoexport verhält. Hierzu ist zunächst zu beachten, dass die Exporte in Einheiten des Gutes 1, die Importe jedoch in Einheiten des Gutes 2 gemessen werden. Der Nettoexport gemessen in Gut 1 lautet dann:

$$H_1 = X_1 - (eP_2^*/P_1)Q_2.$$

Das zugehörige totale Differential wird durch

$$dH_1 = dX_1 - (eP_2^*/P_1)dQ_2$$

beschrieben. Einsetzen der Gleichungen (8.19) und (8.20) führt dann unter Berücksichtigung von $\alpha + \beta + \gamma = 1$ zu

$$dH_1 = -\frac{\kappa\beta + \gamma}{\beta + \gamma} dY_1^*.$$

Das heißt, der Nettoexport nimmt infolge der höheren Auslandsproduktion des Gutes 1 ab, wobei der Rückgang des Nettoexports aufgrund der gesunkenen Importe kleiner als die Zunahme der Auslandsproduktion des Gutes 1 ausfällt, was durch $(\kappa\beta + \gamma)/(\beta + \gamma) < 1$ widergespiegelt wird. Ferner fällt der Rückgang des Nettoexports umso größer aus, je höher der Anteil der Auslandsproduktion κ, der den Inländern als Zinseinkommen zufließt, ist.

Wie lassen sich die zuvor demonstrierten Ergebnisse erklären? Der Anstieg der Auslandsproduktion des Gutes 1 dY_1^* hat zunächst zweierlei Effekte. Zum einen sorgt er zu Beginn für einen Rückgang der Exporte. Dies bewirkt einen Rückgang der Inlandsproduktion des Gutes 1 und damit des Einkommens in Sektor 1. Zum anderen nimmt durch den Anstieg der Auslandsproduktion des Gutes 1 das Einkommen der Inländer um κdY_1^* zu. Insgesamt führt der Schock aber zu einem Rückgang des Einkommens der Inländer. Infolgedessen sinkt die Geldnachfrage, so dass der Inlandszins den Auslandszins kurzzeitig unterschreitet. Portfoliokapital fließt sofort vermehrt vom Inland ins Ausland ab und zwingt die Zentralbank, zur Wahrung des

Wechselkurses Devisen zu verkaufen und die Geldmenge zu reduzieren. Der Einkommensrückgang bewirkt darüber hinaus eine Senkung des Imports, die allerdings geringer ausfällt als der Exportrückgang. Der Nettoexport nimmt daher ab.

8.3.2 Wohlfahrtseffekte

Schließlich soll die Wohlfahrtswirkung betrachtet werden. Die Veränderung des Nutzens wird durch das totale Differential der Nutzenfunktion (8.1) beschrieben. Es lautet:

$$dU = \frac{\alpha}{C_1}dC_1 + \frac{\beta}{C_2}dC_2 + \frac{\gamma}{S_1}dS_1. \tag{8.21}$$

Die Änderung des Nutzen entspricht somit der mit ihrem Ausgabenanteil gewichteten relativen Änderungen des Konsums der Güter 1 und 2 und der Ersparnis. Die Änderungen des Konsums der Güter 1 und 2 sowie der Ersparnis werden durch

$$dC_1 = \alpha(dY_1 + \kappa dY_1^*)$$

$$dC_2 = \beta\frac{P_1}{eP_2^*}(dY_1 + \kappa dY_1^*)$$

$$dS_1 = \gamma(dY_1 + \kappa dY_1^*)$$

beschrieben. Ersetzt man dY_1 mittels Gleichung (8.18), folgt sogleich

$$dC_1 = -\frac{\alpha(1-\kappa)}{1-\alpha}dY_1^* \tag{8.22}$$

$$dC_2 = -\frac{P_1}{eP_2^*}\frac{\beta(1-\kappa)}{1-\alpha}dY_1^* \tag{8.23}$$

$$dS_1 = -\frac{\gamma(1-\kappa)}{1-\alpha}dY_1^* \tag{8.24}$$

Da wie bereits festgestellt der Anstieg der Auslandsproduktion des Gutes 1 ein geringeres zusätzliches Zinseinkommen κdY_1^* als der gleichzeitig auftretende Rückgang des Einkommens in Sektor 1 dY_1 bringt, folgt, dass sowohl der Konsum der Güter 1 und 2 als auch die Ersparnis abnehmen. Folgerichtig muss auch der Nutzen abnehmen. Setzt man (8.22), (8.23) und (8.24) in (8.21) ein, ergibt sich dementsprechend:

$$dU = -\frac{(1-\kappa)/(1-\alpha)}{Y_1 + \kappa Y_1^* + \omega e P_2^* Y_2/P_1}dY_1^*.$$

8.4 Zusammenfassung

1. Im Empfängerland führt ein Anstieg der Inlandsproduktion des originär ausländischen Gutes zu einem Anstieg der Nachfrage nach dem originär inländischen Gut. Daher steigt die Inlandsproduktion des originär inländischen Gutes ebenfalls. Die Zentralbank muss zur Wahrung des Wechselkurses die Geldmenge ausweiten. Der Anstieg der Inlandsproduktion des originär ausländischen Gutes übersteigt indes die Zunahme der Nachfrage, die Importe des originär ausländischen Gutes sinken. Der Anstieg der Inlandsproduktion des originär ausländischen Gutes wirkt positiv auf die Wohlfahrt der Wirtschaft.

2. Im Investorland sorgt der Anstieg der Auslandsproduktion des originär inländischen Gutes für einen Rückgang der Inlandsproduktion des originär inländischen Gutes. Zwar fließen den Inländern zusätzliche Zinseinkommen aus der gestiegenen Auslandsproduktion des originär inländischen Gutes zu, diese können jedoch den Einkommensrückgang aufgrund der gesunkenen Inlandsproduktion des originär inländischen Gutes nicht kompensieren, so dass die Nachfrage der Inländer nach dem originär inländischen Gut und dem originär ausländischen Gut zurückgeht. Daher sinkt auch der Import. Um den festen Wechselkurs zu halten, muss die Zentralbank die Geldmenge verringern. Der Anstieg der Auslandsproduktion des originär inländischen Gutes ist mit einem negativen Nutzeneffekt verbunden.

3. Insgesamt unterstreichen die oben angeführten unterschiedlichen Ergebnisse hinsichtlich der Wohlfahrtswirkung hereinkommender und herausgehender Direktinvestitionen und der daraus resultierenden multinationalen Produktion die Bedeutung der Standortattraktivität.

Kapitel 9

Mittelfristige Wirkungen bei flexiblem Wechselkurs

In diesem Abschnitt sollen die Sekundäreffekte horizontaler Greenfield Investments in einer kleinen offenen Wirtschaft untersucht werden, wobei der Inlandspreis des originär inändischen Gutes der Wirtschaft flexibel ist. Da Löhne und Preise in der Regel kurzfristig fest sind, beschreibt das Modell die mittelfristige Sicht. Die Annahme flexibler Löhne und Preise impliziert, dass auf den Faktor- und Gütermärkten stets ein Gleichgewicht gegeben ist. Bei gegebener Technologie geht die Ausweitung der Produktion infolge von Greenfield Investments jedoch einher mit einem höherem Faktorbedarf, also auch mit einem höheren Arbeitsbedarf. Dies ist insofern problematisch, da Vollbeschäftigung herrscht und das Arbeitsangebot im betrachteten Zeitraum als konstant angesehen werden kann. Empirische Untersuchungen zeigen jedoch, dass sich multinationale Unternehmen allgemein durch eine hohe Wettbewerbsfähigkeit auf den Arbeitsmärkten der Empfängerländer auszeichnen (vgl. Lipsey (2002)). Darauf aufbauend wird im folgenden Modell angenommen, dass die Direktinvestoren in der Lage sind, ihre Arbeitsnachfrage über einen marginal höheren Lohn vollständig zu befriedigen. Das Empfängerland produziert daraufhin sein originäres Gut mit den verbleibenden Arbeitskräften. Ein Rückgang der Produktion des originären Gutes des Empfängerlandes ist die Folge.

9.1 Das Modell

9.1.1 Gütermärkte

Betrachtet wird eine kleine offene Wirtschaft, die durch flexible Wechselkurse und perfekte Kapitalmobilität charakterisiert wird. Der Inlandszins entspricht dem Auslandszins, $i = i^*$. Die kleine offene Wirtschaft produziert zwei Güter in zwei Sektoren. Gut 1 bezeichnet hierbei das originär inländische Gut, Gut 2 hingegen das originär ausländische Gut. Sektor 1 erstellt dementsprechend die Inlandsproduktion des originär inländischen Gutes 1 Y_1. Sektor 2 ist aufgrund hereinkommender Direktinvestitionen enstanden und erstellt die Inlandsproduktion des originär ausländischen Gutes 2 Y_2, so dass ein Teil des bisherigen Imports des Gutes 2 durch inländische Produktion substituiert wird. Für die Haushalte der kleinen offenen Wirtschaft werden identische Präferenzen angenommen. Ihre Nutzenfunktion sei

$$U = \alpha \log C_1 + \beta \log C_2 + \gamma \log S_1 \tag{9.1}$$

mit $\alpha + \beta + \gamma = 1$ und $\alpha, \beta, \gamma > 0$. Dabei bezeichnet C_1 den Konsum des Gutes 1, C_2 den Konsum des Gutes 2 und S_1 die Ersparnisse der Haushalte gemessen in Gut 1. Es wird im Folgenden angenommen, dass der Inlandspreis des Gutes 1 P_1 flexibel ist. Gut 2 kann im Inland oder Ausland erworben werden. Daher wird unterstellt, dass jederzeit das *law of one price* gilt. Für den Inlandspreis des Gutes 2 P_2 (gemessen in Inlandswährung) gilt demnach: $P_2 = eP_2^*$, wobei e den nominalen Wechselkurs, also den Preis der Auslandswährung gemessen in Inlandswährung, und P_2^* den Auslandspreis des Gutes 2 (gemessen in Auslandswährung) angibt. Unter der Annahme, dass P_2^* für die kleine offene Wirtschaft ein Datum ist, folgt, dass der Inlandspreis des Gutes 2 P_2 eine Funktion des nominalen Wechselkurses e ist.

Die Haushalte stellen einerseits Kapital für die Inlands- und Auslandsproduktion des Gutes 1, andererseits Arbeitskraft für die Inlandsproduktion der Güter 1 und 2 bereit. Sie erhalten aus der Inlands- und Auslandsproduktion des Gutes 1 $P_1Y_1 + \kappa P_1Y_1^*$. Der erste Summand beschreibt den nominalen Wert der Produktion in Sektor 1. Der zweite Summand beschreibt das nominale Zinseinkommen, das den Haushalten infolge hinausgegangener Direktinvestitionen und einer diesbezüglichen Verbesserung der Nettovermögensposition gegenüber dem Ausland zufließt, wobei κ den Anteil des Zinseinkommens an der Auslandsproduktion des Gutes 1 Y_1^* angibt. Zusätzlich fließt den Haushalten Lohneinkommen aus der Inlandsproduktion des Gutes 2 zu. Mit ω als Lohnanteil an der Inlandsproduktion des Gutes 2 beträgt das nominale Lohneinkommen ωP_2Y_2. Bei der Analyse der Investitionsphase wurde gezeigt, dass bei anfänglichem Handelsbilanzgleichgewicht hinausgehende Direktinvestitionen im Investorland mit perfekter Kapitalmobilität und flexiblem Wechselkurs nicht zu einer Veränderung der Nettovermögensposition gegenüber den Ausländern führen, damit gilt $\kappa = 0$ (vgl. mit Tabelle 5.2). Darüber hinaus wurde gezeigt, dass ein Anstieg der hereinkommenden Direktinvestitionen im Empfängerland eine niedrigere Nettovermögensposition bewirkt. Somit gilt $0 < \omega < 1$ (vgl. mit Tabelle 5.1).[1]

[1] Auch hier gilt, dass Bruttoinlandsprodukt (BIP) und Bruttosozialprodukt (BSP) bei multinationaler Produktion differieren. Dabei entspricht das $BIP = P_1Y_1 + eP_2^*Y_2$ und das $BSP = P_1Y_1 +$

Unter Berücksichtigung des *law of one price* hat die Budgetrestriktion der Haushalte folgende Gestalt

$$P_1Y_1 + \omega eP_2^*Y_2 = P_1C_1 + eP_2^*C_2 + P_1S_1. \tag{9.2}$$

Dabei bezeichnet die linke Seite der Gleichung das nominale Einkommen aus den Sektoren 1 und 2 und die rechte Seite der Gleichung die Ausgaben für den Konsum der Güter 1 und 2 und für die Ersparnis. Die Lagrangefunktion für das Optimierungsproblem der Haushalte lautet dann $\mathscr{L} = \alpha \log C_1 + \beta \log C_2 + \gamma \log S_1 - \lambda(P_1C_1 + eP_2^*C_2 + P_1S_1 - P_1Y_1 - \omega eP_2^*Y_2)$. Die endogenen Variablen sind C_1, C_2 und S_1. Die aus Sicht der Haushalte exogenen Variablen sind Y_1, Y_2, P_1, P_2^* und e. Die Bedingungen erster Ordnung lauten:

$$P_1C_1 = \alpha/\lambda$$

$$eP_2^*C_2 = \beta/\lambda$$

$$P_1S_1 = \gamma/\lambda$$

Setzt man diese in die Budgetrestriktion ein, erhält man die Konsumnachfrage nach Gut 1, Gut 2 und die Ersparnis:

$$C_1 = \alpha(Y_1 + \omega eP_2^*Y_2/P_1) \tag{9.3}$$

$$C_2 = \beta(P_1Y_1/eP_2^* + \omega Y_2) \tag{9.4}$$

$$S_1 = \gamma(Y_1 + \omega eP_2^*Y_2/P_1) \tag{9.5}$$

Gleichung (9.3) beschreibt die Konsumnachfrage nach Gut 1. Der Konsum des Gutes 1 ist proportional zum in Gut 1 gemessenen Realeinkommen $Y_1 + \omega eP_2^*Y_2/P_1$. Hierbei gibt $eP_2^*Y_2/P_1$ den in Gut 1 gemessenen Wert der Inlandsproduktion des Sektors 2 an. C_1 steigt bei einem Anstieg der Inlandsproduktion des Gutes 1 Y_1, einem Anstieg der Inlandsproduktion des Gutes 2 Y_2 und einem Anstieg des Wechselkurses e. Letzteres liegt darin begründet, dass im Falle einer Abwertung der Inlandswährung der Inlandspreis des Gutes 2 $P_2 = eP_2^*$ steigt, so dass mit der gleichen Produktion in Sektor 2 eine größere Menge des Gutes 1 erworben werden kann. C_1 sinkt bei einem Anstieg des Inlandspreises des Gutes 1 P_1, da hierdurch mit der Inlandsproduktion des Gutes 2 weniger Güter 1 erworben werden können.

Gleichung (9.4) beschreibt die Konsumnachfrage der Haushalte nach Gut 2. Diese ist proportional zum in Gut 2 gemessenen Realeinkommen $P_1Y_1/eP_2^* + \omega Y_2$, wobei

$\omega eP_2^*Y_2$. Der Saldo der Erwerbs- und Vermögenseinkommen beträgt also $SEV = BSP - BIP = -(1-\omega)eP_2^*Y_2$.

P_1Y_1/eP_2^* die in Gut 2 gemessene Inlandsproduktion des Sektor 1 angibt. C_2 steigt bei einem Anstieg der Inlandsproduktion des Gutes 1 Y_1, einem Anstieg der Inlandsproduktion des Gutes 2 Y_2 und einem Anstieg des Inlandspreises des Gutes 1 P_1, da hierdurch der Wert der Inlandsproduktion gemessen in Gut 2 zunimmt. C_2 sinkt bei einem Anstieg des Wechselkurses e, da in diesem Fall der Wert der Inlandsproduktion des Gutes 1 gemessen in Gut 2 abnimmt. Gleichung (9.5) beschreibt die Ersparnis der Haushalte. Die Ersparnis S_1 ist proportional zum in Gut 1 gemessenen Realeinkommen. Analog zur Konsumnachfrage nach Gut 1 steigt sie bei einem Anstieg der Inlandsproduktion des Gutes 1 Y_1, einem Anstieg der Inlandsproduktion des Gutes 2 Y_2 und einem Anstieg des Wechselkurses e. Ebenso sinkt die Ersparnis bei einem Anstieg des Güterpreises 1 P_1.

Es können nun die Gütermarktgleichungen abgeleitet werden. Zunächst wird der Markt für das originär ausländische Gut 2 unter der Annahme betrachtet, dass die Nachfrage der Inländer nach Gut 2 stets die Inlandsproduktion übersteigt, das heißt $C_2 > Y_2$. Diese Annahme impliziert, dass das Inland jederzeit einen Teil seiner Nachfrage nach Gut 2 importiert und der Absatz der Inlandsproduktion des Gutes 2 stets gewährleistet ist. Damit gilt im Folgenden, dass die Inlandsproduktion des Sektors 2 allein durch die Kapazität des in Sektor 2 installierten Kapitalstocks beschränkt ist, und dass Sektor 2 jederzeit an der Kapazitätsgrenze produziert. Die Produktion des Gutes 2 Y_2 ist damit exogen, und die endogene Variable der Gütermarktgleichung für Gut 2 ist nunmehr der Import Q_2. Dieser entspricht der Differenz aus der Konsumnachfrage nach Gut 2 und der Inlandsproduktion des Gutes 2

$$Q_2 = C_2 - Y_2.$$

Setzt man (9.4) ein ergibt sich

$$Q_2 = \beta(P_1Y_1/eP_2^* + \omega Y_2) - Y_2. \tag{9.6}$$

Für ein gegebenes Niveau von Y_2 steigt der Import mit der Inlandsproduktion des Gutes 1 Y_1, dem Inlandspreis des Gutes 1 P_1 und sinkt bei einem Anstieg des nominalen Wechselkurses e. Letzteres liegt in der Verschlechterung der *terms of trade* begründet, die mit einer Abwertung der Inlandswährung einhergeht.

Auf dem Markt für Gut 1 ist ein Gleichgewicht gegeben, wenn die Inlandsproduktion des Gutes 1 der darauf entfallenden Nachfrage entspricht:

$$Y_1 = C_1 + X_1, \tag{9.7}$$

wobei C_1 die Nachfrage der Inländer nach Gut 1 und X_1 den Export des Gutes 1, das heißt die Nachfrage der Ausländer nach dem im Inland produzierten Gut 1, bezeichnet. Während C_1 Gleichung (9.3) entnommen werden kann, wird die Gleichung für den Export X_1 in Analogie zur Importgleichung (9.6) ermittelt. Dabei ist zu beachten, dass die Auslandsproduktion des Gutes 1 Y_1^* das Einkommen des großen Auslands nicht ausreichend erhöht, um Repercussion-Effekte hervorzurufen. Im Gegensatz dazu ist die Auslandsproduktion des Gutes 1 jedoch von unmittelbarer Bedeutung für die Exporte der kleinen offenen Wirtschaft. Die Importfunktion der Ausländer, die der Exportfunktion der Inländer entspricht, lautet daher $Q_1^* = X_1 = \beta^*(eP_2^*Y_2^*/P_1) - Y_1^*$. Q_1^* bezeichnet die Importe der Ausländer des Gutes 1, Y_2^* die Auslandsproduktion des Gutes 2, Y_1^* die Auslandsproduktion des Gutes 1 und β^* den ausländischen Ausgabenanteil des Gutes 1 am ausländischen Einkommen. Da das ausländische Einkommen von der kleinen offenen Wirtschaft nicht signifikant beeinflußt wird und die Auslandsproduktion des Gutes 1 Y_1^* analog zur Inlandsproduktion des Gutes 2 Y_2 exogen gegeben ist, verbleiben als endogene Variablen der nominale Wechselkurs e und der Inlandspreis des Gutes 1 P_1. Die Exportfunktion lässt sich dann wie folgt schreiben:

$$X_1 = heP_2^*/P_1 - Y_1^*, \tag{9.8}$$

mit $h = \beta^*Y_2^*$. Der Parameter h kann als Wechselkursempfindlichkeit des Exports interpretiert werden. Y_1^* hingegen entspricht dem Rückgang der Exportnachfrage, der durch die Auslandsproduktion des Gutes 1 verursacht wird. Setzt man (9.3) und (9.8) in (9.7) ein, erhält man die Gütermarktgleichung für Gut 1:

$$Y_1 = \alpha(Y_1 + \omega eP_2^*Y_2/P_1) + heP_2^*/P_1 - Y_1^*.$$

9.1.2 Faktormärkte

Die Inlandsproduktion des Gutes 1 und des Gutes 2 werde kurz- bis mittelfristig durch folgende limitationale Produktionsfunktionen beschrieben:

$$Y_1 = \min\{a_1N_1, b_1K_1\}$$

$$Y_2 = \min\{a_2N_2, b_2K_2\}$$

Dabei bezeichnen K_1 und K_2 die Kapitalstöcke und N_1 und N_2 den Arbeitseinsatz der Sektoren 1 und 2. b_1 und b_2 symbolisieren hingegen die jeweiligen Kapitalproduktivitäten, a_1 und a_2 die jeweiligen Arbeitsproduktivitäten. Es wird im Folgenden angenommen, dass der limitierende Produktionsfaktor des Sektors 1 Arbeit, der limitierende Produktionsfaktor des Sektors 2 Kapital sei. Ein Anstieg der Produktion des Sektors 2 ist somit nur durch Erhöhung des Kapitalstocks K_2, das heißt durch hereinkommende Direktinvestitionen möglich. Durch die limitationale Produktionsstruktur führen hereinkommende Direktinvestitionen ferner zu einem Anstieg der Arbeitsnachfrage N_2. Die Arbeitsnachfrage der Sektoren 1 und 2 lautet dann:

$$N_1 = Y_1/a_1$$

$$N_2 = (b_2/a_2)K_2$$

Das Arbeitsangebot $\bar{N}$ sei konstant. Aufgrund des flexiblen Inlandslohns und des flexiblen Inlandspreises für Gut 1 ist die Beschäftigung der kleinen offenen Wirtschaft stets auf dem Vollbeschäftigungsniveau. Der Arbeitsmarkt wird somit durch

$$\bar{N} = N_1 + N_2$$

beschrieben.

Die Annahme, dass Kapital limitierender Faktor der Produktion des Gutes 2 ist, impliziert, dass die Firmen die mit einer höheren Inlandsproduktion verbundene Arbeitsnachfrage N_2 jederzeit auf dem Arbeitsmarkt decken können. Es wird hierfür angenommen, dass die Firmen in Sektor 2 bereit sind, einen marginal höheren Lohn als die Unternehmen des Sektors 1 zu zahlen. Ein Anstieg hereinkommender Direktinvestitionen führt damit einerseits zu einer höheren Inlandsproduktion des Gutes 2 andererseits direkt zu einer niedrigeren Inlandsproduktion des Gutes 1, da Arbeiter aus Sektor 1 in Sektor 2 wandern. Formal gilt für das Inlandsangebot des Gutes 1:

$$Y_1 = a_1(\bar{N} - Y_2/a_2).$$

9.1.3 Geldmarkt

Abschließend soll der Geldmarkt beschrieben werden. Die Verhaltensgleichungen lauten

$$M = const \tag{9.9}$$

$$L = k(P_1 Y_1 + \omega e P_2^* Y_2) \tag{9.10}$$

Gleichung (9.9) ist die Geldangebotsfunktion. Sie besagt, dass die Zentralbank die nominale Geldmenge M konstant hält. Gleichung (9.10) ist die Geldnachfragefunktion. Die nominale Geldnachfrage L ist eine steigende Funktion der Inlandsproduktion des Gutes 1 Y_1, der Inlandsproduktion des Gutes 2 Y_2, des Inlandspreises des Gutes 1 P_1 und des nominalen Wechselkurses e. k ist ein Parameter, für den gilt $k > 0$. Der Geldmarkt befindet sich im Gleichgewicht, wenn die Geldnachfrage dem Geldangebot entspricht, wenn also gilt: $M = L$. Setzt man die Verhaltensfunktionen ein, resultiert die Geldmarktgleichung:

$$M = k(P_1Y_1 + \omega eP_2^*Y_2).$$

9.1.4 Das Modell

Damit lautet das Modell:

$$Y_1 = \alpha(Y_1 + \omega eP_2^*Y_2/P_1) + heP_2^*/P_1 - Y_1^* \tag{9.11}$$

$$Q_2 = \beta(P_1Y_1/eP_2^* + \omega Y_2) - Y_2 \tag{9.12}$$

$$Y_1 = a_1(\bar{N} - Y_2/a_2) \tag{9.13}$$

$$M = k(P_1Y_1 + \omega eP_2^*Y_2) \tag{9.14}$$

Gleichung (9.11) beschreibt den Markt für Gut 1, Gleichung (9.12) beschreibt den Markt für Gut 2, Gleichung (9.13) beschreibt die Beschränkung der Inlandsproduktion des Gutes 1 aufgrund der Knappheit des Faktors Arbeit und Gleichung (9.14) beschreibt den Geldmarkt. Die endogenen Variablen sind P_1, Q_2 und e. Die Variablen $P_2^*, Y_1, Y_2, Y_1^*, \bar{N}$ und M sind hingegen exogen gegeben.

9.2 Anstieg der Inlandsproduktion des Sektors 2

In diesem Abschnitt sollen die Sekundäreffekte hereinkommender Direktinvestitionen im Empfängerland dargestellt werden. Wie bereits zuvor erläutert wurde, ist die Produktion des Sektors 2 durch den Kapitalstock beschränkt. Im Folgenden wird ein Anstieg des Kapitalstocks des Sektors 2 infolge hereinkommender Direktinvestitionen untersucht, aus dem eine *permanent* höhere Inlandsproduktion des Gutes 2 resultiert. Gleichzeitig wird angenommen, dass infolge der Direktinvestitionen zusätzliche Nachfrage auf dem Arbeitsmarkt auftritt, so dass die Arbeitsnachfrage originär inländischer Unternehmen verdrängt wird. Welche Folgen ergeben sich dann in Bezug auf die Inlandsproduktion des Gutes 1, die Importe des Gutes 2 und den Wechselkurs?

9.2.1 Preis und Handelseffekte

Das totale Differential des Gleichungssystems (9.11) bis (9.14) hat folgende Gestalt:

$$dY_1 = \alpha dY_1 + \frac{\alpha\omega e P_2^*}{P_1} dY_2 + \frac{eP_2^*}{P_1}(\alpha\omega Y_2 + h)\frac{de}{e} - \frac{eP_2^*}{P_1}(\alpha\omega Y_2 + h)\frac{dP_1}{P_1} \tag{9.15}$$

$$dQ_2 = \beta\left[\frac{P_1}{eP_2^*}\left(dY_1 + Y_1\frac{dP_1}{P_1} - Y_1\frac{de}{e}\right) + \omega dY_2\right] - dY_2 \tag{9.16}$$

$$dY_1 = -\frac{a_1}{a_2} dY_2 \tag{9.17}$$

$$0 = P_1 dY_1 + Y_1 dP_1 + \omega P_2^*(Y_2 de + e dY_2) \tag{9.18}$$

Um die Komplexität des Modells zu mindern, sei für die weitere Untersuchung angenommen, dass das Empfängerland bisher keine Direktinvestitionen im Ausland getätigt hat. Dann gilt $Y_1^* = 0$ und Gleichung (9.11) vereinfacht sich zu

$$Y_1 = \alpha(Y_1 + \omega e P_2^* Y_2/P_1) + heP_2^*/P_1. \tag{9.19}$$

Es soll nun Gleichung (9.15) näher betrachtet werden. Setzt man (9.17) in (9.15) ein und stellt um, erhält man:

$$\frac{eP_2^*(\alpha\omega Y_2 + h)}{P_1}\frac{dP_1}{P_1} = -\alpha\frac{a_1}{a_2}dY_2 + \frac{\alpha\omega e P_2^*}{P_1}dY_2 + \frac{eP_2^*(\alpha\omega Y_2 + h)}{P_1}\frac{de}{e} + \frac{a_1}{a_2}dY_2. \tag{9.20}$$

Diese Gleichung zeigt nun die Änderung des Inlandspreises für Gut 1 in Abhängigkeit vom Anstieg der Inlandsproduktion des Gutes 2 und der Änderung des Wechselkurses. Der erste Term der rechten Seite der Gleichung besagt, dass der Rückgang des Einkommens in Sektor 1 und die daraus resultierende geringere Nachfrage nach Gut 1 eine senkenden Wirkung auf den Inlandspreis des Gutes 1 hat. Der zweite Term besagt, dass der Inlandspreis des Gutes 1 bei einem Anstieg des Einkommens in Sektor 2 aufgrund der daraus resultierenden höheren Nachfrage nach Gut 1 zunimmt. Der dritte Term zeigt hingegen, dass der Inlandspreis des Gutes 1 mit einer Abwertung der Inlandswährung zunimmt, bei einer Aufwertung abnimmt. Eine Abwertung erhöht zum einen die Nachfrage der Ausländer nach Gut 1, zum anderen erhöht sie den Wert der Inlandsproduktion des Gutes 2 gemessen in Gut 1, so dass auch die Nachfrage der Inländer nach Gut 1 zunimmt. Eine Aufwertung hat die umgekehrte

Wirkung. Der letzte Term zeigt den Effekt einer Angebotsänderung des Gutes 1 auf den Inlandspreis des Gutes 1. Die durch den Anstieg der Inlandsproduktion des Gutes 2 induzierte Abnahme der Inlandsproduktion des Gutes 1 hat eine steigernde Wirkung auf den Inlandspreis des Gutes 1. Wie leicht zu sehen ist, übertrifft der preissteigernde Effekt des Rückgangs der Inlandsproduktion in Sektor 1 den preissenkenden Effekt des Rückgangs des Einkommens in Sektor 1. Gleichung (9.20) vereinfacht sich dann zu

$$\frac{dP_1}{P_1} = \frac{(1-\alpha)\frac{a_1}{a_2}\frac{P_1}{eP_2^*} + \alpha\omega}{\alpha\omega Y_2 + h} dY_2 + \frac{de}{e}. \tag{9.21}$$

Welche Wirkung der Anstieg der Inlandsproduktion des Gutes 2 auf den Inlandspreis des Gutes 1 hat, hängt folglich davon ab, wie der Wechselkurs auf den Anstieg der Inlandsproduktion des Gutes 2 reagiert.

Um die Wirkung einer Änderung der Inlandsproduktion des Gutes 2 auf den Wechselkurs zu ermitteln, löst man das totale Differential der Geldmarktgleichung (9.18) nach de auf:

$$de = \frac{P_1\frac{a_1}{a_2}dY_2 - Y_1 dP_1}{\omega P_2^* Y_2} - e\frac{dY_2}{Y_2}. \tag{9.22}$$

Grundsätzlich gilt, dass ein Anstieg der nominalen Geldnachfrage eine Aufwertung, eine Senkung der nominalen Geldnachfrage eine Abwertung der Inlandswährung verursacht. Der Rückgang des Einkommens des Sektors 1 bewirkt eine Abnahme der nominalen Geldnachfrage und hebt daher den Wechselkurs. Die Zunahme des Einkommens in Sektor 2 steigert die nominale Geldnachfrage und senkt den Wechselkurs. Bezüglich des Inlandpreises des Gutes 1 gilt, dass ein Anstieg des Inlandspreises des Gutes 1 die nominale Geldnachfrage steigert und den Wechselkurs senkt bzw. dass ein sinkender Inlandspreis des Gutes 1 die nominale Geldnachfrage senkt und den Wechselkurs anhebt.

Die Wirkung eines Anstiegs der Produktion des Gutes 2 auf den Wechselkurs und den Inlandspreis des Gutes 1 wird somit simultan auf dem Markt für Gut 1 und dem Geldmarkt bestimmt.

Für den Wechselkurs erhält man durch Kombination von (9.20), (9.22) und (9.19)

$$de = -\frac{\omega e}{\omega Y_2 + h} dY_2. \tag{9.23}$$

Analog zum Fall des festen Inlandspreises für Gut 1 kommt es infolge des Anstiegs der Inlandsproduktion des Gutes 2 zu einer Aufwertung der Inlandswährung.

Für die Preisänderung des Gutes 1 kann mittels (9.20) und (9.22) berechnet werden:

$$dP_1 = -\frac{\omega h e P_2^*/P_1 - \frac{a_1}{a_2}(\omega Y_2 + h)}{(\alpha\omega Y_2 + h)(Y_1 + \omega e P_2^* Y_2/P_1)} P_1 dY_2.$$

Ist der Zähler positiv, so führt der Anstieg der Inlandsproduktion des Gutes 2 zu einer Senkung des Inlandspreises des Gutes 1. Ist er hingegen negativ, resultiert ein Anstieg des Inlandspreises. Wie im Weiteren gezeigt wird, hängt dieses von einem gegebenen kritischen Wert für die Grenzrate der Transformation a_1/a_2 ab. Genauer gilt:

$$\frac{dP_1}{dY_2} < 0, \quad \text{falls} \quad \frac{a_1}{a_2} < \frac{\omega h}{\omega Y_2 + h}\frac{eP_2^*}{P_1}$$

$$\frac{dP_1}{dY_2} = 0, \quad \text{falls} \quad \frac{a_1}{a_2} = \frac{\omega h}{\omega Y_2 + h}\frac{eP_2^*}{P_1}$$

$$\frac{dP_1}{dY_2} > 0, \quad \text{falls} \quad \frac{a_1}{a_2} > \frac{\omega h}{\omega Y_2 + h}\frac{eP_2^*}{P_1}$$

Welche Wirkung ergibt sich für den Export? Die Änderung des Exports wird durch

$$dX_1 = \frac{heP_2^*}{P_1}\left(\frac{de}{e} - \frac{dP_1}{P_1}\right) \tag{9.24}$$

beschrieben. Beachtet man, dass die Änderung des realen Wechselkurses eP_2^*/P_1 durch $d(eP_2^*/P_1) = (eP_2^*/P_1)(de/e - dP_1/P_1)$ wiedergegeben wird, so hängt die Wirkung eines Anstiegs von Y_2 auf den Export davon ab, ob der reale Wechselkurs steigt oder fällt. Gleichung (9.21) verrät, dass die relative Änderung des Inlandspreises für Gut 1 bei einem Anstieg der Inlandsproduktion des Gutes 2 stets größer als die relative Änderung des Wechselkurses ist. Der reale Wechselkurs steigt also. Einsetzen von (9.21) und (9.24) ergibt:

$$dX_1 = -h\frac{(1-\alpha)\frac{a_1}{a_2} + \alpha\frac{eP_2^*}{P_1}}{\alpha\omega Y_2 + h} dY_2. \tag{9.25}$$

Die Zunahme der Inlandsproduktion des Gutes 2 senkt also die Exporte des Inlands.

Mit Hilfe der bisherigen Ergebnisse kann nun auch die Veränderung der Importe berechnet werden. Einsetzen von (9.18) in (9.16) liefert

$$dQ_2 = -\left(\frac{P_1 Y_1}{eP_2^*} + \omega Y_2\right)\frac{de}{e} - dY_2.$$

Dieses führt unter Verwendung der Gleichungen (9.22) und (9.19) in Verbindung mit $1-\alpha=\beta+\gamma$ zu

$$dQ_2 = \left(\frac{\omega\beta}{\beta+\gamma} - 1\right) dY_2. \tag{9.26}$$

Da $0<\omega\leq 1$ gilt, ist der Term in der Klammer stets negativ, das heißt, ein Anstieg der Inlandsproduktion des Gutes 2 hat zwingend einen Rückgang der Importe zur Folge. Der angebotsseitige Effekt einer Erhöhung der Inlandsproduktion des Gutes 2 übertrifft somit stets den nachfrageseitigen Effekt.

Wie bisher gezeigt, sinken sowohl Export als auch Import. Es ist daher fraglich, welche Konsequenzen sich für den Nettoexport H ergeben. Dabei ist zu beachten, dass der Exportrückgang in Einheiten des Gutes 1, der Importrückgang jedoch in Einheiten des Gutes 2 ermittelt wurde. Bezugseinheit für den Nettoexport ist das originär inländische Gut 1. Die Importe sind deshalb mittels des realen Wechselkurses in Einheiten des Gutes 1 umzurechnen. Für den Nettoexport gilt damit $H_1 = X_1 - eP_2^*Q_2/P_1$. Setzt man (9.8) und (9.6) ein, folgt $H_1 = heP_2^*/P_1 - Y_1^* - \beta(Y_1 + \omega eP_2^*Y_2/P_1) + eP_2^*Y_2/P_1$. Das zugehörige totale Differential lautet

$$\begin{aligned} dH_1 =& hP_2^*\left(\frac{P_1de - edP_1}{P_1^2}\right) - \beta\left(dY_1 + \omega P_2^*\left(\frac{eP_1dY_2 + P_1Y_2de - eY_2dP_1}{P_1^2}\right)\right) \\ &+ P_2^*Y_2\left(\frac{P_1de - edP_1}{P_1^2}\right). \end{aligned} \tag{9.27}$$

Mit Hilfe von (9.17), (9.21) und (9.24) erhält man nach einigen Umformungen

$$dH_1 = -\left(\frac{(1-\alpha-\beta\omega)\frac{a_1}{a_2}Y_2 + \alpha\omega\frac{eP_2^*}{P_1}Y_2 + \gamma h\frac{a_1}{a_2} + (1-\gamma)\omega h\frac{eP_2^*}{P_1}}{\alpha\omega Y_2 + h}\right) dY_2.$$

Als Resultat lässt sich festhalten, dass der Nettoexport durch den Anstieg der Inlandsproduktion in Sektor 2 sinkt. Der Rückgang der Exporte übertrifft damit den Rückgang der Importe. Dieses markiert einen Unterschied zum Modell mit festem Inlandspreis des Gutes 1.

Wie gezeigt, bewirkt der Anstieg der Inlandsproduktion des Gutes 2 einen Rückgang der Inlandsproduktion des Gutes 1. Es stellt sich daher die Frage, ob die Wirtschaft als Ganzes profitiert oder verliert. Hierzu wird die Wirkung auf den Nutzen der Haushalte betrachtet.

9.2.2 Wohlfahrtseffekte

Den Ausgangspunkt für die Untersuchung der Wohlfahrtseffekte der Direktinvestitionen bildet die Nutzenfunktion der Haushalte, siehe Gleichung (9.1). Das totale Differential der Nutzenfunktion lautet:

$$dU = \alpha \frac{dC_1}{C_1} + \beta \frac{dC_2}{C_2} + \gamma \frac{dS_1}{S_1}. \tag{9.28}$$

Die Nutzenänderung entspricht also der Summe der mit dem jeweiligen Ausgabenanteil gewichteten relativen Veränderungen des Konsums des Gutes 1 und Gut 2 und der Ersparnis. Die hierfür notwendigen totalen Differentiale der Gleichungen (9.3) bis (9.5) sind

$$dC_1 = \alpha \left(dY_1 + \frac{\omega e P_2^* Y_2}{P_1} \left(\frac{dY_2}{Y_2} + \frac{de}{e} - \frac{dP_1}{P_1} \right) \right) \tag{9.29}$$

$$dC_2 = \beta \left(\frac{P_1 Y_1}{e P_2^*} \left(\frac{dY_1}{Y_1} + \frac{dP_1}{P_1} - \frac{de}{e} \right) + \omega dY_2 \right) \tag{9.30}$$

$$dS_1 = \gamma \left(dY_1 + \frac{\omega e P_2^* Y_2}{P_1} \left(\frac{dY_2}{Y_2} + \frac{de}{e} - \frac{dP_1}{P_1} \right) \right) \tag{9.31}$$

Kombiniert man (9.29) mit dem totalen Differential der Geldmarktgleichung (9.18) folgt nach einigen Umformungen

$$dC_1 = -C_1 \frac{dP_1}{P_1},$$

das heißt, die relative Änderung des Konsums des Gutes 1 entspricht der negativen relativen Änderung des Inlandspreises für Gut 1. Analog gilt für die Ersparnis

$$dS_1 = -S_1 \frac{dP_1}{P_1}.$$

Die Veränderung des Konsums des Gutes 2 hingegen ergibt, wenn man (9.18) in (9.30) einsetzt,

$$dC_2 = -C_2 \frac{de}{e}.$$

Die relative Änderung des Konsums des Gutes 2 entspricht der negativen, relativen Änderung des Wechselkurses. Für die Änderung des Nutzens folgt

$$dU = -(1 - \beta) \frac{dP_1}{P_1} - \beta \frac{de}{e}. \tag{9.32}$$

Ein Anstieg des Inlandspreises für Gut 1 senkt den Nutzen, da der Konsum des Gutes 1 und die Ersparnis zurückgehen. Ein Anstieg des Wechselkurses senkt den Nutzen ebenfalls, da der Konsum des Gutes 2 zurückgeht. Da bei einem Anstieg der Inlandsproduktion des Gutes 2 die Inlandswährung aufwertet, steigt jedoch der Konsum des Gutes 2. Die Änderung des Inlandspreises für das Gut 1 hingegen ist unbestimmt. Setzt man (9.18) in (9.32) ein folgt

$$dU = \left(\omega\beta\left(\frac{-(\omega eP_2^*Y_2 + heP_2^*) + P_1Y_1 + \omega eP_2^*Y_2}{\omega Y_2 + h}\right) + \frac{\omega heP_2^*}{\omega Y_2 + h} - P_1\frac{a_1}{a_2}\right)\frac{dY_2}{P_1Y_1}.$$

Mit Hilfe der Gleichung (9.19) ermittelt man schließlich

$$dU = \frac{1}{Y_1}\left(\frac{eP_2^*}{P_1}\left(\frac{\alpha}{1-\alpha}\beta\omega + \frac{\omega h}{\omega Y_2 + h}\right) - \frac{a_1}{a_2}\right)dY_2. \tag{9.33}$$

Die Wirkung eines Anstiegs der Inlandsproduktion des Gutes 2 auf den Nutzen hängt somit wie die Änderung des Inlandspreises für Gut 1 von einem gegebenen kritischen Anfangswert für die Grenzrate der Transformation a_1/a_2 ab. Genauer gilt:

$$\frac{dU}{dY_2} < 0, \quad \text{falls} \quad \frac{a_1}{a_2} > \left(\frac{\omega h}{\omega Y_2 + h} + \frac{\alpha}{1-\alpha}\beta\omega\right)\frac{eP_2^*}{P_1}$$

$$\frac{dU}{dY_2} = 0, \quad \text{falls} \quad \frac{a_1}{a_2} = \left(\frac{\omega h}{\omega Y_2 + h} + \frac{\alpha}{1-\alpha}\beta\omega\right)\frac{eP_2^*}{P_1}$$

$$\frac{dU}{dY_2} > 0, \quad \text{falls} \quad \frac{a_1}{a_2} < \left(\frac{\omega h}{\omega Y_2 + h} + \frac{\alpha}{1-\alpha}\beta\omega\right)\frac{eP_2^*}{P_1}$$

9.3 Anstieg der Auslandsproduktion des Sektors 1

Im folgenden Abschnitt findet ein Perspektivwechsel statt. Es sollen nun die Sekundäreffekte hinausgehender Direktinvestitionen im Investorland betrachtet werden. Es wird somit der Frage nachgegangen, welche Konsequenzen sich für die kleine offene Wirtschaft ergeben, wenn die Auslandsproduktion des originär inländischen Gutes 1 Y_1^* steigt.

9.3.1 Preis und Handelseffekte

Grundlage der Untersuchung bilden die Gleichungen (9.11), (9.12) und (9.14). Das Modell schaut dann wie folgt aus:

$$Y_1 = \alpha(Y_1 + \omega e P_2^* Y_2 / P_1) + h e P_2^* / P_1 - Y_1^*$$

$$Q_2 = \beta(P_1 Y_1 / e P_2^* + \omega Y_2) - Y_2$$

$$M = k(P_1 Y_1 + \omega e P_2^* Y_2)$$

Die Exportfunktion der kleinen offenen Wirtschaft wird durch $X_1 = heP_2^*/P_1 - Y_1^*$ beschrieben. Wird die Auslandsproduktion des Gutes 1 Y_1^* erhöht, so führt dieses zunächst zu einem direkten Exportrückgang in gleicher Höhe. Welche weiteren Konsequenzen ergeben sich infolge dieses Initialschocks? Die endogenen Variablen sind P_1, Q_2 und e. Die totalen Differentiale lauten somit

$$0 = \alpha \left[\omega P_2^* Y_2 \left(\frac{P_1 de - e dP_1}{P_2^2} \right) \right] + h P_2^* \left(\frac{P_1 de - e dP_1}{P_1^2} \right) - dY_1^* \tag{9.34}$$

$$dQ_2 = \beta \left(\frac{e P_2^* Y_1 dP_1 - P_1 Y_1 P_2^* de}{(eP_2^*)^2} \right) \tag{9.35}$$

$$0 = Y_1 dP_1 + \omega P_2^* Y_2 de \tag{9.36}$$

Es soll zunächst die Wirkung der Erhöhung der Auslandsproduktion des Gutes 1 auf den Inlandspreis des Gutes 1 und auf den nominalen Wechselkurs ermittelt werden. Dazu werden die Gleichungen (9.34) und (9.36) zunächst umgeformt. Für (9.34) ergibt sich

$$dY_1^* = \left(\frac{\alpha\omega e P_2^* Y_2 + h e P_2^*}{P_1} \right) \left(\frac{de}{e} - \frac{dP_1}{P_1} \right) \tag{9.37}$$

und für (9.36)

$$\frac{de}{e} = -\frac{P_1 Y_1}{\omega e P_2^* Y_2} \frac{dP_1}{P_1}. \tag{9.38}$$

Als erstes Ergebnis erhält man durch Kombination beider Umformungen in Verbindung mit Gleichung (9.11) für den Inlandspreis des Gutes 1:

$$dP_1 = -\frac{P_1}{Y_1 + Y_1^* + (h/\omega Y_2) Y_1} dY_1^*. \tag{9.39}$$

Die Erhöhung der Auslandsproduktion des Gutes 1 führt zunächst dazu, dass die Nachfrage der Ausländer nach dem im Inland produzierten Gut 1 zurückgeht. Daraufhin sinkt der Inlandspreis des Gutes 1 bis die Nachfrage nach dem im Inland produzierten Gut 1 mit der Inlandsproduktion des Gutes 1 wieder übereinstimmt. Der Rückgang der Exportnachfrage hat zur Folge, dass die Nachfrage nach der Inlandswährung abnimmt. Setzt man (9.39) in (9.38) ein folgt

$$de = \frac{e}{\omega Y_2 + h + (\omega Y_2/Y_1)Y_1^*} \frac{P_1}{eP_2^*} dY_1^*, \tag{9.40}$$

das heißt, die Inlandswährung wertet ab.

Der Export des Gutes 1 wird durch $X_1 = heP_2^*/P_1 - Y_1^*$ beschrieben. Sowohl die Senkung des Inlandspreises des Gutes P_1 als auch die Abwertung der Inlandswährung bewirken, dass das im Inland produzierte Gut 1 infolge der Direktinvestition günstiger für Ausländer zu erwerben ist. Die daraus zu erwartende Zunahme der wechselkursabhängigen Exportnachfrage wirkt entgegen dem durch den Schock induzierten Rückgang der Exportnachfrage dY_1^*. Wie verhält sich die Exportnachfrage X_1 insgesamt? Für die Änderung des Exports infolge der Zunahme der Auslandsproduktion des Gutes 1 gilt

$$dX_1 = hP_2^* \left(\frac{P_1 de - e dP_1}{P_1^2} \right) - dY_1^*.$$

Unter Verwendung von (9.38) und (9.39) lässt sich dieses zu

$$dX_1 = -\frac{Y_1 + Y_1^* - heP_2^*/P_1}{Y_1 + Y_1^* + (h/\omega Y_2)Y_1} dY_1^* \tag{9.41}$$

umformen. Gleichung (9.41) liefert zwei Ergebnisse. Zum einen sinkt durch die Zunahme der Auslandsproduktion des Gutes 1 insgesamt der Export des Gutes, zum anderen fällt der Rückgang des Exports insgesamt geringer aus als der Initialschock, $-1 < dX_1/dY_1^* < 0$. Ursächlich hierfür ist die bereits genannte, aus dem Initialschock resultierende Senkung des Inlandspreises P_1 und die Abwertung der Inlandswährung, die zu einer Zunahme der wechselkursabhängigen Exportnachfrage führen.

Es soll nun der Effekt auf die Importe betrachtet werden. Hierfür setzt man zunächst (9.38) in die Importgleichung (9.35) ein und erhält

$$dQ_2 = -\beta \left(\frac{P_1 Y_1}{eP_2^*} + \omega Y_2 \right) \frac{de}{e} = -C_2 \frac{de}{e}.$$

Die Änderung des Imports ist somit also umgekehrt proportional zur relativen Änderung des nominalen Wechselkurses. Da der Anstieg der Auslandsproduktion des Gutes 1 eine Abwertung zur Folge hat, wird der Import sinken. Setzt man (9.40) ein, ergibt sich

$$dQ_2 = -\left(\frac{\beta\,(P_1 Y_1/eP_2^* + \omega Y_2)}{\omega Y_2 + h + (\omega Y_2/Y_1)Y_1^*}\right)\frac{P_1}{eP_2^*}dY_1^*.$$

Da die Inlandsproduktion des Gutes 2 unverändert bleibt ($dY_2 = 0$), ist die Änderung der Importe identisch mit der Änderung der Nachfrage der Inländer nach Gut 2, $dQ_2 = dC_2$. Diese ist rückläufig, da zum einen der Preisrückgang des Gutes 1 die Kaufkraft der Inlandsproduktion des Sektors 1 in Bezug auf Gut 2 senkt, zum anderen der Anstieg des Wechselkurs dieses zusätzlich verstärkt. Insgesamt verschlechtern sich die terms of trade der kleinen offenen Wirtschaft.

Da sowohl der Export als auch der Import bei einem Anstieg der Auslandsproduktion des Gutes 1 zurückgehen, bleibt die Wirkung auf den Nettoexport zu klären. Der Nettoexport wird in Einheiten des Gutes 1 gemessen. Der Nettoexport beträgt dann $H_1 = heP_2^*/P_1 - Y_1^* - \beta(Y_1 + \omega eP_2^*Y_2/P_1) + eP_2^*Y_2/P_1$. Für das totale Differential folgt

$$dH_1 = \frac{heP_2^*}{P_1}\left(\frac{de}{e} - \frac{dP_1}{P_1}\right) - dY_1^* + (1-\beta\omega)\frac{eP_2^*Y_2}{P_1}\left(\frac{de}{e} - \frac{dP_1}{P_1}\right). \tag{9.42}$$

Nutzt man die Gleichungen (9.37), (9.38) sowie $\alpha+\beta+\gamma = 1$, resultiert nach wenigen Umformungen

$$dH_1 = \frac{\frac{1-\omega+\gamma\omega}{\omega}(Y_1 + \omega eP_2^*Y_2/P_1)}{Y_1 + Y_1^* + (h/\omega Y_2)Y_1}dY_1^*.$$

Ein Anstieg der Auslandsproduktion des Gutes 1 führt auch bei einem flexiblen Inlandspreis des Gutes 1 zu einer positiven Änderung des Nettoexports.

9.3.2 Wohlfahrtseffekte

Es soll nun der Frage nachgegangen werden, welche Wirkung der Anstieg der Auslandsproduktion des Gutes 1 auf die Wohlfahrt der kleinen offenen Wirtschaft entfaltet? Die Änderung des Nutzens entspricht dabei

$$dU = \alpha\frac{dC_1}{C_1} + \beta\frac{dC_2}{C_2} + \gamma\frac{dS_1}{S_1}. \tag{9.43}$$

Für die zugehörigen Differentiale der Konsum- und Sparfunktionen (9.3) bis (9.5) ermittelt man

$$dC_1 = \alpha\omega P_2^* Y_2 \left(\frac{P_1 de - e dP_1}{P_1^2}\right) \tag{9.44}$$

$$dC_2 = \beta \left(\frac{Y_1}{eP_2^*} dP_1 - \frac{P_1 Y_1 P_2^*}{(eP_2^*)^2} de\right) \tag{9.45}$$

$$dS_1 = \gamma\omega P_2^* Y_2 \left(\frac{P_1 de - e dP_1}{P_1^2}\right) \tag{9.46}$$

Mit Hilfe des totalen Differentials der Geldmarktgleichung (9.38) können diese Gleichungen wie folgt geschrieben werden:

$$dC_1 = -C_1 \frac{dP_1}{P_1}$$

$$dC_2 = -C_2 \frac{de}{e}$$

$$dS_1 = -S_1 \frac{dP_1}{P_1}$$

Wie in Gleichung (9.39) beschrieben, sinkt der Inlandspreis für Gut 1. Gleichzeitig steigt der Wechselkurs, siehe (9.40). Daraus folgt, dass der Konsum des Gutes 1 und die Ersparnis infolge der höheren Auslandsproduktion des Gutes 1 steigen werden. Der Konsum des Gutes 2 geht hingegen zurück. Die Budgetrestriktion der Haushalte (9.2) liefert eine Erklärung: Zwar bewirkt die Senkung des Inlandspreises des Gutes 1 einerseits eine Senkung des nominalen Einkommens der Haushalte aus der Inlandsproduktion des Gutes 1, andererseits wird das nominale Einkommen aus der Inlandsproduktion des Gutes 2 nicht durch die Preissenkung tangiert. Vielmehr sorgt die Abwertung der Inlandswährung für einen Anstieg des nominalen Einkommens aus der Inlandsproduktion des Gutes 2. Gut 1 wird damit hinsichtlich Gut 2 relativ billiger. Die Haushalte substituieren Gut 2 mit Hilfe des Gutes 1. Der Konsum des Gutes 1 und die Ersparnis nehmen zu, der Konsum des Gutes 2 hingegen ab. Für die Änderung des Nutzens kommt es daher darauf an, welcher dieser gegenläufigen Effekte schwerer wiegt. Formal stellt sich dieses folgendermaßen dar:

$$dU = -\alpha \frac{dP_1}{P_1} - \beta \frac{de}{e} - \gamma \frac{dP_1}{P_1}.$$

Eliminiert man dP_1/P_1 unter Verwendung von (9.38), folgt schließlich

$$dU = \frac{eP_2^*}{P_1Y_1}\left[\omega Y_2 - \beta(P_1Y_1/eP_2^* + \omega Y_2)\right]\frac{de}{e}.$$

Da die relative Änderung des Wechselkurses positiv ist, hängt die Wirkung eines Anstiegs der Auslandsproduktion des Gutes 1 auf die Wohlfahrt offenbar davon ab, welches Vorzeichen die eckige Klammer hat. Hierbei hilft nun folgende Betrachtung: Der erste Term in der eckigen Klammer bezeichnet das Einkommen, das den Haushalten aus Sektor 2 zufließt. Der zweite Term hingegen bezeichnet den Konsum des Gutes 2. Da annahmegemäß $C_2 > Y_2$ gilt, ist die Differenz der beiden Terme negativ. Es folgt daher, dass auch bei einem flexiblen Inlandspreis des originär inländischen Gutes 1 eine Zunahme der Auslandsproduktion des originär inländischen Gutes 1 die Wohlfahrt der kleinen offenen Wirtschaft verringert:

$$dU = \frac{\left[\frac{\omega Y_2}{Y_1} - \beta\left(\frac{P_1Y_1/eP_2^* + \omega Y_2}{Y_1}\right)\right]}{\omega Y_2 + h + (\omega Y_2/Y_1)Y_1^*}dY_1^* < 0.$$

9.4 Zusammenfassung

1. Im Empfängerland führt der Anstieg der Inlandsproduktion des originär ausländischen Gutes zu einem Rückgang der Inlandsproduktion des originär inländischen Gutes. Je nach dem, ob für das originär inländische Gut die resultierenden Güterangebots- oder Güternachfrageeffekte dominieren, fällt die Reaktion des Inlandspreises für das originär inländische Gut positiv oder negativ aus. Genauer betrachtet, hängt dieses von einem gegebenen kritischen Wert der Grenzrate der Transformation ab. Der Import des originär ausländischen Gutes sinkt. Die Wirkung eines Anstiegs der Inlandsproduktion des originär ausländischen Gutes auf die Wohlfahrt ist unbestimmt. Auch sie hängt von einem gegebenen kritischen Wert der Grenzrate der Transformation ab. Anders als im Modell mit festem Inlandspreis des originär inländischen Gutes ist hier auch ein Wohlfahrtsrückgang möglich.

2. Im Investorland führt der Anstieg der Auslandsproduktion des originär inländischen Gutes zu einem Rückgang des Exports des originär inländischen Gutes. Es resultiert eine Abwertung der Inlandswährung und eine Senkung des Inlandspreises des originär inländischen Gutes. Der Import des originär

ausländischen Gutes sinkt. Der Anstieg der Auslandsproduktion des originär inländischen Gutes senkt die Wohlfahrt des Investorlandes.

Teil IV

Schlussbetrachtung

Kapitel 10

Zusammenfassung

Die vorliegende Arbeit befasst sich mit den makroökonomischen Konsequenzen der Direktinvestitionen.

10.1 Einleitung

10.1.1 Grundlegende Konzepte, Empirie und Literaturüberblick

Die makroökonomischen Wirkungen der Direktinvestitionen lassen sich in zwei Kategorien unterteilen: Die Primäreffekte ergeben sich aus der Investitionstätigkeit und den damit verbundenen Kapitalflüssen und Kapitalgüternachfragen. Die Sekundäreffekte kommen zustande, wenn die somit erworbenen, errichteten oder erweiterten Tochtergesellschaften die Produktion aufnehmen. Entlang dieser Unterscheidung gliedert sich die Arbeit in zwei Hauptteile. In der Investitionsphase werden die Primäreffekte untersucht, in der Produktionsphase werden die Sekundäreffekte analysiert.

10.1.2 Methodik und Aufbau der Arbeit

Basierend auf theoretischen wie empirischen Erkenntnissen aus der Literatur zu Direktinvestitionen werden diese im makroökonomischen Kontext als exogene Schocks modelliert. Dieses ermöglicht es, die Konsequenzen der Direktinvestitionen isoliert von anderen Einflüssen zu betrachten, und hebt die Direktinvestitionen zudem von den Portfolioinvestitionen ab. Diese Unterscheidung ist bedeutsam, da Direktinvestitionen im Gegensatz zu Portfolioinvestitionen mit einem signifikanten Maß an Kontrolle über die erworbenen, erweiterten oder errichteten Tochtergesellschaften verbunden sind.

10.2 Die Investitionsphase

10.2.1 Mergers and Acquisitions

10.2.1.1 Flexibler Wechselkurs, perfekte Kapitalmobilität

Wirkung im Empfängerland Ein Anstieg der Mergers and Acquisitions äußert sich im Empfängerland durch einen Anstieg des exogenen Kapitalzuflusses. Dieser hat keine Wirkung auf das Einkommen und den Wechselkurs. Stattdessen steigt der endogene Kapitalabfluss, so dass der Nettokapitalzufluss konstant bleibt.

Wirkung im Investorland Ein Anstieg der Mergers and Acquisitions äußert sich im Investorland durch einen Anstieg des exogenen Kapitalabflusses. Dieser führt zu einem gleich großen Anstieg des endogenen Kapitalzuflusses. Nettokapitalzufluss, Einkommen und Wechselkurs bleiben auch hier konstant.

10.2.1.2 Flexibler Wechselkurs, keine Kapitalmobilität

Wirkung im Empfängerland Ein Anstieg der Mergers and Acquisitions bewirkt einen Anstieg des exogenen Kapitalzuflusses. Es resultiert eine Aufwertung der Inlandswährung. Die Exporte und daher das Einkommen gehen zurück. Auf dem Geldmarkt führt die Senkung des Einkommens zu einem Rückgang der Geldnachfrage, so dass der Inlandszins sinkt.

10.2.1.3 Fester Wechselkurs, perfekte Kapitalmobilität

Wirkung im Empfängerland Ein Anstieg der Mergers and Acquisitions führt zu einem Anstieg des exogenen Kapitalzuflusses. Dieses bewirkt einen Anstieg des endogenen Kapitalabflusses. Der Nettokapitalzufluss bleibt konstant. Das Einkommen und die endogene Geldmenge ändern sich nicht.

Wirkung im Investorland Ein Anstieg der Mergers and Acquisitions äußert sich in einem Anstieg des exogenen Kapitalabflusses. Dieser bewirkt einen Anstieg des endogenen Kapitalzuflusses. Der Nettokapitalzufluss bleibt konstant. Das Einkommen und die endogene Geldmenge ändern sich nicht.

10.2.1.4 Fester Wechselkurs, keine Kapitalmobilität

Wirkung im Empfängerland Ein Anstieg der Mergers and Acquisitions führt zu einem Anstieg des exogenen Kapitalzuflusses. Dieses bewirkt eine Ausweitung der endogenen Geldmenge. Der Inlandszins sinkt daher. Investitionen und Einkommen steigen, bis der resultierende Anstieg der Importe den Devisenmarkt zurück ins Gleichgewicht bringt.

10.2.2 Greenfield Investments

Zusätzlich zu eventuellen Anstiegen der exogenen Kapitalflüsse sind bei den Greenfield Investments exogene Anstiege der Kapitalgüternachfrage zu berücksichtigen. Dabei können die Kapitalgüter auf dem Gütermarkt des Empfängerlandes oder des Investorlandes nachgefragt werden. Ebenso bestehen unterschiedliche Möglichkeiten, den Anstieg der Direktinvestitionen zu finanzieren. Zum einen können Kredite im Investorland aufgenommen werden, so dass es im Empfängerland zu einem Anstieg des exogenen Kapitalzuflusses kommt. Zum anderen können Kredite im Empfängerland aufgenommen werden. In diesem Fall führt der Anstieg der Direktinvestitionen nicht zu einem Anstieg des exogenen Kapitalzuflusses im Empfängerland.

10.2.2.1 Flexibler Wechselkurs, perfekte Kapitalmobilität

Wirkung im Empfängerland

1. Bei Finanzierung der Direktinvestitionen über eine Kreditaufnahme im Investorland und bei Kauf der Kapitalgüter im Empfängerland (Inland) führt der Anstieg der Direktinvestitionen zu einem Anstieg des exogenen Kapitalzuflusses und der autonomen Investitionen. Der Anstieg des exogenen Kapitalzuflusses führt zu einer Aufwertung der Inlandswährung. Die Exporte sinken, so dass das Einkommen insgesamt unverändert bleibt. Auch der endogene Kapitalzufluss ändert sich nicht. Der Nettokapitalzufluss nimmt in Höhe der zusätzlichen Direktinvestitionen zu.

   Bei Finanzierung der Direktinvestitionen über eine Kreditaufnahme im Investorland und bei Kapitalgüterkauf im Investorland (Ausland) führt der Anstieg der Direktinvestitionen zu einem Anstieg des exogenen Kapitalzuflusses und der exogenen Importe. Der Wechselkurs ändert sich nicht. Das Einkommen bleibt konstant. Der Anstieg des Nettokapitalzuflusses ist identisch zum Anstieg der Direktinvestitionen.

2. Bei Finanzierung der Direktinvestitionen über eine Kreditaufnahme im Empfängerland und bei Kauf der Kapitalgüter im Empfängerland führt der Anstieg der Direktinvestitionen zu einem Anstieg der autonomen Investitionen.

Dieses bewirkt einen vorübergehenden Anstieg des Einkommens. Die Geldnachfrage nimmt daraufhin zu und der endogene Kapitalzufluss steigt sofort an. Die Inlandswährung wertet auf und senkt die Exporte. Das Einkommen kehrt auf sein Niveau vor Schock zurück. Der Nettokapitalzufluss nimmt in Höhe des Anstiegs der Direktinvestitionen zu.

Bei Finanzierung der Direktinvestitionen über eine Kreditaufnahme im Empfängerland und bei Erwerb der Kapitalgüter im Investorland führt der Anstieg der Direktinvestitionen zu einem Anstieg der autonomen Importe. Dieses ruft zunächst eine Abwertung der Inlandswährung hervor. Die Exporte und das Einkommen nehmen vorübergehend zu und erhöhen die Geldnachfrage. Dieses bewirkt einen augenblicklichen Anstieg des endogenen Kapitalzuflusses. Wechselkurs und Einkommen kehren auf ihre ursprünglichen Werte zurück. Der Nettokapitalzufluss nimmt in Höhe des Anstiegs der Direktinvestitionen zu.

3. Bei beiden Finanzierungsarten wirkt der Anstieg der Direktinvestitionen bei Kauf der Kapitalgüter im Empfängerland im Ergebnis identisch auf Einkommen, Wechselkurs und Nettokapitalzufluss. Unterschiede ergeben sich allerdings hinsichtlich des Anpassungsprozesses.

4. Bei beiden Finanzierungsarten wirkt der Anstieg der Direktinvestitionen bei Kauf der Kapitalgüter im Investorland im Ergebnis identisch auf Einkommen, Wechselkurs und Nettokapitalzufluss. Unterschiede ergeben sich allerdings auch hier hinsichtlich des Anpassungsprozesses.

5. Insgesamt kann bei festgehalten werden, dass im Empfängerland die Wirkung auf Einkommen, Wechselkurs und Nettokapitalzufluss im Ergebnis der der gewöhnlichen Investitionsschocks entspricht. Hinsichtlich der Wirkung treten wesentliche Unterschiede zwischen Greenfield Investments und gewöhnlichen Investitionen vor allem in der Produktionsphase auf.

Wirkung im Investorland

1. Bei Finanzierung der Direktinvestitionen über eine Kreditaufnahme im Investorland und bei Erwerb der Kapitalgüter im Investorland (Inland) führt der Anstieg der Direktinvestitionen zu einem Anstieg des exogenen Kapitalabflusses und der exogenen Exporte. Das Einkommen nimmt vorübergehend zu und erhöht die Geldnachfrage. Der endogene Kapitalzufluss steigt sofort,

die Inlandswährung wertet auf. Export und Einkommen kehren daher auf ihre Ausgangsniveaus zurück. Der Nettokapitalzufluss bleibt konstant.

Bei Finanzierung der Direktinvestitionen über eine Kreditaufnahme im Investorland und bei Kauf der Kapitalgüter im Empfängerland (Ausland) führt der Anstieg der Direktinvestitionen zu einem Anstieg des exogenen Kapitalabflusses. Die Inlandswährung wertet ab, so dass die Exporte und das Einkommen vorübergehend ansteigen. Die Geldnachfrage nimmt zu, und es kommt sogleich zu einem zusätzlichen endogenen Kapitalzufluss. Wechselkurs, Exporte, Einkommen und Nettokapitalzufluss bleiben insgesamt unverändert.

2. Bei Finanzierung der Direktinvestitionen über eine Kreditaufnahme im Empfängerland und bei Kauf der Kapitalgüter im Investorland führt der Anstieg der Direktinvestitionen zu einem Anstieg der exogenen Exporte. Die Inlandswährung wertet auf und senkt die Exporte auf ihr Ausgangsniveau. Das Einkommen bleibt unverändert. Auch der endogene Kapitalzufluss und der Nettokapitalzufluss ändern sich nicht.

   Bei Finanzierung des Anstiegs der Direktinvestitionen mittels einer Kreditaufnahme im Empfängerland und bei Erwerb der Kapitalgüter im Empfängerland wird die Wirtschaft hingegen von keinem Schock getroffen. Es kommt insofern zu keiner Veränderung des Wechselkurses, des Einkommens und der Kapitalflüsse.

3. Bei beiden Finanzierungsarten wirkt der Anstieg der Direktinvestitionen bei Kauf der Kapitalgüter im Investorland im Ergebnis identisch auf Einkommen, Wechselkurs und Nettokapitalzufluss. Unterschiede ergeben sich aber hinsichtlich des Anpassungsprozesses.

4. Bei beiden Finanzierungsarten wirkt der Anstieg der Direktinvestitionen bei Kauf der Kapitalgüter im Empfängerland im Ergebnis identisch auf Einkommen, Wechselkurs und Nettokapitalzufluss. Unterschiede ergeben sich allerdings auch hier hinsichtlich des Anpassungsprozesses.

10.2.2.2 Flexibler Wechselkurs, keine Kapitalmobilität

Wirkung im Empfängerland

1. Bei Finanzierung der Direktinvestitionen mittels einer Kreditaufnahme im Investorland und bei Kauf der Kapitalgüter im Empfängerland (Inland) führt

ein Anstieg der Direktinvestitionen zu einem Anstieg des exogenen Kapitalzuflusses und der autonomen Investitionen. Ersteres führt zu einer Aufwertung der Inlandswährung. Die Exporte sinken. Einkommen und Inlandszins bleiben auf ihren Ausgangsniveaus.

Bei Finanzierung der Direktinvestitionen mittels einer Kreditaufnahme im Investorland und bei Kapitalgüterkauf im Investorland (Ausland) bewirkt ein Anstieg der Direktinvestitionen einen Anstieg des exogenen Kapitalzuflusses und der autonomen Importe. Der Devisenmarkt bleibt im Gleichgewicht. Auch der Gütermarkt wird keinem Schock ausgesetzt. Wechselkurs, Einkommen und Inlandszins ändern sich nicht.

2. Bei Finanzierung der Direktinvestitionen mittels einer Kreditaufnahme im Empfängerland und bei Kapitalgüterkauf im Empfängerland bewirkt der Anstieg der Direktinvestitionen einen Anstieg der autonomen Investitionen. Das Einkommen nimmt zu. Die Importe steigen, so dass die Inlandswährung abwertet und die Exporte um den gleichen Betrag steigen. Auf dem Geldmarkt bewirkt der Anstieg der Geldnachfrage eine Zunahme des Inlandszinses.

   Bei Finanzierung der Direktinvestitionen mittels einer Kreditaufnahme im Empfängerland und bei Kapitalgüterkauf im Investorland führt der Anstieg der Direktinvestitionen zu einem Anstieg der autonomen Importe. Die Inlandswährung wertet ab, die Exporte steigen um den gleichen Betrag wie die Importe. Der Anstieg der Exporte führt zu einem Anstieg des Einkommens. Auf dem Geldmarkt steigt die Geldnachfrage und hebt den Inlandszins an.

   Bei Kreditaufnahme im Empfängerland gleichen die Wirkungen eines Anstiegs der Direktinvestitionen denen der gewöhnlichen Investitionsschocks.

10.2.2.3 Fester Wechselkurs, perfekte Kapitalmobilität

Wirkung im Empfängerland

1. Bei Finanzierung der Direktinvestitionen mittels einer Kreditaufnahme im Investorland und bei Kauf der Kapitalgüter im Empfängerland (Inland) führt ein Anstieg der Direktinvestitionen zu einem Anstieg des exogenen Kapitalzuflusses und der autonomen Investitionen. Der Anstieg des exogenen Kapitalzuflusses führt zu einer Ausweitung der endogenen Geldmenge. Der Anstieg der autonomen Investitionen erhöht das Einkommen. Die Geldnachfrage nimmt zu, allerdings kann dieses nicht den Anstieg des Geldangebots kompensieren.

Daher sinkt der endogene Kapitalzufluss. Der Nettokapitalzufluss steigt insgesamt an.

Bei Finanzierung der Direktinvestitionen mittels einer Kreditaufnahme im Investorland und bei Kauf der Kapitalgüter im Investorland (Ausland) führt ein Anstieg der Direktinvestitionen zu einem Anstieg des exogenen Kapitalzuflusses und der autonomen Importe. Der Devisenmarkt bleibt im Gleichgewicht. Die endogene Geldmenge und das Einkommen bleiben unverändert. Der Nettokapitalzufluss nimmt in Höhe des Anstiegs der Direktinvestitionen zu.

2. Bei Finanzierung der Direktinvestitionen mittels einer Kreditaufnahme im Empfängerland und bei Kauf der Kapitalgüter im Empfängerland führt ein Anstieg der Direktinvestitionen zu einem Anstieg der autonomen Investitionen und darüber zu einem Anstieg des Einkommens. Die Geldnachfrage nimmt zu und bewirkt einen Anstieg des endogenen Kapitalzuflusses. Die endogene Geldmenge nimmt zu, so dass der Anstieg des endogenen Geldangebots dem Anstieg der Geldnachfrage entspricht. Der Nettokapitalzufluss steigt an.

   Bei Finanzierung der Direktinvestitionen mittels einer Kreditaufnahme im Empfängerland und Erwerb der Kapitalgüter im Investorland führt der Anstieg der Direktinvestitionen zu einem Anstieg der autonomen Importe. Die endogene Geldmenge sinkt vorübergehend. Dieses bewirkt eine Zunahme des endogenen Kapitalzuflusses. Geldmenge und Einkommen bleiben schließlich unverändert. Der Nettokapitalzufluss nimmt in Höhe des Anstiegs der Direktinvestitionen zu.

3. Bei beiden Finanzierungsarten wirkt der Anstieg der Direktinvestitionen bei Kauf der Kapitalgüter im Empfängerland im Ergebnis identisch auf Einkommen, endogene Geldmenge und Nettokapitalzufluss. Es bestehen allerdings Unterschiede bezüglich des Anpassungsprozesses.

4. Bei beiden Finanzierungsarten wirkt der Anstieg der Direktinvestitionen bei Kauf der Kapitalgüter im Investorland im Ergebnis identisch auf Einkommen, endogene Geldmenge und Nettokapitalzufluss. Es bestehen allerdings auch hier Unterschiede bezüglich des Anpassungsprozesses.

5. Insgesamt kann festgehalten werden, dass im Empfängerland die Wirkung eines Anstiegs der Greenfield Investments auf Einkommen, endogene Geldmenge und Nettokapitalzufluss im Ergebnis der Wirkung eines gewöhnlichen Investi-

tionsschocks gleicht. Wesentliche Unterschiede ergeben sich somit in der Produktionsphase.

Wirkung im Investorland

1. Bei Finanzierung der Direktinvestitionen mittels einer Kreditaufnahme im Investorland und bei Kauf der Kapitalgüter im Investorland (Inland) führt der Anstieg der Direktinvestitionen zu einem Anstieg des exogenen Kapitalabflusses und der Exporte. Das Einkommen steigt und bewirkt eine Zunahme der Geldnachfrage. Der endogene Kapitalzufluss nimmt zu und die endogene Geldmenge steigt. Der Nettokapitalzufluss geht insgesamt zurück.

   Bei Finanzierung der Direktinvestitionen mittels einer Kreditaufnahme im Investorland und bei Kauf der Kapitalgüter im Empfängerland (Ausland) führt der Anstieg der Direktinvestitionen zu einem Anstieg des exogenen Kapitalabflusses. Die endogene Geldmenge nimmt ab. Dieses bewirkt einen augenblicklichen Anstieg des endogenen Kapitalzuflusses. Die Geldmenge kehrt auf ihr Ausgangsniveau zurück. Einkommen, Geldmenge und Nettokapitalzufluss bleiben letztlich unverändert.

2. Bei Finanzierung der Direktinvestitionen mittels einer Kreditaufnahme im Empfängerland und bei Kauf der Kapitalgüter im Investorland führt der Anstieg der Direktinvestitionen zu einem Anstieg der Exporte. Dieses führt zu einem Anstieg der endogenen Geldmenge. Das Einkommen steigt ebenfalls und hebt die Geldnachfrage an, was jedoch den Anstieg des Geldangebots nicht ausgleichen kann. Der endogene Kapitalzufluss und damit der Nettokapitalzufluss geht zurück.

   Bei Finanzierung der Direktinvestitionen mittels einer Kreditaufnahme im Empfängerland und bei Kauf der Kapitalgüter im Empfängerland wird die Wirtschaft von keinem Schock getroffen. Einkommen, Geldmenge und Nettokapitalzufluss bleiben unverändert.

3. Bei beiden Finanzierungsarten wirkt der Anstieg der Direktinvestitionen bei Kauf der Kapitalgüter im Investorland im Ergebnis identisch auf Einkommen, endogene Geldmenge und Nettokapitalzufluss. Es bestehen allerdings Unterschiede bezüglich des Anpassungsprozesses.

4. Bei beiden Finanzierungsarten wirkt der Anstieg der Direktinvestitionen bei Kauf der Kapitalgüter im Empfängerland im Ergebnis identisch auf Einkom-

men, endogene Geldmenge und Nettokapitalzufluss. Es bestehen allerdings auch hier Unterschiede bezüglich des Anpassungsprozesses.

10.2.2.4 Fester Wechselkurs, keine Kapitalmobilität

Wirkung im Empfängerland

1. Bei Finanzierung der Direktinvestitionen mittels einer Kreditaufnahme im Investorland und bei Kauf der Kapitalgüter im Empfängerland (Inland) führt der Anstieg der Direktinvestitionen zu einem Anstieg des exogenen Kapitalzuflusses und der autonomen Investitionen. Auf dem Devisenmarkt entsteht durch den Anstieg des exogenen Kapitalzuflusses ein zusätzliches Devisenangebot. Ferner werden durch den Anstieg der autonomen Investitionen Produktion und Einkommen gesteigert. Daher steigen die Importe und damit die Devisennachfrage. Auf dem Devisenmarkt herrscht insgesamt ein Überangebot an Devisen. Dieses führt zu einer Ausweitung der Geldmenge. Der Inlandszins sinkt. Der resultierende Anstieg der zinsabhängigen Investitionen sorgt für einen Anstieg des Einkommens und daher der Importe, solange bis der Devisenmarkt im Gleichgewicht ist.

   Bei Finanzierung der Direktinvestitionen mittels einer Kreditaufnahme im Investorland und bei Kauf der Kapitalgüter im Investorland (Ausland) führt der Anstieg der Direktinvestitionen zu einem Anstieg des exogenen Kapitalzuflusses und der autonomen Importe. Der Devisenmarkt bleibt im Gleichgewicht. Die endogene Geldmenge verändert sich daher nicht. Auch das Einkommen und der Inlandszins bleiben konstant.

2. Bei Finanzierung der Direktinvestitionen mittels einer Kreditaufnahme im Empfängerland und bei Kauf der Kapitalgüter im Empfängerland bewirkt der Anstieg der Direktinvestitionen zunächst einen Anstieg der autonomen Investitionen und daher des Einkommens. Dieses erhöht die Importe. Die Nachfrage nach Devisen steigt. Die endogene Geldmenge sinkt daher. Der Inlandszins steigt. Die zinsabhängigen Investitionen gehen zurück. Das Einkommen kehrt auf sein ursprüngliches Niveau zurück.

   Bei Finanzierung der Direktinvestitionen mittels einer Kreditaufnahme im Empfängerland und bei Erwerb der Kapitalgüter im Investorland kommt es bei einem Anstieg der Direktinvestitionen zu einer Zunahme der autonomen Importe. Die Devisennachfrage steigt. Die endogene Geldmenge sinkt, was den

Inlandszins nach oben treibt. Die zinsabhängigen Investitionen gehen zurück, und das Einkommen nimmt ab. Die einkommensabhängigen Importe sinken wieder. Der Nettokapitalzufluss verändert sich nicht.

Bei Kreditaufnahme im Empfängerland gleichen die Wirkungen eines Anstiegs der Greenfield Investments auf Einkommen, endogene Geldmenge und Nettokapitalzufluss im Ergebnis den Wirkungen der gewöhnlichen Investitionsschocks.

10.3 Die Produktionsphase

10.3.1 Das Modell

Die Wirtschaft ist eine kleine offene Wirtschaft mit perfekter Kapitalmobilität. Es wird sowohl der Fall flexibler als auch fester Wechselkurse betrachtet. Die Wirtschaft produziert zwei Güter in zwei Sektoren. Sektor 1 stellt das originär inländische Gut 1 her. Damit wird jenes Gutes bezeichnet, das vor Auftreten der Direktinvestitionen ausschließlich im Inland produziert wurde. Sektor 2 stellt das originär ausländische Gut 2 her. Dieses ist jenes Gut, das vor Auftreten jedweder Direktinvestitionen ausschließlich im Ausland produziert wurde. Sektor 2 ist aufgrund horizontaler Greenfield Investments entstanden und wird von ausländischen Direktinvestoren kontrolliert. Ausgangspunkt der Betrachtung ist ein Anstieg der multinationalen Produktion. Das heißt, wird das Empfängerland betrachtet, so besteht der Schock in einem Anstieg der Inlandsproduktion des originär ausländischen Gutes. Wird hingegen das Investorland betrachtet, besteht der Schock in einem Anstieg der Auslandsproduktion des originär inländischen Gutes. Diese Schock treffen die Wirtschaft in zweifacher Weise. Sie bewirken zum einen eine Veränderung des Einkommens, und sie bewirken zum anderen zudem eine Störung der Handelsströme.

10.3.2 Kurzfristige Wirkungen bei flexiblem Wechselkurs

Zunächst wird eine kleine offene Wirtschaft mit flexiblem Wechselkurs, festem Inlandspreis des originär inländischen Gutes und Arbeitslosigkeit untersucht. Das Modell beschreibt die kurze Frist.

1. Im Empfängerland führt ein Anstieg der Inlandsproduktion des originär ausländischen Gutes über eine Aufwertung der Inlandswährung zu einem Rückgang der Exporte des originär inländischen Gutes und damit zu einem Rückgang der Inlandsproduktion des originär inländischen Gutes. Gleichzeitig sin-

ken die Importe des originär ausländischen Gutes. Der Anstieg der Inlandsproduktion des originär ausländischen Gutes ist dabei mit einem positiven Nutzeneffekt verbunden.

2. Im Investorland führt ein Anstieg der Auslandsproduktion des originär inländischen Gutes zu einem Rückgang der Exporte des originär inländischen Gutes. Dieses bewirkt eine Abwertung der Inlandswährung und einen Rückgang der Inlandsproduktion des originär inländischen Gutes. Ebenso sinken die Importe des originär ausländischen Gutes. Insgesamt ist der Anstieg der Auslandsproduktion des originär inländischen Gutes mit einem negativen Nutzeneffekt für die Haushalte verbunden.

3. Insgesamt unterstreichen die oben angeführten unterschiedlichen Ergebnisse hinsichtlich der Wohlfahrtswirkung hereinkommender und hinausgehender Direktinvestitionen und der daraus resultierenden multinationalen Produktion die Bedeutung der Standortattraktivität.

10.3.3 Kurzfristige Wirkungen bei festem Wechselkurs

Die Wirtschaft sei eine kleine offene Wirtschaft mit festem Wechselkurs, festem Inlandspreis des originär inländischen Gutes und Arbeitslosigkeit. Das Modell beschreibt die kurze Frist.

1. Im Empfängerland führt ein Anstieg der Inlandsproduktion des originär ausländischen Gutes zu einem Anstieg der Nachfrage nach dem originär inländischen Gut. Daher steigt die Inlandsproduktion des originär inländischen Gutes. Die Zentralbank muss zur Wahrung des Wechselkurses die Geldmenge ausweiten. Der Anstieg der Inlandsproduktion des originär ausländischen Gutes übersteigt indes die Zunahme der Nachfrage nach diesem Gut, die Importe des originär ausländischen Gutes sinken. Der Anstieg der Inlandsproduktion des originär ausländischen Gutes ist mit einem positiven Nutzeneffekt verbunden.

2. Im Investorland sorgt der Anstieg der Auslandsproduktion des originär inländischen Gutes für einen Rückgang der Exporte des originär inländischen Gutes und der Inlandsproduktion des originär inländischen Gutes. Zwar fließen den Inländern zusätzliche Zinseinkommen aus der gestiegenen Auslandsproduktion des originär inländischen Gutes zu, diese können jedoch den Einkommensrückgang aus der gesunkenen Inlandsproduktion des originär inländischen

Gutes nicht kompensieren, so dass die Nachfrage der Inländer nach dem originär inländischen und dem originär ausländischen Gut zurückgeht. Daher sinkt auch der Import. Um den Wechselkurs zu halten, muss die Zentralbank die Geldmenge verringern. Der Anstieg der Auslandsproduktion des originär inländischen Gutes ist analog zum Fall mit flexiblem Wechselkurs mit einem negativen Nutzeneffekt verbunden.

3. Insgesamt unterstreichen die oben angeführten unterschiedlichen Ergebnisse hinsichtlich der Wohlfahrtswirkung hereinkommender und hinausgehender Direktinvestitionen und der daraus resultierenden multinationalen Produktion die Bedeutung der Standortattraktivität.

10.3.4 Mittelfristige Wirkungen bei flexiblem Wechselkurs

Die Wirtschaft sei eine kleine offene Wirtschaft mit flexiblem Wechselkurs und flexiblem Inlandspreis des originär inländischen Gutes. Im Unterschied zu den Modellen zuvor herrscht hier Vollbeschäftigung. Das Modell beschreibt eher die mittelfristige Sicht.

1. Im Empfängerland ist ein Anstieg der Inlandsproduktion des originär ausländischen Gutes daher kurzfristig nur möglich, sofern Arbeitskräfte aus dem Sektor des originär inländischen Gutes abgezogen werden. Unter der empirisch gestützten Annahme, dass dieses gelingt, führt der Anstieg der Inlandsproduktion des originär ausländischen Gutes im Empfängerland zu einem Rückgang der Inlandsproduktion des originär inländischen Gutes. Je nach dem, ob für das originär inländische Gut die resultierenden Güterangebots- oder Güternachfrageeffekte dominieren, fällt die Reaktion des Inlandspreises für das originär inländische Gut positiv oder negativ aus. Genauer betrachtet, hängt dieses von einem gegebenen kritischen Wert der Grenzrate der Transformation ab. Der Import des originär ausländischen Gutes sinkt. Die Wirkung eines Anstiegs der Inlandsproduktion des originär ausländischen Gutes auf die Wohlfahrt des Empfängerlandes ist unbestimmt. Auch sie hängt von einem gegebenen kritischen Wert der Grenzrate der Transformation ab. Zu beachten ist, dass anders als im Modell mit festem Preis des originär inländischen Gutes hier auch ein Wohlfahrtsverlust möglich ist.

2. Im Investorland führt der Anstieg der Auslandsproduktion des originär inländischen Gutes zu einem Rückgang des Exports des originär inländischen

Gutes. Dieses bewirkt eine Abwertung der Inlandswährung und eine Senkung des Inlandspreises des originär inländischen Gutes. Der Import des originär ausländischen Gutes sinkt. Der Anstieg der Auslandsproduktion des originär inländischen Gutes senkt die Wohlfahrt des Investorlandes.

Kapitel 11

Ergebnis

Die vorliegende Arbeit modelliert Direktinvestitionen als exogene Schocks innerhalb makroökonomischer Modelle der kleinen offenen Wirtschaft. Dabei wird zwischen den Wirkungen der Direktinvestitionen in der Investitionsphase und den Wirkungen der Direktinvestitionen in der Produktionsphase unterschieden.

11.1 Die Investitionsphase

In der Investitionsphase werden die Effekte eines Anstiegs der Direktinvestitionen und der sie begleitenden Kapitalflüsse und Investitionsnachfragen untersucht. Die Wirkungen eines Anstiegs der Direktinvestitionen fallen höchst unterschiedlich aus. Hierbei ist hinsichtlich des Wechselkursregimes, dem Grad der Kapitalmobilität, der Art der Direktinvestitionen, der Finanzierung im Empfänger- oder Investorland und dem Erwerb der Kapitalgüter im Empfänger- oder Investorland zu unterscheiden.

Der Schwerpunkt der Arbeit liegt auf der Analyse einer Wirtschaft mit perfekter Kapitalmobilität. Dieses Charakteristikum zeichnet tendenziell entwickelte Staaten aus, innerhalb derer in der Hauptsache Direktinvestitionen getätigt werden. Hier lauten die wichtigsten Ergebnisse:

11.1.1 Mergers and Acquisitions

1. Im Empfängerland führt ein Anstieg der Mergers and Acquisitions zu einem Anstieg des exogenen Kapitalzuflusses. Dieser wird durch einen Anstieg des endogenen Kapitalabflusses neutralisiert, so dass der Nettokapitalzufluss unverändert bleibt. Das Einkommen ändert sich nicht.

2. Im Investorland führt ein Anstieg der Mergers and Acquisitions zu einem Anstieg des exogenen Kapitalabflusses. Dieser wird durch einen Anstieg des en-

dogenen Kapitalzuflusses neutralisiert. Der Nettokapitalzufluss bleibt daher unverändert. Das Einkommen ändert sich auch hier nicht.

11.1.2 Greenfield Investments

Flexibler Wechselkurs, perfekte Kapitalmobilität

1. Im Empfängerland führt der Anstieg der Direktinvestitionen bei Kreditaufnahme im Investorland zu einem Anstieg des exogenen Kapitalzuflusses. Das Einkommen bleibt unverändert. Der Nettokapitalzufluss steigt um den gleichen Betrag wie die Direktinvestitionen.

2. Im Empfängerland geht der Anstieg der Direktinvestitionen bei Kreditaufnahme im Empfängerland ohne einen Anstieg des exogenen Kapitalzuflusses einher. Allerdings kommt es zu einer Zunahme des endogenen Kapitalzuflusses. Der Nettokapitalzufluss steigt daher um den gleichen Betrag wie die Direktinvestitionen. Das Einkommen bleibt unverändert.

3. Im Empfängerland gleicht die Wirkung eines Anstiegs der Greenfield Investments im Ergebnis der Wirkung eines gewöhnlichen Investitionsschocks. Wesentliche Unterschiede ergeben sich vor allem in der Produktionsphase.

4. Im Investorland führt der Anstieg der Direktinvestitionen bei Kreditaufnahme im Investorland zu einem Anstieg des exogenen Kapitalabflusses. Dieses bewirkt jedoch eine Zunahme des endogenen Kapitalzuflusses, so dass der Nettokapitalzufluss unverändert bleibt. Das Einkommen ändert sich nicht.

5. Im Investorland geht der Anstieg der Direktinvestitionen bei Kreditaufnahme im Empfängerland ohne einen Anstieg des exogenen Kapitalabflusses einher. Das Einkommen bleibt unverändert. Auch der Nettokapitalzufluss ändert sich nicht.

Fester Wechselkurs, perfekte Kapitalmobilität

1. Im Empfängerland führt der Anstieg der Direktinvestitionen bei Kreditaufnahme im Investorland zu einem Anstieg des exogenen Kapitalzuflusses. Werden die Kapitalgüter im Empfängerland erworben, führt der Anstieg der Direktinvestitionen zu einem Anstieg des Einkommens und des Nettokapitalzuflusses.

Werden die Kapitalgüter im Investorland erworben, führt der Anstieg der Direktinvestitionen zu keiner Veränderung des Einkommens. Der Nettokapitalzufluss steigt um den gleichen Betrag wie die Direktinvestitionen.

2. Im Empfängerland geht der Anstieg der Direktinvestitionen bei Kreditaufnahme im Empfängerland ohne einen Anstieg des exogenen Kapitalzuflusses einher. Werden die Kapitalgüter im Empfängerland erworben, führt der Anstieg der Direktinvestitionen zu einem Anstieg des endogenen Kapitalzuflusses, so dass der Nettokapitalzufluss zunimmt. Auch das Einkommen steigt. Werden die Kapitalgüter im Investorland erworben, führt der Anstieg der Direktinvestitionen ebenfalls zu einem Anstieg des endogenen Kapitalzuflusses. Der Nettokapitalzufluss steigt um den gleichen Betrag wie die Direktinvestitionen. Allerdings kommt es zu keiner Veränderung des Einkommens.

3. Im Empfängerland gleicht die Wirkung eines Anstiegs der Greenfield Investments im Ergebnis der Wirkung eines gewöhnlichen Investitionsschocks. Wesentliche Unterschiede ergeben sich vor allem in der Produktionsphase.

4. Im Investorland führt der Anstieg der Direktinvestitionen bei Kreditaufnahme im Investorland zu einem Anstieg des exogenen Kapitalabflusses. Werden die Kapitalgüter im Investorland erworben, führt der Anstieg der Direktinvestitionen zu einem Anstieg des Einkommens und einer Senkung des Nettokapitalzuflusses. Werden die Kapitalgüter im Empfängerland erworben, führt der Anstieg der Direktinvestitionen zu einem Anstieg des endogenen Kapitalzuflusses, so dass der Nettokapitalzufluss unverändert bleibt. Das Einkommen verändert sich nicht.

5. Im Investorland geht der Anstieg der Direktinvestitionen bei Kreditaufnahme im Empfängerland ohne einen Anstieg des exogenen Kapitalabflusses einher. Werden die Kapitalgüter im Investorland erworben, führt der Anstieg der Direktinvestitionen zu einem Anstieg des endogenen Kapitalabflusses, so dass der Nettokapitalzufluss sinkt. Das Einkommen steigt. Werden die Kapitalgüter im Empfängerland erworben, führt der Anstieg der Direktinvestitionen zu keiner Veränderung des Einkommens. Auch der Nettokapitalzufluss ändert sich nicht.

11.2 Die Produktionsphase

In der Produktionsphase nehmen die durch Direktinvestitionen gegründeten, erworbenen oder erweiterten ausländischen Tochtergesellschaften die Produktion auf. Die Analyse stützt sich dabei auf die Ergebnisse der Investitionsphase zu den Greenfield Investments bei perfekter Kapitalmobilität. Hierbei werden Zwei-Sektoren-Modelle verwendet. Sektor 1 erstellt die Inlandsproduktion des originär inländischen Gutes, also desjenigen Gutes, das vor Auftreten der Direktinvestitionen ausschließlich im Inland produziert wurde. Sektor 2 erstellt die Inlandsproduktion des originär ausländischen Gutes, also desjenigen Gutes, das vor Auftreten jedweder Direktinvestitionen ausschließlich im Ausland produziert wurde. Sektor 2 ist aufgrund horizontaler Greenfield Investments entstanden und wird von ausländischen Direktinvestoren kontrolliert.

Im Empfängerland besteht der Schock in einem Anstieg der Inlandsproduktion des originär ausländischen Gutes. Im Investorland besteht der Schock in einem Anstieg der Auslandsproduktion des originär inländischen Gutes. Als wichtige Ergebnisse der Produktionsphase können festgehalten werden:

1. Im Empfängerland wirkt eine Ausweitung der Inlandsproduktion des originär ausländischen Gutes bei festem Inlandspreis des originär inländischen Gutes positiv auf die Wohlfahrt. Dieses gilt sowohl im Fall flexibler Wechselkurse als auch im Fall fester Wechselkurse. Bei flexiblen Wechselkursen geht die Inlandsproduktion des originär inländischen Gutes allerdings zurück. Bei festen Wechselkursen nimmt sie hingegen zu.

2. Im Investorland wirkt eine Ausweitung der Auslandsproduktion des originär inländischen Gutes sowohl bei flexiblen wie festen Wechselkursen negativ auf die Wohlfahrt des Investorlandes. Darüber hinaus geht in beiden Fällen die Inlandsproduktion des originär inländischen Gutes zurück.

3. Insgesamt unterstreichen die unterschiedlichen Ergebnisse hinsichtlich der Wohlfahrtswirkung hereinkommender und herausgehender Direktinvestitionen und der daraus resultierenden multinationalen Produktion die Bedeutung der Standortattraktivität. Eine Einschränkung ergibt sich allerdings, wenn der Inlandspreis des originär inländischen Gutes flexibel ist, da hier die Ausweitung der Inlandsproduktion des originär ausländischen Gutes unter Umständen zu einem Wohlfahrtsverlust im Empfängerland führen kann.

Literaturverzeichnis

BALCÃO REIS, A. (2001): "On the Welfare Effects of Foreign Investment," *Journal of International Economics*, 54, 412–427.

BARRELL, R., UND N. PAIN (1997a): "Foreign Direct Investment, Technological Change, and Economic Growth within Europe," *The Economic Journal*, 107, 1770–1786.

BARRELL, R., UND N. PAIN (1997b): "The Growth of Foreign Direct Investment in Europe," *National Institute Economic Review*, (160), 63–75.

BLOMSTRÖM, M., UND A. KOKKO (1998): "Multinational Corporations and Spill-overs," *Journal of Economic Surveys*, 12(2), 1–31.

BORENSZTEIN, E., J. DE GREGORIO, UND J.-W. LEE (1998): "How Does Foreign Direct Investment Affect Economic Growth?," *Journal of International Economics*, 45, 115–135.

BRAINARD, S. L. (1993): "A Simple Theory of Multinational Corporations and Trade with a Trade-off between Proximity and Concentration," *NBER Working Paper No. 4269.*

CARDOSO, E. A., UND R. DORNBUSCH (1989): "Foreign Public Capital Flows", in: CHENERY, H., UND T.N. SRINIVASAN, (ED.): *Handbook of Development Economics.* Elsevier Science Publishers, Amsterdam.

CARLBERG, M. (1989): *Makroökonomik der offenen Wirtschaft.* Vahlen, München.

——— (2002): *Inflation in a Monetary Union.* Springer, Berlin New York.

CAVES, R. E. (1971): "International Corporations: The Industrial Economics of Foreign Investment," *Economica*, 38(149), 1–27.

——— (1996): *Multinational Enterprise and Economic Analysis*, 2. Auflage. Cambridge University Press.

COWLING, K., UND P. TOMLINSON (2000): "The Japanese Crisis - A Case of Strategic Failure?," *The Economic Journal*, 110, F358–F381.

DEHEJIA, V. H., UND A. J. WEICHENRIEDER (2001): "Tariff Jumping Foreign Investment and Capital Taxation," *Journal of International Economics*, 53, 223–230.

DORNBUSCH, R., S. FISCHER, UND R. STARTZ (1998): *Macroeconomics*, 7. Auflage. McGraw-Hill, New York.

DUNNING, J. H., ED. (1974): *Economic Analysis and the Multinational Enterprise.* Allen & Unwin, London.

DUNNING, J. H. (1981): *International Production and the Multinational Enterprise.* Allen & Unwin, London.

FLEMING, J. (1962): "Domestic Financial Policies under Fixed and Floating Exchange Rates," *IMF Staff Papers*, 9, 369–380.

FRENKEL, M., UND K. D. JOHN (1999): *Volkswirtschaftliche Gesamtrechnung.* Vahlen, Müunchen.

FUJITA, M., P. KRUGMAN, UND A. J. VENABLES (2001): *The Spatial Economy.* MIT Press, Cambridge, Massachusetts.

GANDOLFO, G. (1986): *International Economics.* Springer, Berlin NewYork.

GLASS, A. J., UND K. SAGGI (2002): "Multinational Firms and Technology Transfer," *The Scandinavian Journal of Economics*, 104(4), 495–513.

GÖRG, H., UND E. STROBL (2001): "Multinational Companies and Productivity Spillovers: A Meta-Analysis," *The Economic Journal*, 111(475), F723–F739.

HASLINGER, F. (1986): *Volkswirtschaftliche Gesamtrechnung.* Oldenbourg Verlag, München Wien.

HEAD, K., UND J. RIES (2001): "Overseas Investment and Firm Exports," *Review of International Economics*, 9, 108–122.

HELPMAN, E. (1981): "International Trade in the Presence of Product Differentiation, Economies of Scale and Monopolistic Competition. A Chamberlin-Heckscher-Ohlin Approach.," *Journal of International Economics*, 11, 305–340.

——— (1984): "A Simple Theory of International Trade with Multinational Corporations," *Journal of Political Economy*, 92(3).

HELPMAN, E., UND P. KRUGMAN (1985): *Market Structure and Foreign Trade.* MIT Press, Cambridge, Massachusetts.

HELPMAN, E., UND A. RAZIN (1978): *A Theory of International Trade under Uncertainty.* Academic Press, New York.

HORST, T. (1979): "The Theory of the Multinational Firm: Optimal Behavior under Different Tariff and Tax Rates," *Journal of Political Economy*, 79, 1059–1072.

HYMER, S. H. (1960): *The International Operations of National Firms: A Study of Direct Foreign Investment.* MIT Press, Cambridge, Massachusetts.

INTERNATIONAL MONETARY FUND (1993): *Balance of Payments Manual*, 5. Auflage. International Monetary Fund, Washington DC.

KINDLEBERGER, C. P. (1987): *International Capital Movements.* Cambridge University Press, Cambridge.

KLEINERT, J. (2001): "The Time Pattern of the Internationalization of Production," *German Economic Review*, 2(1), 79–98.

KRELLE, W. (1997): *Die Wirkung direkter Auslandsinvestitionen auf Einkommen und Beschäftigung im In- und Ausland,* 39–66. Verlag Paul Haupt, Bern.

KRUGMAN, P. (1979): "Increasing Returns, Monopolistic Competition, and International Trade," *Journal of International Economics*, 9, 469–479.

LIPSEY, R. E. (1999): "The Role of Foreign Direct Investment in International Capital Flows," *NBER Working Paper Series No. 7094.*

——— (2000): "Interpreting Developed Countries' Foreign Direct Investment," *NBER Working Paper Series No. 7810.*

——— (2002): "Home and Host Country Effects of FDI," *NBER Working Paper Series No. 9293.*

MAENNIG, W., UND B. WILFLING (1998): *Außenwirtschaft.* Vahlen, Müunchen.

MARKUSEN, J. R. (1984): "Multinationals, Multi-Plant Economies, and the Gains from Trade," *Journal of International Economics*, 16, 205–226.

——— (1995): "The Boundaries of Multinational Enterprises and the Theory of International Trade," *Journal of Economic Perspectives*, 9(2), 169–189.

——— (2000): "Foreign Direct Investment and Trade," *Policy Discussion Paper No.19, Centre for International Economic Studies, Adelaide.*

——— (2002): *Multinational Firms and the Theory of International Trade.* MIT Press, Cambridge, Massachusetts.

MARKUSEN, J. R., UND K. E. MASKUS (1999): "Discriminating Among Alternative Theories of the Multinational Enterprise," *NBER Working Paper Series No. 7164.*

——— (2001): "General-Equilibrium Approaches to the Multinational Firm: A Review of Theory and Trade," *NBER Working Paper No. 8334.*

MARKUSEN, J. R., J. R. MELVIN, W. H. KAEMPFER, UND K. E. MASKUS (1995): *International Trade - Theory and Evidence.* McGraw-Hill, New York.

MARKUSEN, J. R., UND A. J. VENABLES (2000): "The Theory of Endowment, Intra-Industry and Multi-National Trade," *Journal of International Economics*, 52, 209–234.

MARKUSEN, J. R., UND A. J. VENEBLES (1999): "Forign Direct Investment as a Catalyst for Industrial Development," *European Economic Review*, 43, 335–356.

MCCALLUM, B. T. (1996): *International Monetary Economics.* Oxford University Press, Oxford.

MUNDELL, R. A. (1968): *International Economics.* Macmillan, New York.

OBSTFELD, M., UND K. ROGOFF (1999): *Foundations of International Macroeconomics*, 4. Auflage. MIT Press, Cambridge, Massachusetts.

OECD (1996): *OECD Benchmark Definition of Foreign Direct Investment*, 3. Auflage. OECD Publications, Paris.

RAZIN, A. (2002): "FDI Contribution to Capital Flows and Investment in Capacity," *NBER Working Paper Series*, (9204).

RAZIN, A., UND E. SADKA (2001): *Labor, Capital, and Finance: International Flows.* Cambridge University Press, Cambridge.

——— (2003): "Gains from FDI Inflows with Incomplete Information," *Economics Letters*, 78, 71–77.

ROMER, D. (1996): *Advanced Macroeconomics.* McGraw-Hill, New York.

ROSE, K., UND K. SAUERNHEIMER (1999): *Theorie der Außenwirtschaft.* Vahlen, München.

SACHS, J. (1980): "Wages, Flexible Exchange Rates, and Macroeconomic Policy," *Quaterly Journal of Economics*, 731–747.

SARGENT, T. J. (1979): *Macroeconomic Theory.* Academic Press, New York.

SOLOW, R. M. (2000): "Toward a Macroeconomics of the Medium Run," *Journal of Economic Perspectives*, 14(1), 151–158.

TOMLIN, K. M. (2000): "The Effects of Model Specification on Foreign Direct Investment Models: An Application of Count Data Models," *Southern Economic Journal*, 67(2), 460–68.

UNCTAD (2002): *World Investment Report 2002.* United Nations Publications, Washington.

——— (2004): "FDI in brief: Belgium-Luxembourg," .

WANG, J.-Y. (1990): "Growth, Technology Transfer and the Long-Run Theory of International Capital Movements," *Journal of International Economics*, 255–271.

WONG, K. (1995): *International Trade in Goods and Factor Mobility.* MIT Press, Cambridge, Massachusetts.

ZELGERT, J. E. (1993): *Internationale Direktinvestitionen: Theoretische Ansätze und empirische Realkapitalbewegungen.* Schulz-Kirchner Verlag, Idstein.

SCHRIFTEN ZUR WIRTSCHAFTSTHEORIE UND WIRTSCHAFTSPOLITIK

Herausgegeben von Rolf Hasse, Jörn Kruse, Wolf Schäfer,
Thomas Straubhaar, Klaus W. Zimmermann

Band 1 Lars Bünning: Die Konvergenzkriterien des Maastricht-Vertrages unter besonderer Berücksichtigung ihrer Konsistenz. 1997.

Band 2 Andreas Henning: Beveridge-Kurve, Lohnsetzung und Langzeitarbeitslosigkeit. Eine theoretische Untersuchung unter Berücksichtigung des Insider-Outsider-Ansatzes und der Entwertung des Humankapitals. 1997.

Band 3 Iris Henning: Die Reputation einer Zentralbank. Eine theoretische Untersuchung unter besonderer Berücksichtigung der Europäischen Zentralbank. 1997.

Band 4 Rüdiger Hermann: Ein gemeinsamer Markt für Elektrizität in Europa. Optionen einer Wettbewerbsordnung zwischen Anspruch und Wirklichkeit. 1997.

Band 5 Alexander Tiedtke: Japan und der Vorwurf des Trittbrettfahrerverhaltens in der US-amerikanisch-japanischen Allianz. 1997.

Band 6 Wolfgang Grimme: Ordnungspolitisches Konzept der Regionalpolitik. Darstellung der Defizite und des Reformbedarfs der Regionalpolitik am Beispiel Mecklenburg-Vorpommerns. 1997.

Band 7 Christian Ricken: Determinanten der Effektivität der Umweltpolitik. Der nationale Politikstil im Spannungsfeld von Ökonomie, Politik und Kultur. 1997.

Band 8 Christian Schmidt: Real Convergence in the European Union. An Empirical Analysis. 1997.

Band 9 Silvia Marengo: Exchange Rate Policy for MERCOSUR: Lessons from the European Union. 1998.

Band 10 Jens Kleinemeyer: Standardisierung zwischen Kooperation und Wettbewerb. Eine spieltheoretische Betrachtung. 1998.

Band 11 Stefan M. Golder: Migration und Arbeitsmarkt. Eine empirische Analyse der Performance von Ausländern in der Schweiz. 1999.

Band 12 Stefan Kramer: Die Wirkung einer Internationalisierung des Yen auf die japanischen Finanzmärkte, die japanische Geldpolitik und die Usancen der Fakturierung. 1999.

Band 13 Antje Marielle Gerhold: Wirtschaftliche Integration und Kooperation im asiatisch-pazifischen Raum. Die APEC. 1999.

Band 14 Tamim Achim Dawar: Deutsche Direktinvestitionen in Australien. Eine Evaluation der theoretischen Erklärungsansätze und der Standortattraktivität des Produktions- und Investitionsstandortes Australien. 1999.

Band 15 Hans-Markus Johannsen: Die ordnungspolitische Haltung Frankreichs im Prozeß der europäischen Einigung. 1999.

Band 16 Annette Schönherr: Vereinigungsbedingte Dimensionen regionaler Arbeitsmobilität. Wirkungen unter analytisch einfachen Bedingungen und potentielle individuelle Migrationsgewinne in Deutschland nach der Vereinigung. 1999.

Band 17 Henrik Müller: Wechselkurspolitik des Eurolandes. Konfliktstoff für die neue währungspolitische Ära. 1999.

Band 18 Lars H. Wengorz: Die Bedeutung von Unternehmertum und Eigentum für die Existenz von Unternehmen. Eine methodenkritische Analyse der Transformation des Wirtschaftssystems in Russland. 2000.

Band 19 Eckart Bauer: Konzeptionelle Grundfragen eines Kinderleistungsausgleichs im Rahmen einer umlagefinanzierten zwangsweisen Rentenversicherung. 2000.

Band 20 Hubertus Hille: Enlarging the European Union. A Computable General Equilibrium Assessment of Different Integration Scenarios of Central and Eastern Europe. 2001.

Band 21 Tobias Just: Globalisierung und Ideologie. Eine Analyse der Existenz und Persistenz von Partisaneffekten bei zunehmender Internationalisierung der Märkte. 2001.

Band 22 Simone Claber: Großbritannien und die Europäische Integration unter besonderer Berücksichtigung ordnungspolitischer Aspekte. 2002.

Band 23 Silvia Rottenbiller: Essential Facilities als ordnungspolitisches Problem. 2002.

Band 24 Peggy Dreyhaupt von Speicher: Die Regionen Polens, Ungarns und der Tschechischen Republik vor dem EU-Beitritt. Interregionale Disparitäten, Bestimmungsfaktoren und Lösungsansätze. 2002.

Band 25 Gerhard Rösl: Seigniorage in der EWU. Eine Analyse der Notenbankgewinnentstehung und -verwendung des Eurosystems. 2002.

Band 26 Jörn Quitzau: Die Vergabe der Fernsehrechte an der Fußball-Bundesliga. Wohlfahrtsökonomische, wettbewerbspolitische und sportökonomische Aspekte der Zentralvermarktung. 2003.

Band 27 Małgorzata Stankiewicz: Die polnische Telekommunikation vor dem EU-Beitritt. 2003.

Band 28 Sarah Schniewindt: Einführung von Wettbewerb auf der Letzten Meile. Eine ökonomische Analyse von Netzinfrastruktur und Wettbewerbspotential im Teilnehmeranschlussbereich. 2003.

Band 29 Jens Bruderhausen: Zahlungsbilanzkrisen bei begrenzter Devisenmarkteffizienz. Ein kapitalmarkttheoretischer Ansatz. 2004.

Band 30 Philip Jensch: Einkommensteuerreform oder Einkommensteuerersatz? Alternative Ansätze einer Reform der direkten Besteuerung unter besonderer Berücksichtigung steuerpraktischer Gesichtspunkte. 2004.

Band 31 Karsten J. Adamski: Mikroanalyse eines Grundrentenkonzeptes der Alterssicherung. Eine empirische Studie zur Wirkung einer Grundrente auf Basis des Sozioökonomischen Panels. 2004.

Band 32 Sven Schulze: Anreizwirkungen und Arbeitsmarkteffekte der Ausgestaltung einer Arbeitslosenversicherung. 2004.

Band 33 Alkis Henri Otto: Makroökonomische Effekte der Direktinvestitionen. 2005.

www.peterlang.de

FSC
www.fsc.org
MIX
Papier | Fördert
gute Waldnutzung
FSC® C083411

Kolibri 360 GmbH
Ferdinand-Jühlke-Straße 7
99095 Erfurt, Deutschland
produktsicherheit@kolibri360.de

Druck:
CPI Druckdienstleistungen GmbH
im Auftrag der
Kolibri 360 GmbH
Ferdinand-Jühlke-Str. 7
99095 Erfurt